本书获得山东师范大学教育学省级一流学科资助

Moral laws
in ancient
Greek mythology

古希腊神话的道德律令

郭玲 ◎ 著

中国社会科学出版社

图书在版编目（CIP）数据

古希腊神话的道德律令／郭玲著 .—北京：中国社会科学出版社，2020.10

ISBN 978-7-5203-7012-7

Ⅰ.①古… Ⅱ.①郭… Ⅲ.①神话—研究—古希腊 Ⅳ.①B932.545

中国版本图书馆 CIP 数据核字（2020）第 151316 号

出 版 人	赵剑英
责任编辑	张　林
责任校对	李　剑
责任印制	戴　宽
出　　版	中国社会科学出版社
社　　址	北京鼓楼西大街甲 158 号
邮　　编	100720
网　　址	http://www.csspw.cn
发 行 部	010-84083685
门 市 部	010-84029450
经　　销	新华书店及其他书店
印刷装订	三河弘翰印务有限公司
版　　次	2020 年 10 月第 1 版
印　　次	2020 年 10 月第 1 次印刷
开　　本	710×1000　1/16
印　　张	14.5
插　　页	2
字　　数	200 千字
定　　价	86.00 元

凡购买中国社会科学出版社图书，如有质量问题请与本社营销中心联系调换
电话：010-84083683
版权所有　侵权必究

目 录

前 言 ·· (1)
第一章 导论 ·· (1)
　第一节 神话：道德载体 ··· (1)
　　一 神话：神之话矣？人之话矣？ ···································· (1)
　　二 神话：象征语言 ·· (3)
　第二节 古希腊神话的研究脉络 ·· (5)
　　一 纵横交织：古希腊神话国际视角 ································ (5)
　　二 神话的道德意蕴 ··· (11)
　第三节 研究对象 ·· (14)
　　一 神话、传说与故事 ·· (14)
　　二 道德隐喻 ··· (22)
　第四节 研究架构——三维正交时空 ···································· (25)
　　一 神话文本的传承 ··· (25)
　　二 本书研究框架 ·· (27)
　第五节 研究方法 ·· (29)
　　一 多学科一体化 ·· (29)
　　二 母题分析研究 ·· (30)
　　三 唯物史观 ··· (31)
　　四 其他研究方法 ·· (32)

第二章　古希腊文明道德溯源 … （34）
 第一节　地缘印记——道德谱系的自然选择 … （34）
 第二节　复合文明——多元的民族融合 … （36）
 第三节　城邦文化——"小国寡民"的生活样态 … （39）
 第四节　本章小结 … （41）

第三章　古希腊神话的文明印记与神话的教化载体 … （43）
 第一节　克里特—迈锡尼文明与古希腊神话谱系 … （43）
  一　克里特文明孕化提坦神族 … （43）
  二　迈锡尼文明孕化奥林匹斯神族 … （47）
 第二节　"四大时期"与古希腊神话类型 … （52）
  一　史前时代——狩猎神话 … （52）
  二　古代文明时代——农耕神话与城市神话 … （54）
  三　轴心时代——希腊悲剧对古代神话的再现 … （56）
  四　科学技术时代——权威湮灭与科技曙光 … （58）
 第三节　古希腊神话的城邦道德教化载体 … （59）
  一　神话文本——"希腊之师" … （59）
  二　神话仪式——道德教化 … （61）
 第四节　本章小结 … （67）

第四章　生命的价值及其道德诉求 … （69）
 第一节　生命的原始律动 … （69）
  一　生而不同 … （69）
  二　宿命认知 … （76）
 第二节　生命的反抗与升华 … （82）
  一　美好的向往——战胜死亡 … （82）
  二　悲剧的认知——升华生命 … （85）
 第三节　城邦生活的生命活力 … （89）

一　庆典中生命历程的再现 …………………………………… (89)
　　二　悲喜剧中对生命的敬畏 …………………………………… (92)
　第四节　本章小结 ……………………………………………………… (93)

第五章　英雄的道德秩序 ……………………………………………… (95)
　第一节　英雄的德行 …………………………………………………… (95)
　　一　英雄的凡人属性 …………………………………………… (95)
　　二　"善"与"德行" …………………………………………… (97)
　第二节　荣誉 ………………………………………………………… (102)
　　一　耻感文化 …………………………………………………… (102)
　　二　荣誉的彰显 ………………………………………………… (105)
　第三节　勇敢 ………………………………………………………… (112)
　　一　勇力胜于德性 ……………………………………………… (112)
　　二　因信而勇 …………………………………………………… (114)
　　三　荣誉之勇 …………………………………………………… (115)
　第四节　智慧 ………………………………………………………… (117)
　　一　"形而下"之技艺 ………………………………………… (117)
　　二　"足智多谋" ……………………………………………… (119)
　　三　节制 ………………………………………………………… (121)
　第五节　城邦生活的神话德性 ……………………………………… (123)
　　一　日常生活的神话宗教 ……………………………………… (123)
　　二　世俗凡人的道德典范 ……………………………………… (125)
　　三　体育竞技的德性升华 ……………………………………… (131)
　　四　酒会中"寓"教于"乐" ………………………………… (136)
　第六节　本章小结 …………………………………………………… (139)

第六章　正义之德的衍变 …………………………………………… (140)
　第一节　由外而内的利益驱使 ……………………………………… (140)
　　一　个体正义的象征——忒弥斯正义女神 ………………… (140)

二　群体正义的象征——狄刻正义女神……………………（142）
　第二节　天道正义………………………………………………（144）
　　一　自然秩序的僭越与惩戒……………………………………（144）
　　二　天道的自然正义……………………………………………（149）
　第三节　人道正义………………………………………………（151）
　　一　《奥德赛》的原则正义……………………………………（151）
　　二　《伊利亚特》的程序正义…………………………………（154）
　　三　《工作与时日》的城邦正义………………………………（161）
　第四节　城邦生活的正义秩序…………………………………（168）
　　一　正义的城邦共同体及正义教育……………………………（168）
　　二　哲学家的正义之思…………………………………………（170）
　第五节　本章小结………………………………………………（172）

第七章　古希腊神话的德育镜鉴……………………………（173）
　第一节　古希腊神话的道德哲学之思…………………………（173）
　　一　神话即原始先民之哲学……………………………………（173）
　　二　神话构建道德价值标尺……………………………………（176）
　第二节　古希腊神话的隐喻之德………………………………（178）
　　一　公平的契约精神……………………………………………（179）
　　二　包容的多元价值……………………………………………（181）
　　三　协商的公民意识……………………………………………（183）
　第三节　古希腊神话的德育价值………………………………（187）
　　一　迎合生命教育的英雄主义…………………………………（187）
　　二　嵌入日常生活的道德熏陶…………………………………（191）
　　三　构建和谐世界的原初探索…………………………………（193）
　第四节　本章小结………………………………………………（198）

余　论……………………………………………………………（199）

附　录 …………………………………………………（203）

参考文献 ………………………………………………（204）

后　记 …………………………………………………（219）

前　言

德国哲学家卡西尔在《神话思维》中提到，"对神话意识的内容作哲学性探讨以及对它做理论解释的尝试，要追溯到科学性哲学的开端。"[①] 卡西尔认为，神话作为人类精神文化的源头之一，人们可以在其中找到人类哲学、理性与道德的源头。古希腊神话在逐渐完善的过程中，最终在公元前15世纪前后形成了以天神宙斯为核心的古希腊神话谱系。就其功能而言，神话是彼时现实社会的反映，具有一定的客观性，而对"神性"这一概念的认识与理解，有助于我们理解彼时社会的生活、文化、政治以及道德等现实问题。同类的学术研究成果也体现在国内学者叶舒宪的《中国神话哲学》中。可见，中外学者都将神话与道德、哲学的研究融合在一起。

文学作品不仅是人类现实生活和精神生活的标本，更是客观生活的一种主观投射，其中蕴藏着创作者对道德实践、道德观念、伦理状况及道德教育现状的萃取与评价。源起于口口相传的古希腊神话，既没有白纸黑字确定的外在道德规范要求，亦没有构建起明晰的道德价值体系。然而，在跌宕起伏的神话叙事中却隐含着原始先民的道德意识：人生"有可为，有可不为"之事。

本书通过解读古希腊神话叙事中人与神的所言所行，揭示神话

[①] ［德］恩斯特·卡西尔：《神话思维》，黄龙保、周振选译，中国社会科学出版社1992年版，第1页。

中隐含的"可为与不可为之事"的道德因素，分析隐含的道德因素如何融入城邦公民日常的道德教化活动，进而探析古希腊神话对远古先民的德育价值以及现代德育的镜鉴。全书共分为导论、主体的第二章至第七章及余论三个部分。

第一章，导论，从教育学科的视角对本书的基本理念及研究进行分析。概言之，学术界关于古希腊神话的研究成果较多，主要集中在神话学、文学、社会学等领域，教育学中对这一主题的关涉较少。这一方面增加了撰写的难度，另一方面为撰写提供了较大的发挥空间。本书的研究意义主要在于拓展德育的理论研究，以期为德育实践活动提供借鉴。本书属于跨学科研究，在研究内容、研究方法上亦呈现出跨学科的特征。

第二章，古希腊文明道德溯源。从根源探寻古希腊道德文明"何以为是"。第三章，古希腊神话的文明印记与神话的教化载体。首先，在克里特—迈锡尼时代背景下分析古希腊神话谱系的演进历程；其次，以雅斯贝尔斯划分的四大时期为依托分析古希腊神话被划分为四种类型的文化因素；最后，介绍古希腊神话的道德教化载体。第四章，生命的价值及其德性诉求。首先，分析古希腊神话叙述中对生命价值的认知转变。人类关于生命价值的认知经历感性认识到理性分析两个阶段：尽管凡人的生命是短暂的，但更应该在有限的生命历程中彰显生命崇高的理性价值。其次，分析希腊城邦教化公民的生命教育实践活动：生命理性价值不仅是人之为人的根源，更是城邦公民的根本道德诉求。第五章，英雄的道德秩序。首先，分析古希腊神话中"超人"——凡人英雄——故事中隐含的道德秩序：荣誉、勇力与智慧。其次，关注希腊城邦如何借用英雄道德标尺教化城邦公民。第六章，正义之德的衍变。首先，通过分析古希腊神话叙事探寻古希腊人关于正义秩序的认知转变："外在"的天道正义转化为"内在"的人道正义。其次，考察希腊城邦与民众如何践行正义之德。第七章，古希腊神话的德育镜鉴。基于前四章的梳理分析结果，尝试性地凝练古希腊神话中隐喻的道德价值及德育镜鉴。

余论部分，尝试性地从学术研究与世俗生活两方面探究远古精神化石——神话——的当代价值与意义。

诚然，古希腊神话就像一个取之不尽的精神文化宝库，其中蕴藏着丰富的文化意蕴，"它深层的奥秘还有待于开拓者们不断地去发现，去探索"[①]。由于这一领域的研究涉及文学、宗教及哲学等学科领域，并且跨越了不同的文化体系，所以这是一个艰深的研究课题。本书对这一课题所做出的这种探索，无论是从广度还是深度上，还只是一种粗浅的尝试。对于古希腊神话尚未开垦出的精神文化宝藏和本书中尚且不完善的地方，有待今后做进一步的探索与研究，而这正是激励我在今后的研究生涯中不断前行的方向。

---

① 陶阳、钟秀：《中国创世神话》，上海人民出版社1989年版，第324页。

第一章

导　论

> 凡有人类的地方，必有神话。神话史就是一部人类发展史——神话是关于我们自身的故事，也是我们曾经的信仰，神话意味着我们对世界的好奇，也意味着我们认知世界的努力；神话将我们与远祖和其他人彼此相连。神话还是我们了解宇宙的一块基石。
>
> ——凯伦·阿姆斯特朗《神话简史》[①]

第一节　神话：道德载体

一　神话：神之话矣？人之话矣？

于现代人而言，西方传统伦理学及哲学类著作主要涉及古代社会生活的形而上思考，如远古人类社会生活的伦理状况。但此类著作并不能体现远古时代人们日常生活的真实状况，更无法再现他们生活的复杂性与人性的多层次性。要考察远古时期一个民族的道德生活、伦理状况及道德教育状况，阅读并思索古代的神话、史诗和

---

① ［英］凯伦·阿姆斯特朗：《神话简史》，胡亚幽译，重庆出版社2005年版，第2页。

歌剧等文学作品，或许更有助于接近事实真相。文学作品不仅是人类现实生活和精神生活的标本，更是客观生活的一种主观投射，其中蕴藏着创作者对道德实践、道德观念、伦理状况及道德教育现状的萃取与评价。

每一个民族都有自己的神话。英国宗教学家凯伦·阿姆斯特朗说："凡有人类的地方，必有神话"[①]。所谓"神话"，乃是自满于当今文明成果的现代人强加给人类先祖的概念，认为其中充满着先人们对自然及自身的"迷信"或"误解"。然而对处于"童年时代"的人类先祖而言，"神话"毋宁是他们对彼时"天—人"感应的真实体悟，以及由此提炼而成的"天上哲学"。德国哲学家恩斯特·卡希尔（Ernst Cassirer，1874—1945）认为，"神话创作功能的产物一定具有一个哲学的，亦即一个可理解的意义……如果神话在所有各种图像和符号之下隐匿起了这种意义，那么把这种意义揭示出来就成了哲学的任务"[②]。哲学产生的基础并不能由其本身所提供，而有赖于原始先民形成的关于世界整体的表象认识，假若没有这一条件，哲学将无法产生。

现代人所谓"人是万物之灵"主要指人类在精神上较之其他物种的自我优越感。然而对于刚从自然母体中脱胎而来的早期人类而言，这种优越感却并非显而易见。原始先民受低下生产力等因素的束缚，他们往往仅能凭借有限的想象去认识和改造自然世界。推而言之，人类社会伦理观念或道德的萌芽亦是伴随着神话的产生而肇始。原始神话，又可称为原始时期的哲学。

长期以来，诸多古希腊神话研究者认为，古希腊神话"存在着活生生的道德个人——史诗英雄，而不存在道德意识"[③]。在原始部落氏族时代，神话并不只是消遣性的欣赏或娱乐，神话以其"真实

---

① ［英］凯伦·阿姆斯特朗：《神话简史》，胡亚豳译，重庆出版社2005年版，第2页。
② ［德］卡希尔：《人论》，甘阳译，上海译文出版社1985年版，第231页。
③ ［苏］A. 古谢伊诺夫、伊尔利特茨：《西方伦理学简史》，刘献洲等译，中国人民大学出版社1992年版，第16页。

性"和"神圣性"深入人心，承担着原始先民社会的道德训诫与德行养成的任务，这正是原始社会道德教育"神圣性"的来源。古希腊神话自形成之时，便对本民族的风俗生活习惯、社会道德规范等产生了默然的影响，并在此后生生不息的民族历史变迁中渗透并浸润到民族的灵魂深处。神话因具有高度的情感内容和信仰的力量，被后世奉为不可删改的神圣信条，并同时具有了重大的文化教育功能。

古希腊神话，可谓世界文学艺术宝库里一朵历久弥新的奇葩。近代伊始，历经中外诸多学者对相关文本及文献的梳理与分析，古希腊神话业已具备了相对完整的体系。就目前国内外学术界对古希腊神话的先行研究文献而言，绝大多数的成果集中于文学、历史学、语言学、比较文化学和人类学等学科，而教育史学界对其深入研究的成果暂付阙如。尤其是从教育史学的视角结合跨学科的研究方法，对古希腊神话的道德隐喻及其德育镜鉴予以研究的成果，尚无先例。

作为高等师范院校外国教育史学科的一名教师，笔者在日常的教学和科研过程中，始终在思考并探索与中西方文明源头有关的一些问题。诸如，东西方两大文明的原初类型、特征及其教育诉求等为何存在如此大的差别？造成如此之大差别的根本原因何在？如何从文明的源头上研究二者的差别，以解释对各自教育或道德教育的影响？抑或说，从何种原始的资料入手或从哪个切入点开始，能够更恰当地探究中西两大文明原始的道德谱系及其建构？既然西方学界"言必称希腊"，中国学术界"言必称先秦"，从比较的视角对古希腊神话的道德隐喻、道德谱系建构以及道德教育状况等予以研究，或可为中华文明的道德建构及其德育实施提供些许借鉴？上述诸如此类的问题，乃本书选题的初衷或缘由。

二　神话：象征语言

古代神话是包含着宗教、哲学、政治、艺术、科学、史学、风俗等领域在内的社会意识形态。世界上保存最完整、内容最丰富的古希腊神话，既是人类童年生活的表征，又是人性最原初、最自然标本的载体。借由古希腊神话的文本分析，考察古希腊人的生活样式及道德模式，厘清古希腊人的道德本质及伦理精神，一方面有助于理解西方文化、西方社会的发展，另一方面对梳理古希腊社会中神话的道德教育价值具有重要的理论意义。

早期语言学研究仅仅将"隐喻"视为语言形式上的修辞方式，因而其只是修辞学的研究对象。随着隐喻理论研究的深入，人们对隐喻的认识也发生了质的变化——隐喻不仅是修辞的，更重要的是认知的、概念的。神话作为一种"象征语言"具有强大的隐喻功能。荣格的集体无意识理论和弗莱的原型理论都肯定了神话中所蕴藏的巨大能量。神话是一种"集体无意识"[①]的象征活动，"集体无意识"的内容就是原型，其"内容积淀为形式，想象、观念沉淀为感受"[②]，构成了民族的"集体无意识"。古希腊神话作为人类早期智慧的结晶，不仅在语言上有着自己的特点，在表达对世界的认知上也有着独特的方式——隐喻思维模式。本书借鉴隐喻研究的新理论，解读古希腊神话中所蕴藏的丰富而神秘的道德密码，既可丰富古希腊神话的理论研究，又可充实古希腊哲学、伦理学及道德教育的理论研究，亦可为外国教育史学科拓展新的研究领域。

其一，古希腊神话道德的研究是"言必称希腊"西方文明研究领域、中西方文明比较研究领域中不可规避的重要的德育课题。在讨论古希腊时期的道德教育问题时，通常是始于古希腊教育始于智者的论题，那么智者之前的文化和教育传统如何？柏拉图将古希腊城邦的道德谱系归结为"四玄德"，即正义、智慧、勇气和节制，

---

① 所谓集体无意识是指在漫长的历史演化过程中世代积累的人类祖先的经验，是人类必须对某些事件做出特定反应的先天遗传倾向。它在每一世纪只产生极少的变异，是个体始终意识不到的心理内容。

② 李泽厚：《美的历程》，天津社会科学出版社2002年版，第18页。

这与先秦儒家所倡导的道德谱系（"仁义礼智信"）有明显的差异。那么，造成二者道德谱系有如此差别的根源何在？溯其根究其源，作为古希腊文明源头的神话，其原始文本中是否蕴含着其道德谱系的渊源？笔者认为，对古希腊神话的探究与解答，有助于德育学科的课题教学与讨论。

其二，比较与反思华夏文明道德谱系的缺憾及其重新建构。古希腊神话中一直反复倡导的一些核心道德价值，诸如正义、自由、秩序、法治和荣誉等，为何在华夏文明的源头乃至于其后的道德传统中抱憾缺席？退而言之，我国的典籍即使有这些道德价值的零星记载，其论述亦分散而不成系统。近代伊始，我国在建设现代化的国家进程中，历代的有识之士业已深刻认识到，西方文明中一些先进的文化和道德要素是人类社会的共同遗产和诉求。本书通过对古希腊神话道德隐喻的研究，或可为我国传统的道德谱系提供些许镜鉴，抑或可为当下的道德教育提供某些历史的反思与启示。

第二节　古希腊神话的研究脉络

一　纵横交织：古希腊神话国际视角

从横向的研究范畴来看，古希腊神话的研究主要从"神话定义""神话起源"及"神话本质"三个领域展开；从纵向的时间维度来看，古希腊神话研究主要分为古希腊时代、科学神话时代、21世纪三个研究时期。

公元前3世纪前后，古希腊美塞尼亚哲学家欧赫美尔（Euhemerus，公元前400—前300左右）的《圣书》（*Sacred History*）中，阐述了古希腊神话诸神起源的理论。欧赫美尔认为，古希腊神话神祇的原型是远古时代的英雄。英雄是古希腊时代的氏族部落的酋长或帝王。神话讲述的故事正对彼时英雄事迹的记录，"如认为宙斯原是克里特岛国的国王，他和提坦巨人族之间的战争是平息内乱"①。柏拉图《理想国》批判了古希腊神话的"假话"与不真实性，同时又认为神话具有一种特殊的表现力——"逻各斯"，神话与"逻各斯"两种具有相通性。被誉为古希腊"历史之父"的希罗多德（Herodotus，约公元前480—前425）认为，神话是"一种不可信的故事"。公元前6世纪的泰奥格尼斯（Theognis of Megara，约公元前585—前540）和亚里斯士德（Aristotle，约公元前384—前322）提出了"神话寓意说"，认为神话不仅反映了自然的客观规律，而且还隐喻了超自然、社会、机构的起源和普通人的故事，神话的本质是对客观世界的真实反映，神话中的事情都是历史中真实发生过的事情。

欧洲中世纪，基督教神权思想一枝独秀，古希腊神话从根本上遭到了中世纪欧洲贵族的排斥和贬抑。即便如此，众多欧洲的宗教神学家并未停止对希腊神话的研究。众多欧洲宗教学家试图为《圣经》寻找出希腊神话的原型。基督教教父圣奥古斯丁（Aurelius Augustinus，公元前354—前430）虽然攻击文艺的虚构性——荷马虚构的神祇歪曲了神的形象，但他在《忏悔录》中指出，诗人们的诗歌比荒诞不经的言说要更有价值，虚构的神话也为人们提供了"真正的滋养"②。因此，宗教神性与文学二者之间具有相通之处，他们皆以语言来描绘形象及表达意义，而象征亦是二者共同的方式。

科学神话时代肇始于18世纪中期。在这一时期，神话研究主要借鉴和采用宗教学、民族学及民间学的跨学科理论方法，集中研究神话发展与民族历史和民族心态之间的关系。20世纪的神话研究范围更为广泛，吸收了人类学、心理学、结构主义的研究成果，更为深入地探究了现代人的精神领域和神话的叙事结构。欧洲文艺复兴时期，以人文理想思想解放运动为代表的新兴资产阶级使希腊

---

① 冷德熙：《超越神话——纬书政治神话研究》，东方出版社1996年版，第1页。
② ［古罗马］奥古斯丁：《忏悔录》，周世良译，商务印书馆1963年版，第43页。

神话研究重新获得了新生。此时,"神学"—"科学"—"启蒙"构成相互交织的一体。意大利哲学家维柯(Giovanni B. Vico, 1668—1744)在《新科学》[1]中提出,"诗性思维"是早期希腊人认识自然、人生的一种直观的理解。诗性思维不仅是古代人类认识事物的特殊方式,也是一种隐喻。解读古希腊神话有助于理解希腊文明,更可以一探西方文明与文化的究竟。18世纪的德国海恩纳(C. G. Heyne, 1729—1812)成为神话科学时代的领头人,他从现代意义上开始研究古希腊神话,认为神话是人类童年时代的精神产物,人类研究神话需要对神话产生的文化、心理进行考察,寻找一种神话的共同心理特征。此外,德国哲学家赫尔德(Johann Gottfried Herder, 1744—1803)在《论语言的起源》(1772)中认为,原始先民说出的话语是为了满足他们宗教情感的需要,较早地证实了神话和艺术作品中所蕴含的宗教因素与诗性要素。

19世纪,神话学家卡尔·米勒(Karl Otfried Miller, 1797—1840)在《科学的神话概论》(1825)中强调,历史法是神话学中重要的研究方法。神话是人类发展童年期的必要形式。西方历史上第一部史诗——《荷马史诗》——在其漫长的创作形成过程中,正是在人类"理想"与想象的基础之上,部分地将"现实"融入历史环境之中。米勒的神话研究为科学与历史神话学研究奠定了基础。19世纪另一位重要的德国神话学学者克罗伊策(G. F. Creuzer, 1771—1858)在其专著《古代民族的象征学与神话学》[2]中提出,原始先民神话主要有两种特征:其一,神话在祭司学校中以神秘仪式获得传承;其二,神话和神秘仪式中蕴含着某种纯粹的原始象征,即"俄耳浦斯"金箔的象征。

从19世纪到20世纪,神话研究发生了理论方向上的全新的转移,出现了多视角和多学科的显著特点。"19世纪的神话理论家将

---

[1] [意大利]维柯:《新科学》,朱光潜译,人民文学出版社1986年版。

[2] Georg Friedrich Creuzer, *Symbolik Und Mythologie Der Alten Völker*, University of Michigan Library, 2009.

兴趣放在神话的起源问题上。一些权威推测神话流行于进化进程中的早期，通常是最初阶段，或者神话是神话时代的原始人试图解释例如太阳升落这种自然现象的结果。甚至聚拢一大堆同意神话的不同版本的比较方法，也把神话原始形态的历史重建作为目标。"[1] 19世纪后期的神话研究呈现多样性的特征。英国社会学家马克斯·缪勒（Friedrich Max Müller，1823—1900）语言学研究方法的自然神话学派；在达尔文进化论基础上英国人类学家爱德华·泰勒（Tylor, Edward Bernatt，1832—1917）在《原始文化》[2]中提出了"万物有灵论"，为自然神话学派提供了理论层面的支撑；等等。此外，英国社会学家弗雷泽（James George Frazer，1854—1941）以《金枝》[3]，使神话研究又多了一个视角——仪式。法国结构主义者列维·斯特劳斯（Clande Levi-Strauss，1908—2009）在《野性思维》[4]和《精神的结构分析》[5]中，分析了神话文本结构的意义。奥地利心理学家弗洛伊德（Sigmund Freud，1856—1939）与其学生瑞士心理学家荣格（Carl Gustav Jung，1875—1961）提出的"集体无意识"理论，也证明了神话科学时代的到来。德国哲学家恩斯特·卡西尔（Ernst Cassirer，1874—1945）认为，神话学是哲学的研究范畴。加拿大批判学者弗莱（Northrop Frye，1912—1991）在其《批判的解剖》[6]中提出了对神话原型的批判，试图在神话作品中寻找神话"母题"[7]。20世纪西方神话研究融入了文化领域，结构主义、集体无意识、神话原型批判以及心理学的神话批判的研究

---

[1] ［美］阿兰·邓迪斯：《西方神化学读本》，朝戈金等译，刘魁立主编，广西师范大学出版社2006年版，第3页。
[2] ［英］泰勒：《原始文化》，连树声译，上海文艺出版社1992年版。
[3] ［英］J. G. 弗雷泽：《金枝》，徐育心、张泽石、汪培基译，新世界出版社2006年版。
[4] ［法］列维·斯特劳斯：《野性的思维》，李幼蒸译，中国人民大学出版社2006年版。
[5] ［法］列维·斯特劳斯：《结构人类学》，张祖建译，中国人民大学出版社2009年版。
[6] ［加］弗莱：《批判的解剖》，禹国华译，上海外语教育出版社2009年版。
[7] 所谓"母题"（Motive），其一，指在神话和文学中反复出现的一种人类精神现象，与原型类似；其二，指从故事情节中简化抽离出来的、不是有任何主观色彩，甚至只剩下一个基本动作或一个基本名词，它必须带有普遍存在并且广泛推广意义的文本中的最小元素。

领域，极大地丰富了神话研究的方法。

  21世纪的西方希腊神话研究出现了新动态。主要表现为三大特点：希腊神话学研究融入世界神话主题学。代表性人物及作品主要有约瑟夫·舍曼（Josepha. Shermen，1946—）的《世界各地母题和故事》[1]和洛莱纳·斯图基（Lorena Laura Stookey）的《世界神话主题指南》[2]。两位学者均从母题划分的视角对世界神话体系进行了梳理与划分。希腊神话学研究融入宗教人类学。代表人物及作品主要有克洛德·克拉姆（Claud Calame，1943—）的《古希腊神话与历史：殖民的象征创造》[3]、阿里尔·戈兰（Ariel Golan，1960—）的《史前宗教：神话与象征》[4]与玛丽·莱福维斯（Mary Lefo Witz，1935—）的《希腊神祇与人类生活——我们可以从神话中学到什么》[5]。阿里尔·戈兰系统地考察了史前宗教的表现形式及宗教中的象征符号的研究。后结构主义者克洛德·克拉姆用"象征—符号"方式重新解读古希腊古典神话。希腊神话学研究开始哲学的回归。代表人物及作品有拉德克利夫·G. 埃德蒙丝（Radcliffe G. Edmonds，1970—）的《地府旅行的神话：柏拉图、阿里斯托芬及俄尔浦斯的金箔》（2004）[6]及吕克·布里斯森（Luc Brisson，1946—）的《哲学家如何拯救神话》[7]。拉德克利夫·G. 埃德蒙丝指出希腊神话中包含的阴府旅行神话包含两种意图：希腊人对自然的理解与认识；希腊人以异者形象为范本对宇宙秩序的建构。吕

---

[1] Josepha. W. Shermen, *Mythology for Storytellers: Themes and Tales from around the World*, Routledge, 2015.

[2] Lorena Stookey, *The Thematic Guide to World Mythology*, Greenwood Press, 2004.

[3] Claud Calame, *Myth and History in Ancient Greece: The Symbolic Creation of Colony*, translated by Daniel W. Berman, Princeton University Press, 2003.

[4] Ariel Golan, *Prehistoric Religion: Mythology, Symbolism*, Jerusalem Press, 2003.

[5] Mary Lefo Witz, *Greek Gods, Human Lives: What Can We Learn from Myth*, Yale University Press, 2003.

[6] Radcliffe G. Edmonds Ⅲ, *Myths of the Underworld Journey: Plato, Aristophanes and the "Orphic" Gold Tablets*, Cambridge University Press, 2004.

[7] Luc Brisson, *How Philosophers Saved Myth — Allegorical Interpretation and Classical Mythology*, University of Chicago Press, 2008.

克·布里斯森从哲学的角度来阐释希腊神话的深层意义。近代学者对古希腊神话传说的文献整理已较为完整,其中德国学者古斯塔夫·施瓦布(Gustav Schwab,1792—1850)为其中的佼佼者,他编撰了《希腊神话故事》[①]与《古希腊罗马神话和传说》[②]。

进入 21 世纪,希腊神话研究方法再次注入新的研究方法——谱系学方法。代表人物及作品主要有哈罗德·纽曼(Harold Newman)和乔恩·纽曼(Jon O. Newman)的《希腊神话谱系图》(2003)[③]。父子两人耗时近 35 年出版了此著作。《希腊神话谱系图》是世界上第一部用"家族树"(Family Tree)的谱系关系图解读古希腊神话人物关系的著作。本书共包括 2 幅主图和 72 幅全图,展示出 3673 名希腊神话中的人物,包括神话中的各种神祇、英雄及其后裔。

民国时期的鲁迅、茅盾等人可以被视为国内研究神话学的先驱者。但此时对西方神话研究尚属起步阶段,主要是对希腊神话的渊源和概要进行介绍。罗念生[④]是第一位到希腊留学的中国人,留学期间专攻古希腊文学,通过翻译古希腊悲剧作品及研究希腊文学作品,成为国内研究希腊文学的著名学者。现当代学界研究古希腊神话的著作颇丰。其中比较有代表性的作品包括:隋竹丽在《古希腊神话研究》[⑤]中对古希腊城邦中自由—平等观以及希腊思想起源等进行了系统的梳理。王倩在《20 世纪希腊神话研究史略》[⑥]中将 20 世纪以来神话学研究的脉络进行了梳理。楚金波在《希腊神话研究》[⑦]中以"生殖崇拜"为切入点,对古希腊神话中好奇心母题、

[①] [德] 施瓦布:《希腊神话故事》,刘超之、艾英译,宗教文化出版社 1996 年版。

[②] [德] 施瓦布:《古希腊罗马故事神话和传说》,光明译,湖南文艺出版社 2011 年版。

[③] Harold Newman & Jon O. Newman, *A Genealogical Chart of Greek Mythology*, University of North Carolina Press, 2003.

[④] 希腊雅典科学院于 1987 年 12 月授予罗念生"最高文学艺术奖",以表彰其对古希腊文学翻译和研究的卓越贡献。

[⑤] 隋竹丽:《古希腊神话研究》,黑龙江人民出版社 2005 年版。

[⑥] 王倩:《20 世纪希腊神话研究史略》,陕西师范大学出版社 2011 年版。

[⑦] 楚金波:《希腊神话研究》,黑龙江人民出版社 2007 年版。

审美价值进行了深入研究。

在跨文化神话比较研究方面，主要侧重于汉族神话与古希腊神话的比较。关于古希腊神话和中国神话比较的学术期刊论文较多①。国内开展有关古希腊神话与国内其他民族神话比较方面的论文相对较少。例如，叶尔肯·哈孜依的《希腊神话哈萨克神话的比较研究》②，贡觉发表的《神性与人性的对话——藏族和古希腊关于人类起源神话之比较》③ 等。关于中希神话比较研究的专著主要有《中国希腊古代神话对比研究》④。

二 神话的道德意蕴

国外较早涉入本论题的先驱人物为韦斯（Wace J. B.，1879—1957）与斯塔宾斯（Frank. H. Stubbings，1915—2005），在两人共同编著的《荷马指南》⑤ 一书中，虽未系统地阐述神话中的道德论题，但在卡尔霍恩（G. M. Calhoun，1844—1951）所写的章节中专门设置一节阐述了荷马史诗中"伦理、礼仪和习俗"⑥。卡尔霍恩

---

① 孙正国：《20世纪后期中希神话比较研究之批评》，《长江大学学报》（社会科学版）2007年第3期；杨绍华：《中西神话的历史差异与文学的进步》，《求索》1998年第1期；周天：《中西神话同异论》，《中国比较文学》1997年第2期；廖练迪：《神话的魅力——中国神话与希腊神话之比较》，《嘉应大学学报》（社会科学版）2012年第2期；缑广飞：《尽显英雄本色——中西神话英雄形象比较》，《中州学刊》1999年第1期；张淑英：《古希腊神话和中国远古神话之比较》，《齐齐哈尔师范学院学报》1997年第4期；彭兆荣：《和谐与冲突：中西神话原型中的"二女一男"》，《中国比较文学》1994年第2期；何文桢：《中西神话与中西文化传统》，《河北大学学报》（哲学社会科学版）1994年第2期；刘长：《从中西神话之异看文学民族特色的历史渊源》，《云南民族学院学报》（哲学社会科学版）2001年第11期；刘长：《从中西神话之异看文学民族特色的历史渊源》，《云南民族学院学报》（哲学社会科学版）2001年第11期。

② 叶尔肯·哈孜依：《希腊神话哈萨克神话的比较研究》，《新疆教育学院学报》2007年第3期。

③ 贡觉：《神性与人性的对话——藏族和古希腊关于人类起源神话之比较》，《西藏研究》2006年第3期。

④ 王湘云：《中国希腊古代神话对比研究》，山东大学出版社2000年版。

⑤ Wace, Alan J. B. and Frank H. Stubbings, *A Companion to Homer*, Macmillan St Martin's Press, New York, 1962.

⑥ Wace, Alan J. B. and Frank H. Stubbings, *A Companion to Homer*, Macmillan St Martin's Press, New York, 1962, p. 451.

指出，从多元文化或跨文化的视角去分析伦理道德领域的问题，必然引发这样一个问题：价值术语的使用具有情感与文化语境，在一种文化体系中，被认为善的东西，在另一种文化体系中，可能是恶的。将早已死亡的语言希腊文写成的荷马史诗转译为英文，转译过程横跨两种文化体系，这一过程难免存在不准确，甚至有可能造成严重的误导。针对这一问题，荷马史诗道德价值体系研究最有代表性的英国学者阿德金斯（A. W. H. Adkins，1930—）给予了这样的解答：在《荷马史诗中的伦理观》中，阿德金斯结合了荷马时代的社会特征，较为系统地阐述了相关希腊价值术语的使用范围和情感力度，而这一研究将有助于读者对荷马史诗中的道德价值术语获得更为透彻的判断与理解。阿德金斯对荣誉、美德等相关价值术语进行了多方面的阐述，尽管在很多方面很多学者对其创立的荷马史诗的道德体系提出了诸多的批评，但不得不承认，时至今日，阿德金斯的《功绩与责任：古希腊价值研究》①及《古希腊的道德价值与政治行为》②是所有研究该领域的学者必需参考的重要文献。阿德金斯是西方的荷马史诗道德研究领域中不可逾越的最重要的学者之一，其主要的作品有：《荷马和亚里士多德作品中"友谊"与"自我实现"》《荷马史诗中的起誓、祈祷和誓愿》《荷马史诗中的威胁、辱虐和愤怒》《荷马史诗的价值与荷马时代的社会》《荷马的诸神和荷马时代社会的价值》等。

自20世纪60年代，学界对《荷马史诗》道德体系的研究著作较为丰富。如英国学者哈夫洛克（Eric A. Havelock，1903—1988）的《希腊人的正义观：从荷马史诗的影子到柏拉图的要旨》③。哈

---

① A. W. H. Adkins, *Merit and Responsibility: A Study in Greek Values*, University of Chicago Press, 1975.

② A. W. H. Adkins, *Moral Values and Political Behaviour in Ancient Greece*, Chatto & Windus Ltd, 1972.

③ Eric A. Havelock, *The Greek Concept of Justice: From Its Shadow in Homer to Its Substance in Plato*, Harvard University Press, 1978.

夫洛克从语言学的视角来研究古希腊关于"正义"这一重要的哲学概念，明确梳理了古今"正义"问题的差异。他指出，现代观念（如现代的神话概念）会把我们引入歧途，因此要尽量维护古代思想的概念原貌，避免被现代观念干扰。哈夫洛克廓清了"正义"等德行观念在古希腊文明时期的含义。哈夫洛克不仅探寻了古希腊思想的内在化过程，也就是"内向性的含义"，同时也阐述了人类思想及表达术语经历了一个由外而内的发展历程——最先表示外在属性的词汇渐渐用来表示内在的品质。例如，与现代的正义观念不同，古希腊时期的正义并不是对人的外在要求，而是对人的内在自律，即灵魂的真正内在德性。美国学者詹姆斯·M. 莱德菲尔德（James M. Redfield，1935—）在《〈伊利亚特〉中的自然与文化：赫克托耳的悲剧》[1]中对古希腊社会中的德性的社会性名词进行讨论，并将人类学观点运用到荷马诗歌的研究中。他提出了一个对《伊利亚特》乃至整个荷马时代都极富想象力的观点——借助亚里士多德诗学认识将赫克托耳悲剧视为荷马文化的基点。总体来看，这些作品是对阿德金斯研究的补充与限定，但都没有对荷马史诗中人物的道德行为的背景做出较为系统的描述。

陈鹏程博士论文《先秦与古希腊神话价值观比较研究》[2]，主要对先秦与古希腊民族神话中体现的价值观进行了横向的比较研究，并从社会历史实践中分析了中西文明的差异性。王怀义的《中国史前神话意象研究》[3]，主要将中国史前神话视为一种综合性的意识形态——神话意象，借此来审视人生、社会及世界三者之间的循环往复的关系，进而揭示史前神话意象与华夏传统文化、道德认知之间的关系，提出"体验论神话观"。张文安的

---

[1] James M. Redfield, *Nature and Culture in the Iliad: The Tragedy of Hector*, Duke University Press Books, 1994.

[2] 陈鹏程：《先秦与古希腊神话价值观比较研究》，博士学位论文，天津师范大学，2006年。

[3] 王怀义：《中国史前神话意象研究》，博士学位论文，华东师范大学，2012年。

《中国神话研究与文化要素分析》①，则系统地讨论了中国神话学的建立过程、中国神话的分类以及21世纪中国神话学研究的新构想等三方面。

在国内外的相关研究领域中，对古希腊神话的研究主要涉及古希腊神话的定义、神话的内容与分类、神谱体系及神话语言学等方面。将古希腊神话与道德伦理两者进行关联研究，且从伦理道德的基础解读古希腊神话的研究较少。

综上分析，国外对荷马史诗中的道德意蕴的分析主要是从20世纪60年代开始，对此论题的研究仍旧处于探索发展阶段，对诸多议题尚没有系统的研究成果。鉴于文化与语言的阻碍，我国学术界对此论题的研究起步较晚，其研究方法相对比较单一，研究成果分散于文学、历史学和比较文化学等学科中。甚至，国外某些重要的学术著作还未翻译成中文文献。

第三节　研究对象

一　神话、传说与故事

研究古希腊神话的第一要务，就是阐明"神话"这一术语的含义。什么是神话？"神话"（Myth）与其他的"民间叙事形式"②，诸如"传说"（Legend）、"民间故事"（Folktales）有什么区别？就目前学术界的研究范畴而言，神话一词并非教育学研究领域的范畴，更多地隶属于社会—民俗学的研究视野。作为民俗学的研究范畴，各类神话所包含的历史真实因素具有不同的层次和特点。本书在厘定神话概念时，借鉴民俗学、社会学、古文字学与人类学等学科的研究成果。

---

① 张文安：《中国神话研究与文化要素分析》，博士学位论文，陕西师范大学，2004年。
② 将散体叙事划分为神话、传说、故事的开端，可以回溯到 C. W. 冯·西多所著《散文传统的范畴》（with the title translated as *The Categories of Prose Tradition*），重印于《民俗学论文选》（Selected Papers on Folklore，哥本哈根，1948）。

(一) 神话概念的起源

"神话"[①]一词，发源于古希腊。1940年，德国古典哲学家涅斯特尔（Wilhelm Nestle，1865—1969）在《从神话到逻各斯》一书中指出，mythos 代表着神话，logos 代表着理性。二者分别具有"说"和"话"的含义，但两者又有本质的区别。"在内容上，mythos 是'说'具体的、有情节的；而 logos 为'讲道理'，是直接表达的，理论性的。在形式上，mythos 一般以'诗'的形式出现，它们往往以口传心授的方式传播；而 logos 则一般以'散文'形式存在，更易于以文字形式流传。"[②] 公元前6—前5世纪，mythos 转变为 logos 表明西方文明开始形成。英国语言学家缪勒（Friedrich Max Müller，1820—1900）曾指出，神话的荒谬性是一个"不可回避的事实"[③]。同时，在我国《新华字典》中也指出，神话不仅指"远古人类公认集体创作的神异故事"，还用来指"不真实，荒谬的言论"[④]。这均表明神话具有一定的荒谬性。其实，早在1996年，美国著名宗教史学家林肯（Bruce Lincoln，1948— ）对将神话与代表理性的逻各斯二者的对立关系提出过质疑。"神话从 mythos 到 logos 的转变过程，不能简单地视为人类认知从迷信故事走向理性认识的命题转变，这一转变过程更明晰地表明人类认知从 mythos 到 logos 两种不同言说'策略'的转变，这是人类表达真理的两种不同的手段。"[⑤] 早期的神话概念的讨论主要集中在"真"与"假"的辨析。

[①] "神话"一词，最初通过日本而从西方引进。1903年，留日学生蒋观云在《新民丛报》上发表《神话历史养成之人物》。这是中国第一篇关于神话学论文。此后，王国维、梁启超、鲁迅等人，相继把"神话"概念作为启蒙新工具引入到文学和历史研究领域。参见马昌仪《中国神话学发展的一个轮廓》，马昌仪编《中国神话学文论选萃》，中国广播电视出版社1994年版。

[②] 何顺果、陈继静：《神话、传说与历史》，《史学理论研究》2007年版，第10页。

[③] ［英］麦克斯·缪勒：《比较神话学》，金泽译，上海译文出版1989年版，第11页。

[④] 《新华字典》，商务印书馆2004年版，第235页。

[⑤] Bruce Lincoln, *Gendered Discourses*: *The Early History of "Mythos" and "Logos"*, History of Religions, Vol. 36, Number 1, Aug., 1996, pp. 1–12.

(二) 神话与历史的关系

本书从古希腊神话文本中探究彼时社会道德伦理状况，因此，厘清神话与历史的关系是本书不可逾越的一个问题。对于神话与历史的关系问题上，追溯以往的研究大致可分为三类。

神话和传说即历史。例如，意大利宗教史学家拉斐尔·贝塔佐尼（Raffaele Pettazzoni，1883—1959）在《神话的真实性》一文中认为，神话并非无稽之谈，而是真实的故事。真实的故事讲述真实的事情，神话讲述的是"那些令人难以忘怀的创造过程：诸如事物的起源，世界的起源，人类的起源，生与死的起源，动物和植物（包含蔬菜）的起源……所有这些事件都发生在极为远古的时代，但人们现在生活的源头和基础都是由此而来，整个社会的结构也是以此为基础的"[1]。因此，神话是历史真实的再现，是真实神圣的存在。

神话和传说蕴含着历史史实。大约公元前3世纪，古希腊哲学家欧赫墨罗斯在其所著"游记"《圣史》中提出，希腊神话均是有史可寻。欧赫墨罗斯把希腊神话中的诸多神祇与英雄视为真实存在过的某个历史人物。尽管有些神话故事与历史记载并非完全契合，却并非完全凭空捏造。后来罗马历史学家狄俄多罗斯在其《历史文库》中把欧赫墨罗斯的讲述作为"事实"接受下来。历史的出现蕴藏在先人们讲述的故事之中，世界、生命、人都成为希腊故事的主题。意大利哲学家维柯从宏观层面论证了荷马史诗的真实性，并认为"诗性智慧"是童年时期的人类认识世界的思维方式，而诗人正是这一思维方式的崇高运用者。史诗不仅体现出原始先民对战争与和平、人与自然宇宙的"知识性"的选择，而且体现出重要的史料价值。中国史学家司马迁在论述五帝所处的时代时也有过同样的观点。司马迁通过比较前人各种记载及实地调查五帝活动过的区

---

[1] [美] 阿兰·邓迪斯：《西方神话学论文选》，朝戈金等译，上海文艺出版社1994年版，第137页。

域，发现了很多风俗习惯与文献记载有相近之处，他选择了较为可信的记载，编纂成了《五帝本纪》①。总之，对于历史学家而言，他们更倾向于将古代文献中包含着的神话传说与历史事实视为"神话传说的历史"；而对于神话学家而言，他们则倾向于将古代文献视为"历史的神话传说"。

神话和传说无关于历史。美国民俗学家拉格伦（Lord Raglan，1788—1855）是这一主张的代表。他认为，神话源于仪式，神话是与真实历史完全无关的故事。在20世纪二三十年代新文化运动兴起的、以"疑古辨伪"为特征的古史辨派也持同样的观点。古史辨派历史学家顾颉刚倡导"用故事的眼光看古史"②。例如，先秦典籍中记载的三皇五帝的事情并非历史，而是战国至两汉时期我国先民编撰的神话和传说。

本书在处理神话与历史关系问题中，秉持着第二类观点——神话传说与历史有一定的关系。学界中关于神话与历史之间关系问题的探讨尚未达成较为统一的看法。在讨论此问题时，一部分学者更多地是从实际应用的需要采用一些经验性、习惯性做法，可以从理论的高度进行总结和归纳的实乃凤毛麟角，尤其是从历史研究的角度提出系统的看法。

（三）神话、传说和民间故事的区别

关于神话人们并未达成统一的认知，但美国人类学家威廉·巴斯科姆（William Bascom，1921—1981）在《民间文学形式：散文叙事》③中对神话、民间故事和传说的阐述分析得到大多数民俗学家的接受与认可。威廉·巴斯科姆以"空沙漏"比喻来分析神话、传说与民间故事的区别。

首先，空沙漏可以界定三者的时间属性。空沙漏比喻为线状

---

① 司马迁：《史记·五帝本纪》，中华书局1959年版，第46页。
② 顾颉刚：《古史辨自序》，河北教育出版社2000年版，第4页。
③ ［美］威廉·巴斯科姆：《民间文学形式：散文叙事》，载阿兰·邓迪斯《西方神话学读本》，朝戈金等译，广西师范大学出版社1994年版。

的时间模式，设想空沙漏的中部为创造的瞬间，这是宇宙和人的创造。神话发生于创造时刻之前，并延伸其中，沙漏是露底的，表示神话之前没有时间。传说处于沙漏的上面部分，发生于创造瞬间之后。沙漏顶部敞开，正如神话一样，传说也不存在时间。民间故事则是发生于任何时间或正常时间之外（很久以前），这就使民间故事无法体现在沙漏上。其次，空沙漏界定了三者的真实性。无时间特征的神话"在讲述他的社会中，它被认为是发生于久远过去的真实可信的事情"[①]。无时间特征的传说民间被认为发生的与世界和今天很接近的真实的事情。有时间特征的故事被视为虚构的事情，是否真实发生过并不重要，不可严格刻板地看待故事，因为它们不被当作历史或信条。神话、传说和民间故事之间的区别如表1所示。

表1　　　　　　　神话、传说与民间故事的区别

Form 形式	Belief 信实性	Time 时间	Place 地点	Attitude 取态	Principal Character 主要角色
Myth 神话	Fact 事实	Remote past 遥远的过去	Different world; other or earlier 不同的世界；其他的或很早的	Sacred 神圣的	Nonhuman 非人类
Legend 传说	Fact 事实	Recent past 不久的过去	World of today 今天的世界	Secular or sacred 世俗的或神圣的	Human 人类
Folktale 民间故事	Fiction 虚构	Any time 任意时间	Any place 任意地点	Secular 世俗的	Human or nonhuman 人类或非人类

（四）神话与古希腊神话

何谓神话？我国学术界关于神话概念的理论探讨，始于西学东

---

① ［美］威廉·巴斯科姆：《民间文学形式：散文叙事》，载阿兰·邓迪斯《西方神话学读本》，朝戈金等译，广西师范大学出版社1994年版，第5页。

渐的晚清时期。梁启超于1902年发表的《历史与人种之关系》一文中首次使用"神话"一词，但并未对其内涵予以详细的诠释。1903年，蒋观云在《神话历史养成之人物》中对神话功能进行了分析，认为"神话、历史者，能造就一国之人才。然神话、历史之所由成，即其一国人天才所发显之处"[①]。鲁迅在《中国小说史略》第二篇"神话与传说"中，首次对神话的概念提出了较为明晰的界定："昔者初民，见天地万物，变异不常，其诸现象，又出于人力之所能之上，则自造众说以释之，是谓之神话"[②]。茅盾在《神话的意义与类别》一文中，从文学的视角将神话界定为："一种流行于上古民间的故事，所叙述者，是超乎人类能力以上，神们的行事，虽然荒唐无稽，但是古代人民相互传述，却信以为真"[③]。

　　进入20世纪，我国学者何新在其专著《诸神的起源》[④]序言中，借用西方功能主义理论将神话界定为"解释系统、礼仪系统和操作系统"。乌丙安在《简论神话系统》[⑤]一文中认为，神话是人类最早的系统思想，其主要的思维方式是联想，主要检验手段是原始巫术和祭仪。在神话研究领域具有奠基性广泛影响的袁珂提出了"广义神话"的概念：神话是非科学却联系着科学的幻想的虚构，从外延来看，"广义神话"分为：神话，传说，历史，仙话，怪异，带有童话意味的民间传说，源自佛经的神话人物和神话故事，关于节日、法术、宝物、风习和地方风物等的神话传说和少数民族的神话传说等。

　　西方学术界许多学者曾给"神话"下过不同视角的定义。例如，英国史学家缪勒从各神话起源的视角提出历史语言学的神话解

---

① 苑利：《二十世纪中国民俗学经典》（神话卷），社会科学文献出版社2002年版，第1—2页。
② 鲁迅：《中国小说史略》载《鲁迅全集》第9卷，人民文学出版社1981年版，第17页。
③ 茅盾：《神话研究》，百花文艺出版社1981年版，第3页。
④ 王钟陵：《二十世纪中国文学史论文精粹·古代·神话卷》，河北教育出版社2000年版，第143页。
⑤ 乌丙安：《简论神话系统》，《辽宁大学学报》1986年第2期。

读,并揭示出彼时历史面貌只有通过语言分析方法才能证明历史上神话的时代真实存在过。① 英国人类学家弗雷泽在《金枝》② 中提出了交感巫术在印欧民族神话起源中的重要作用,并对世界各文化中的原始祭祀和神话做了细致的田野考察。奥地利心理学家弗洛伊德将神话与人的心理结合起来,认为神话皆是意识与潜意识交互作用的结果。③ 此后,弗洛伊德的学生荣格进一步提出神话是集体无意识的反映,如《启示录》④ 中的基督形象正是彼时某种英雄生活的个人无意识的集体生活的反映。

西方人类学界中还存在"神话—仪式"论的讨论。例如,英国神话仪式学派代表人物简·艾伦·赫丽生(Harrison, Jane Ellen, 1850—1928)的《希腊宗教研究导论》⑤ 认为,神话与仪式是一组平行的表达方式,神话的意义或功能源于其社会性,与仪式密切相关。反对神话仪式学派的学者有法国人类学家列维·斯特劳斯(Claude Levi-Strauss, 1908—2009)。他并不关注各类神话的社会属性,而是关注将各类因素联合在一起的语言结构与思维模式。"一切社会结构和语言结构,归根结底,都可以还原为语言的结构。"⑥ 结构主义成为解释神话的方法。相对于部分性,整体性具有更强的逻辑上的优越性,结构就是一种关系,个体只有在整体的关系网中才能体现价值和意义。1955年,列维·斯特劳斯发表《神话的结构研究》一文指出,神话内部结构均可被还原为某些二元对立关系,如自然—文化,自我—他者等,神话俨然成为一种克服矛盾的逻辑。因此,结构主义神话学认为神话的目的主要是为解释故事情

---

① [英]麦克斯·缪勒:《比较神话学》,金泽译,上海译文出版1989年版,第23页。
② [英]弗雷泽:《金枝精要:巫术与宗教之研究》,刘魁立编译,上海文艺出版社2001年版。
③ [奥地利]弗洛伊德:《释梦》,孙名之译,商务印书馆2006年版,第260—264页。
④ C. G. Jung & K. Kerényi, *The Science of Mythology*: *Essays on the Myth of the Divine Child and the Mysteries of Eleusis*, Routledge, 2005.
⑤ [英]简·艾伦·赫丽生:《希腊宗教研究导论》,谢世坚译,广西师范大学出版社2006年版。
⑥ 高宣扬:《当代社会理论》,人民大学出版社2005年版,第786—787页。

节矛盾提供了一种逻辑模式,"用于神话思维的那种逻辑与用于现代科学的逻辑一样精确严密,神话的逻辑与现代科学的逻辑在思想过程上并没有质的区别,它们的区别只在于这种逻辑所应用的对象不同罢了"①。

20世纪50年代法国符号学家罗兰·巴尔特(Roland Barthes, 1915—1980)在《埃菲尔铁塔及其迷思》②中创造出一种新的神话学理论——以符号学基本概念分析现代事物及所包含的信息。"神话是一种言说",我们可以讨论任何事物,因此任何事物都可以成为神话。

表2　　　　　　　　巴尔特语言学与符号学关系

语言 {	1. 能指	2. 所指(概念)	
神话 {	3. 符号(意义)		
	Ⅰ 能指(形式)		Ⅱ 所指(概念)
	Ⅲ 符号(意指)		

巴尔特将语言分为两个系统:第一个符号系统——语言:能指和所指;第二个符号系统——意识形态:意指。神话本身是派生于语言系统的次生符号系统。首先,巴尔特将遥远神话概念融入现代性意蕴。神话是现代社会日常生活的组成部分,而不再仅仅被局限于原始人的创造与传颂。③ 其次,现代神话"是一种去政治化的言说"。所谓"去政治化",就是历史记忆或现实事件在表述过程中被简单化、意义复杂性被抽空的过程。④ 因此,神话是人们"按需、

---

① [德]列维·施特劳斯:《神话的结构研究》,《结构主义神话学》,叶舒宪译,陕西师范大学出版社1989年版,第62页。
② Roland Berthes, *The Eiffel Tower and Other Mythologies*, Trans. Richard Howard, New York, 1979.
③ [法]罗兰·巴尔特:《现代神话》,《神话——大众文化诠释》,许蔷蔷、许绮玲译,上海人民出版社1999年版,第167、203页。
④ [法]罗兰·巴尔特:《神话:大众文化诠释》,许蔷蔷、许绮玲译,上海人民出版社1999年版,第202—203页。

按用"创造出来的。

由上可见，国内外学者对"神话"概念的界定纷繁复杂。鉴于本书对古希腊神话的文本借鉴，本书的神话概念主要采用了一种广义的神话概念。概述之，本书所谓的"希腊神话"，主要是由神的故事和英雄的传说组成。神的故事包括世界的起源、神的产生、神的谱系、神的活动和人类的起源；英雄传说讲述了半神英雄，如帕尔修斯、伊阿宋、赫拉克勒斯、忒修斯、阿喀琉斯等人的传奇经历。希腊神话的神系中神分为老神和新神，老神以盖亚和乌拉诺斯为代表，新神则是以宙斯为主宰的奥林匹斯山众神（十二主神等诸多小神）。希腊神话中的英雄大都是神和凡间女子所生的半神半人形象，英雄们历经坎坷，最终完成了非凡的业绩，这是英雄神话的主要内容。

二　道德隐喻

道德情感作为一种文化，通常被视为一个与自然无关的问题。达尔文在《人类的由来》中认为，道德起源于自然。从自然史的角度，在人和动物之间的种种差别之中，最为重要的一个差别就是道德感或良心。依据达尔文的物种进化论，人是从动物进化而来的，人的智力程度高于一般的动物，而"道德感这样东西有着若干不同的来源，首先来自动物界中维持得已经很久而到处都有的种种社会性本能的自然本性"[①]。所以，达尔文及达尔文以后的进化论学家们认为，道德是动物的某种合群性的本能的直接延续和复杂化的结果，动物或人的社会本能是道德情感产生的最深刻的基础。在动物与人难以分辨的远祖时代，部落群体的利益至关重要。在达尔文看来，如果一个部落的个体有着较强的社会本能或道德情感，那么这个部落就会在生存竞争中夺得更大的活动范围，生育较多的后代。同情他人、勇敢、忠诚等道德情感是从社会性的本能通过自然选择

[①] ［英］达尔文：《人类的由来》，潘光旦、胡寿文译，商务印书馆1983年版，第926页。

而引申出来的,这种道德情感在生存竞争中得到了进一步的巩固,是强大部落战胜落后部落的法宝。在文字出现之前,部落氏族成员用口口相传的方式将勇敢、同情、忠诚等道德情感传承下来,并在传承的过程中不断丰富其内容与仪式。当文字出现以后,原始先民用文字记载氏族部落的道德规范、情感要求。神话作为原始人类精神文明的重要组成部分,其中蕴藏着原始先民最初的道德意识和道德情感。

从道德的词源看,在我国古籍中,"道"最初的含义为指路,而后引申为做人的道理。在诸子百家的著作中,"道"表示事物变化运动的规律,是人之为人的最高思想境界。"德"主要体现为一种行为的高尚。因此,在汉语表述中,"道德"一词表现的是一种偏正结构,强调对"德"的肯定。"道德"作为专有概念,始于春秋战国时期。《荀子》说:"故学至乎礼而止矣,夫是之谓道德之极"。道德即为人与社会、人与人关系的道德原则与规范。在西方,道德一词起源于拉丁语"摩利斯"(Mores),意为习俗和习惯。道德究竟是什么?许布纳(Bryce Huebner)、德怀尔(Susan Dwyer)和豪斯(Marc Hauser)在《情感之于道德心理的作用》一文中指出,"道德"这一术语极具有争议性,因此暂可不深究这一概念。[1]道德作为一个极为抽象的概念,很难对其下一个明确的定义,但这并不影响人们对道德伦理的思考与研究。古希腊神话以英雄史诗的鲜活形象表达出远古先民对道德伦理的思考与研究。希腊神话不是空洞的道德说教,而是一个个有血有肉的、真实的道德个人。在《荷马史诗》《神谱》等众多关于希腊神话的文学作品中,文字语言中极少出现表达道德情感的词语。如何从平铺语言中解读其蕴含的伦理道德?隐喻理论不失为一种有效的理解方式,即解读和理解文本中"隐喻的"道德意蕴。

---

[1] Bryce Huebner, Susan Dwyer and Marc Hauser, *The Role of Emotion in Moral Psychology*, Trends in Cognitive Sciences, 2008, 13 (1), pp. 1–6.

人类对于隐喻理论的研究，可以追溯到古希腊的亚里士多德。"隐喻"（Metaphor）一词的定义，最初源于希腊词"meta"和"pherein"，前者表示"变化"，后者意为"携带、传递"，即从一个地方传到另一个地方。亚里士多德在《诗经》和《修辞学》中将其定义为"隐喻就是把彼事物的名称用于此事物"——对比论，隐喻不仅具有修辞装饰功能，还具有创新功能。1936年，英国修辞学家理查兹（I. A. Richards，1893—1979）在《修辞哲学》[1]中提出了"互动论"，否定了科学与诗歌之间的完全对立关系，实现了隐喻研究从修辞格向认知方式的改变。"它们是我们只有通过整个言说的相互影响才能到达的结果。"[2] 1980年，美国加州大学伯克利分校语言学系教授乔治·莱考夫（George Lakoff，1984—）与马克·强森（Mark Johnson，1957—）[3]的《我们赖以生存的隐喻》一书被视为现代认知观隐喻研究的开始。目前，我国在隐喻研究领域，也有了较为系统的评述。国内对隐喻理论的系统研究出现在20世纪末，其中以林书武[4]、李福印[5]以及束定芳[6]为主要代表，全面系统地阐释了国外隐喻理论研究的概况，介绍和评述了各种关于隐喻的理论，使我们对隐喻研究有了全面的了解。

综观国外学界对隐喻的定义，主要分为传统修辞学领域与现代认知领域。传统修辞学将隐喻视为一种修辞手段。[7] 隐喻是指说话者借助"喻体"（"靶"事物）和"本体"（"源"事物）的"某种类似性质，去说明比较复杂、抽象的事物或深奥难懂的道理"[8]。现在认知领域认为，隐喻不仅仅是一种修辞手段，而且也是一种思维

---

[1] I. A. Richards, *The Philosophy of Rhetoric*, New York: Oxford University press, 1936.
[2] Ibid., p. 55.
[3] Lakoff, G. & M. Johnson, *Metaphors We Live By*, Chicago: University of Chicago Press, 1980.
[4] 林书武：《国外隐喻研究综观》，《外语教学与研究》1997年第1期，第11—19页。
[5] 李福印：《研究隐喻的主要学科》，《四川外语学院学报》2000年第4期，第44—49页。
[6] 束定芳：《隐喻学研究》，上海外语教育出版社2000年版。
[7] 亚里士多德在《诗学》中指出，隐喻是所有修辞手段中最具形象性的。
[8] 张光明：《英汉互译思维概论》，外语教学与研究出版社2001年版，第298页。

方式，将隐喻视为思想和行为的派生物，将意义和语境密切联系起来。总体而言，隐喻是人类理解世界的一种思维方式和形成概念的工具。正如布鲁门伯格所说，"神话是那些通过在叙述中心保持高度不变的变量和同样清晰的边际变化来辨别的故事"[1]。正是神话具有的恒常性与可变性，构成了文学的"主题"与"变奏"的关系。神话的恒常性使它可以通过艺术或仪式得以再现、通过复述而被认知；而神话的可变性使它产生了探索新的个人化表现手段的魅力。因而，神话与那些不能做丝毫变更的"神圣文本"不可同日而语。古希腊神话是西方文明探索未知、认识世界、构建社会伦理的重要文本。

本书拟定的"道德隐喻"一词，旨在通过隐喻的思维与理解方式，分析"源"事物（行为、内容、选择、言语等形式），探究"靶"事物（道德情感、道德表现、道德选择等），并揭示隐喻"靶"事物和"源"事物内在关系的相互作用及相互影响。本书通过对神话文本中内容、语言、行动等的呈现与分析——"靶"向内容确定，探析"靶"向内容中隐含的本民族的道德"源"理。古希腊神话的显著特点之一就是隐喻型的语境表达。古希腊神话的道德隐喻研究，即借鉴隐喻研究理论，分析古希腊神话中的"靶"与"源"事物之间的关系，以道德的认知领域为切入点，对古希腊神话中道德隐喻的构成基础、表达方式及理解途径进行阐述，从而进一步了解希腊民族的认知规律、思维方式和文化道德意蕴。

第四节 研究架构——三维正交时空

一 神话文本的传承

神话作为原始时代的产物，今人无从确定其产生的确切时代，

---

[1] ［德］汉斯·布鲁门伯格：《神话研究》，胡继华译，上海人民出版社2014年版，第36页。

从口口相传至祭祀颂扬,其后文字既兴,诗人与戏曲家改作纯文艺的诗歌戏曲等,构成了今日各文明民族神话的宝库。古希腊神话亦是如此。在古希腊,神话进入人类社会要早于哲学。当时,影响古希腊社会的主流宗教有两种:奥林匹斯山神系的崇拜;俄耳浦斯教义及相关的狄俄尼索菲斯崇拜。本书的研究视角主要是从奥林匹斯山神学的视角对古希腊社会的道德隐喻进行梳理。

　　在古代希腊,四类人承担了保存神话的职责①:一是预言者;二是乐工与行吟诗人;三是诗人和悲剧家;四是历史家。前两者真伪莫辨,可称为神话的人物,后两者则是真实人物,因为他们的身世可以考见,因此可以说确有其人。

　　在诗人当中,首要提及的便是荷马②,他在《伊利亚特》和《奥德赛》两部史诗中记载的神话,占据了古希腊神话的大部分。在古希腊神话中,曾提到荷马的出现。曼托是底比斯城内的女预言者,"人们经常看到跟她一起进进出出的还有一位老人。她把美丽的歌谣教会老人。不久,那些歌便在希腊国内到处流行。老者就是著名的美俄尼恩诗人荷马"③。当然,据很多"荷马学者"的解释,荷马并非确有其人,《荷马史诗》也不是荷马一人之作,而是在公元前527年,由雅典的庇士特拉妥召集若干文人修订了荷马的著作,写定了《伊利亚特》和《奥德赛》的一部分。此后又有"小史诗",叙述伊利亚特战争前后之事,一并纳入《荷马史诗》之中。

　　除荷马外,第二个传说的诗人就是赫西俄德(Hesiod),他在继承了荷马史诗体系的基础之上,著有《农作与日子》及《神谱》两本著作。前者描写农家生活及月令占验;后者则记述了希腊诸神

---

① 茅盾:《神话研究》,百花文艺出版社1981年版,第16页。
② 希罗多德(Herodotus,希腊古代历史学家,被称为历史之父)分析荷马时代为公元前850年,这一时期被称为希腊史诗第二期时代。
③ [德]古斯塔夫·施瓦布:《希腊古典神话》,曹乃云译,译林出版社2003年版,第297页。

谱系，并在其中保留了古希腊神话当中尤为重要的部分——天地创造、神族关系、神族诸事以及人神之事等。[①] 赫西俄德把诸神纳入单一的神系世族，由此完成了希腊神话的统一。

在古希腊神话保存中，最后需要提及的是古希腊的戏剧家——三大悲剧家（埃斯库罗斯、索福克勒斯与欧里庇得斯）和喜剧家（阿里斯多芬）。古希腊悲剧主要是从神话中取材，作品具有极强的参考价值。埃斯库罗斯在其作品中为我们呈现了阿伽门农一家的故事、远征庇比斯的故事、普罗米修斯的故事；索福克勒斯为我们呈现了庇比斯的肿足王和他子女的故事、特洛伊故事和阿伽门农一家最后的故事、赫拉克勒斯最后一次的冒险及其死去的故事；欧里庇得斯作品中有关于阿伽门农女儿的故事以及美狄亚冒险的故事。至于古希腊喜剧家，本书主要参照阿里斯多芬作品中存在的神话材料。

《史诗文选》（*Epic Cycle*）讲述了从创世到特洛伊英雄回归家园的故事，是最为古老的诗歌集，具体作者不详，被视为一部集体智慧的产物；《荷马颂神诗》（*Homeric Hymns*）中则包括了诸多《荷马史诗》未曾提及的神话；希罗多德的《历史》和修昔底德的《伯罗奔尼撒战争史》等史学著作也保存了一些神话传说；哲学家的著作和抒情诗也时而出现神话传说资料；后人的著作，如公元2世纪中叶著名旅行家波桑尼阿的《希腊纪事》（*Pausanias*: *Descriptions of Greece*）、古罗马屋大维时代的著名诗人奥维德（Publius Ovidius Naso，B.C. 43—B.C. 17）的《变形记》（*Metamorphoseon libr*）和普罗塔克（Plutarch，B.C. 46—A.C. 120）的《希腊罗马名人传》（*Plutarch's Lives*）等，也记载了一些古希腊神话传说。

二　本书研究框架

本书的研究视角主要从奥林匹斯山神话的视角对古希腊社会的

[①] 茅盾：《神话研究》，百花文艺出版社1981年版，第19页。

道德隐喻进行梳理。鉴于古希腊神话的体系庞大、时间跨度久远，在撰写过程中，分别以研究内容、研究时空为切入点，试图构建一个三维正交时空坐标轴，在此时空维度内梳理神话文本与人类历史发展进程之间的道德联系。

首先，横坐标设定为神话文本。本书主要参考的神话文本包括荷马史诗的《伊利亚特》与《奥德赛》。此外，赫西俄德的《神谱》与奥维德的《变形记》也整理和保存了大量古希腊原生神话、次生神话与再生神话文本。另外，古希腊神话还散见于古希腊的悲喜剧家埃斯库罗斯、索福克勒斯、欧里庇得斯与阿里斯多芬的戏剧作品之中。古希腊神话的中文译本主要参见以下版本：荷马著，陈中梅译《奥德赛》，译林出版社 2012 年版；荷马著，陈中梅译《伊利亚特》，华夏出版社 2007 年版；古斯塔夫·施瓦布著，曹乃云译《希腊古典神话》，译林出版社 2003 年版；赫西俄德著，王绍辉译《神谱》，上海人民出版社 2010 年版；赫西俄德著，张竹明、蒋平译《工作与时日·神谱》，商务印书馆 1991 年版；奥维德著，杨周翰译《变形记》，人民出版社 2016 年版；埃斯库罗斯著，张竹明、王焕生译《古希腊悲剧喜剧全集》，译林出版社 2016 年版。关于古希腊神话的英文文本主要包括：Homer, *Iliad and Odyssey*, Canterbury Classics, 2011。

其次，纵坐标设定为人类发展历史的进程。在人类历史发展进程的阶段划分上，本书主要以卡尔·西奥多·雅斯贝尔斯在 1949 年出版的《历史的起源与目标》对人类历史发展的阶段划分为依据。雅斯贝尔斯把历史按纵向发展大体上分为四部分：第一部分是"史前阶段"——以产生语言、制造工具、应用火为特征的神话和传说中的"普罗米修斯"时代。第二部分是"古代文明阶段"——公元前 5000 年到公元前 3000 年产生埃及、美索不达米亚、印度河和黄河流域文明的时代。人类开始从非历史走向历史，这一时期几乎没有精神运动。第三部分是"轴心时期"。公元前 800—前 200 年，人类世界发生了伟大的精神运动，人类具备了理性的自觉——开始把自己同神界拉开距离，而不再完全受神界的支配。第四部分是"科学技术时代"——始于15世纪、盛行于17—18世纪的欧洲文明时代，使欧洲成为世界的中心。

最后，在纵横坐标的焦点区域，在古希腊文明发展历程的背景下梳理神话文本中蕴藏的各种社会道德价值观，以此架构起本书的结构。笔者拟将本书分为以下章节加以梳理：第一章导论；第二章古希腊文明道德溯源；第三章古希腊神话的文明印记与神话的教化载体；第四章生命的价值及其道德诉求；第五章英雄的道德秩序；第六章正义之德的衍变；第七章古希腊神话的德育镜鉴；余论。

第五节 研究方法

本书拟采取的研究方法主要有多学科一体化研究方法、母题分析研究方法、马克思唯物史观研究方法及比较研究与文献归纳的研究方法。

一 多学科一体化

神话学本身是一门"领域学"，属于综合性学科，这也奠定了神话学研究方法复杂性的特点。美国历史与社会学家伊曼纽尔·沃勒斯坦（Immanuel Wallerstein，1930— ）创建的"多学科一体化"的研究方法是神话学研究的基本方法之一。神话是原始先民最初的精神产物，创始之初的神话与哲学、宗教、历史等学科尚未分化。因此，对古希腊神话的研究要采取多元研究范式。

对人类精神文化产物的分析研究方法不应局限于某一学科，或某一领域的研究，必须从多重学科视野着手，在被割裂开来的文化因素之间建立一种有效的联系。正如中国台湾中研院前副院长、美国科学院院士张光直（1931—2001）所说："神话不是某一门社会或人文科学的独占品，神话必须由所有这些学问从种种不同的角度来钻研与阐发。"①

本书在撰写过程中将古希腊神话的产生、发展与式微的历史脉络嵌入古希腊的哲学、文化、宗教、历史及社会等学科中进行统整性的分析，以期运用各个学科的互补性进行整体性的一体化研究范式，由表及里地、时空交错地、立体地、科学地解释神话中隐含的道德文化价值。

二 母题分析研究

神话具有多种母题。美国学者斯蒂·汤普森在《世界民间故事分类学》中指出，"一种类型是一个独立存在的传统故事，可以把它作为完整的叙事作品来讲述，其意义不依赖于其他任何故事。……组成它的可以仅仅是一个母题，也可以是多个母题。……绝大多数母题分为三类：其一是一个故事中的角色——众神，或非凡的动物，或巫婆、妖魔、神仙之类的主灵，妖魔甚至是传统的人物角色，如受人怜爱的最年幼的孩子，或残忍的后母。第二类母题涉及情节的某种背景——魔术器物、不寻常的习俗、奇特的信仰，如此等等。第三类母题是那些单一的事件——它们囊括了绝大多数母题。"②

本书正是依据斯蒂·汤普森的"母题"分类研究方法分析古希腊神话，一方面以母题为分析单位将古希腊神话分为神祇神话、英雄神话、创世神话等母题，再通过横向比较，梳理各母题的神话与人类社会发展变化的关系；另一方面通过分析各个母题神话，进一步提炼出古希腊民族生活中隐含的各种文化价值和民族精神，以此来确认古希腊神话在世界文明发展中的价值与地位。通过神话的各类"母题"研究，发现其中蕴藏的演化规律及时代特征。

---

① 张光直：《中国青铜时代》，生活·读书·新知三联书店1983年版，第256页。
② ［美］斯蒂·汤普森：《世界民间故事分类学》，上海文艺出版社1991年版，第499页。

三 唯物史观

马克思、恩格斯创立的唯物史观是辩证唯物主义思想认识人类社会发展规律的科学研究方法，是纠正与批判西方神话学立足唯心主义错误的唯一科学的方法。神话作为人类文化发展史的一部分是从属于上层建筑的组成部分。基于唯物史观的观点，神话的发展演变与社会生产力及经济基础的发展变迁息息相关。不同的社会发展阶段及生产方式决定了神话发展的不同形态。

依据唯物主义历史观的分析，地理环境、自然条件对人类社会的历史进程、生产和生活实践等具有重要的影响。本书依据唯物史观的历史阶段划分将古希腊神话历史发展脉络分为四个阶段：史前史阶段、古代文明阶段、轴心阶段、科学技术阶段的神话发展态势。史前阶段——天人合一阶段，人类尚未厘清主体与客体二元差别，人与外在世界的界限模糊不清，客体之于主体而言更多的为亲密关系而非敌对关系，神人关系亲密无间，此时的经济发展模式主要表现为渔猎采集的经济模式；古代文明阶段——天人分离阶段，人类开始出现主客体观念，人类生活有赖于自然客体，人类对外界不可抗力的客体存在产生敬畏意识，并开始相信超自然力量神祇的真实存在，神人关系亲密却也矛盾，此时的经济发展模式主要表现为渔猎采集、畜牧养殖及原始农业的经济模式；轴心阶段——理性萌发阶段，人类与自然的主客体关系渐行渐远，人类的主体意识开始觉醒，神祇的形象也开始具备了人类的形与性，同时出现了反映人类社会生活的神话，此时的经济发展模式主要表现为民族农业的经济模式；科学文明阶段——人神分离阶段，人的主体意识增强，自然客体之于人类主体逐渐演变为工具与材料的角色，神话日渐退出了历史发展舞台，科学成为人类认识自然客体的唯一手段。在分析神话价值的过程中，我们必然要借鉴唯物史观的社会历史学观点。本书基于唯物史观的观点，以及古希腊神话发展中所体现出的政治、经济及社会组成要素的发展、变化规律，坚持从物质生活生产方式的变化中推演出神话发展的时代价值及其所隐含的道德意蕴。

四　其他研究方法

（一）比较研究法

当今时代，世界文明分类中最大的分歧表现为东西方世界各自坚守的自身文化传统，神话这种古老的意识形态，对东西方文化传统的形成影响深远。研究某一民族神话的类型、文化底蕴和精髓的核心目的，不仅是要揭示某一民族的历史面貌，更主要的是把一个民族的神话与其他相关民族的神话进行比较，通过比较各个民族神话的主题、母题、情节、人物及关系等，客观地廓清本民族的精神本质及历史文化内涵和民族文化发展的独特轨迹。"源自两个不同社会的两类事实，并不能仅仅因为它们彼此相似就进行比较；只有在这些社会本身彼此相似的情况下，换言之，只有在它们作为同一物种的不同亚种的情况下，我们才可以比较这些事实。倘若不存在什么社会类型，那么比较方法也就不可能存在，只有在单一类型之内，比较方法才是行之有效的。"① 正如谢六逸（1898—1945）在《神话学 ABC》②所示，神话必然是古代社会、古代宗教、古代知识的一部分。

本书在探析古希腊文明溯源的部分将古希腊道德文明的产生与发展同中华道德文明的产生与发展进行了横向的比较研究。本书分别从地理、民族、社会制度三个维度对东西方道德文明产生的差异性进行比较分析。

（二）文献与归纳法

在文盲社会中，原始先民的智慧结晶保存方式要有两种：其一，以各种宗教仪式为表征的活态神话资料并通过口耳相传得以流

---

① ［法］埃弥尔·涂尔干：《宗教生活的基本形式》，渠东、汲喆译，上海人民出版社1999年版，第120页。

② 谢六逸：《神话学 ABC》，上海书店1990年版。

传；其二，原始先民将神话及神祇形象调绘在各种器物和建筑物上并通过考古发掘得以再现。现在学界已经通过各种考古发掘及文献整理提供了具有一定可信度的、丰富的、多样的文献资料，这为本书的研究提供了宝贵的第一手材料。此外，神话学、社会学、文学、人类学等学科领域对古希腊神话的研究成果颇丰，这也为本书的研究提供了重要的参考佐证资料。

第二章

古希腊文明道德溯源

任何文明共同体所形成的具有本民族特色的道德谱系，都有其"何以为是"的根源性问题。对古希腊文明道德谱系的追溯，亦当如此。古希腊早期道德谱系的建构历史与其地理环境的影响、民族的迁徙与融合、社会组织形式的变迁等因素密不可分。本章拟从地缘文明、民族融合、城邦文化等视角，对古希腊道德谱系的建构予以简单梳理，并对古希腊神话的历史衍变历程予以追溯，为以后诸章节内容的铺陈和分析预设必要的基础。

第一节 地缘印记——道德谱系的自然选择

古希腊三面临海一面依山，地少山多，海岸线曲折，岛屿密集，无数的山脉和丘陵将古希腊分割成不同的地区，这导致了古希腊难以像我国一样形成大一统的局面，古希腊形成的是诸多城邦小国密布毗邻的格局。有学者指出，"地理因素在希腊历史的演进中发挥了重要作用"[①]。希腊半岛位于东地中海的版块中央，自北向南深入地中海腹地。与世界其他古代文明古国——古埃及、古巴比伦、古印度、古中国——发源于大陆内部的大河流域的"农耕文

---

① [美]杰克逊·J. 斯皮瓦格尔：《西方文明简史》，董仲瑜、施展、韩炯译，北京大学出版社2010年版，第56页。

明"不同，古希腊文明的策源地在爱琴海沿岸，属于典型的"海洋文明"。在世界各大文明的萌芽期，其与自然环境之间的相处之道，必在各个文明的成熟历程中留下深刻的"精神胎记"。

众所周知，古希腊文明发源于地中海与爱琴海沿岸。古希腊半岛位于巴尔干半岛的南端、北部与东北部的山脉，将希腊半岛与巴尔干半岛与欧洲的其他地域隔绝开来。其东部毗邻亚洲的小亚细亚半岛、南部与西部分别与意大利的亚平宁半岛与埃及隔海相望。地球表面的陆地—海洋—岛屿的结构，使地中海地带的古希腊民族拥有优先发展的地理优势。古希腊的岛屿星罗棋布，是地中海岛屿最多的地区。在希腊半岛与小亚细亚半岛之间，零零星星地分散着数以千计的大小岛屿，这为两地之间的海上交流提供了有力的落脚点。

其中，克里特岛成为希腊与西亚、埃及等地的海上中转站，便于希腊民族的海上运输。因此，从地缘关系来看，希腊半岛构成一个三面临海一面临山的格局，其蔓延的海岸线，为古希腊航海业的发展提供了有力的天然条件。古希腊的陆地土质较贫瘠，大部分地区并不适合耕种农作物，但是却蕴藏着丰富的银矿、优质的陶土及大理石等物质。在诸多优质海港的自然条件下，古希腊人利用航海业与商业的便利条件来解决粮食短缺的问题。在古希腊神话时代的迈锡尼文明时期，希腊人业已形成了依赖海洋与驾驭海洋的生活方式，由此形成了典型的"海洋文明"。地缘结构的沟壑纵横，决定了古希腊自身缺乏自食其力的粮食；而古希腊在造船、酿酒和手工业等方面实力的累积，必将引发其大规模的海上贸易。拥有海洋文明的人类具有冒险、掠夺、斗争等特征，要在不断的冲突与斗争中取得胜利，还需要具备勇气与智慧等道德品质，此种生活方式也造就了古希腊人崇尚武力与智慧、重利轻义的生活理念，伦理道德在海洋文明中并未占有重要的地位，而个人英雄主义却得到推崇。在古希腊神话中亦是如此。

地缘环境对民族文明的形成具有重要的导向作用。"一个民族在迈入文明门槛的'童年时代'所处的地缘环境及其生活样式,对其日后的定势发展路径及其道德谱系的建构具有规定性的惯性作用。"[①] 大海的凶险与神秘,塑造了古希腊人冒险的勇气与探索精神。早在迈锡尼文明时期,古希腊民族就具备了发达的造船业与航海技术。这为古希腊人的海外探索与殖民提供了有力的技术支撑,也带来了较为细化的技术分工。航海业的发达为古希腊民族打开了世界的大门,频繁的贸易往来也带来了商业的快速发展。与其他民族公平交易的海外贸易,易于养成某种契约的规则。物质文明的提高及航海业的发展,使原本相对独立的大陆板块能够通过海路建立起联系,希腊半岛作为东地中海地缘中枢的区位价值日渐凸显出来。不同于"农耕文明"的封闭性,古希腊民族的"海洋文明"具有相当的开放性和包容性。一直生活在封闭狭小局促空间中的早期国家与民族,无法体会到海洋民族的博大胸襟。海洋文明中的族群,似乎天然地具有冒险、开拓、开放等精神特质,要在不断的拓边、殖民、贸易甚至冲突中获得更有利的生存空间,还需要具备相当的勇气、智慧、韧性甚或正义等道德品质。此种生活方式也造就了古希腊人崇尚武力、勇敢、荣誉和重利轻义等的生活理念。就古希腊早期的神话来看,"仁义礼智信"等东方式的伦理道德,在古希腊并未占有重要的地位,而个人的英雄主义却得到一再推崇。可见,古希腊文明具有典型的海洋文明的特征,其文明程度与其在商业贸易体系中的地位密切相关。

第二节　复合文明——多元的民族融合

古希腊民族是一个由多族群融合而成的复合民族。考古资料表明,早期生活在爱琴海地区的"前希腊人"是来自西亚或埃及的移

[①] 于洪波:《古希腊与古中国道德谱系溯源及比较——"地缘文明"的视角》,《教育研究》2013 年第 2 期。

民，他们的语言、文字、农具和手工业技术等促使古希腊的经济文化得以捷径式发展。大约在公元前 2000 年，一支印欧语系的"阿卡亚人"进入希腊，创造了"迈锡尼文明"。公元前 1400 年至公元前 1200 年，迈锡尼文明达到鼎盛期。在公元前 1190 年其较为发达的文明被毁，迈锡尼和其城市因为迈锡尼末期发生的特洛伊战争而遭到严重的破坏。大约在公元前 1100 年，希腊历史进入所谓的"黑暗时代"，也被称为"荷马社会"（公元前 1100—前 900）。在这一时期，铁器开始使用，土地公有，畜牧业、农业和手工业得以初步发展。此时，氏族贵族与奴隶阶层出现，失地的农民常沦为雇工。由氏族或大氏族结合成部落，进而结成部落联盟，管理公共事务的是军事首长、议事会和由成年男子组成的人民大会。

公元前 8 世纪，伴随着古希腊的商业经济发展，社会结构发生了极大的变化，古希腊已经步入了人类文明的时期。自由民地位变化频繁，社会财富经常发生转移，自由民由穷变富或者由富变穷更加迅速，社会地位变化频繁。伴随着航海商业的发展，奴隶数量增加，迈锡尼时代末期的奴隶主要从事家务劳动和辅助性劳动或者从事文化工作。到公元前 8 世纪，奴隶主要从事田间的生产劳动，例如耕种、收割、打扫等工作。统治阶层的司法职能凸显，统治者主要是荷马社会的"巴西琉斯"（Basileus）[①]，他们是古希腊社会各个级别的贵族权势阶层。正如《工作与时日》所描述的，在城市国家的和平时期，巴西琉斯主要负责城邦的司法审判，裁决各种民事案件，例如买卖纠纷、遗产争端等。此时还未形成成文法，依据的是习惯法，审判的地点就地设在市场中。国家作为统治工具的属性已经出现，知识尚未完善。经济发达带来了各城市国家的文化交流，文化交融又促进了古希腊民族意识的凸显，进而形成各种地域

[①] Basileus is a Greek term and title that has signified various types of monarchs in history. In English-speaking world, it is perhaps most widely understood to mean "king" or "emperor". "巴西琉斯"是古希腊历史上多种君主头衔的一种表述。在英语国家中，多被解释为"国王"或"皇帝"。

性的政治同盟。公元前800年前后，希腊本土步入阶级社会，逐渐建立起希腊诸城市国家（城邦），荷马时代亦随之告以终结。古希腊正是在数次的外族入侵和自身海外殖民的过程中，逐渐完成了王政统治—贵族统治—民主政治的政治转变历程。每一次外族入侵、每一步政权转变、每一段和平阶段，皆浸润着古希腊人或古希腊社会的习俗制度、道德规范、思想传播及其对世人的教诲。

  古希腊文明最早的发源地是克里特岛，该岛处于亚非欧三大洲的交通枢纽，这一独特的地理位置为古希腊文明提供了同其他文明广泛接触与交往的便利。这一得天独厚的地理环境，为古希腊、古埃及与古巴比伦之间的交流提供了天然的便利。当时，西方世界已开化的地区主要集中于新月沃地的北非埃及、西亚迦南及两河流域，而位于新月沃地边缘的古希腊尚处于待开发状态。伴随着文明的不断深化发展，西方文明日渐从新月沃地扩散至整个东地中海的希腊地域。早在希腊文明之前，古埃及与古巴比伦就业已形成了较为发达的人类文明。考古学的发掘资料证明，早在公元前6100年前后，古希腊同古埃及、古巴比伦之间就已经建立起了联系。来自西亚的移民为克里特岛带来了青铜器工具以及农林渔业的技术，这为古希腊文明的快速崛起提供了重要的技术支持。众所周知，古希腊文字的产生也是在借鉴了其他文明文字的基础上出现的。"直到公元前9—8世纪，希腊人从腓尼基人那里学来了字母，加以改造，才有后人多看到的希腊文字。"[1]

  历史上，希腊世界的两次扩张均源自希腊人两次移民迁徙。第一次移民是北部多利安人对希腊人的入侵，其结果是半岛人口激增，原希腊人不得不外逃至小亚细亚的伊奥尼亚，以拓展生活空间。此后，外逃的希腊人重返希腊本土经商，为希腊人带回了亚洲文明。这一次移民迁徙并非自发的，而是逃难性质的。第二次移民是在公元前8—6世纪，希腊人以扩大海外贸易或疏散多余人口或

---

[1] 汪子嵩等：《希腊哲学史》第1卷，人民出版社2004年版，第21页。

扩张势力等缘由，在海外建立了殖民新城邦。在短短的200年间，希腊人共建立了多达数百个海外城邦。这一次移民既非迁徙性的，也非逃难性的。两次移民带来的最大的后果，就是较先进的文化与制度得到广泛传播，奠定了希腊文化的世界性、国际性的地位及其特征。

可见，天然的地缘优势使古希腊人南面可以吸收来自古埃及文化的精髓，东面可以接受古巴比伦文化的精华；加之古希腊民族特有的优良的海上生活方式所带来的发达的原初想象力，为古希腊人创造发达的古希腊文化提供了最大的可能性。古希腊文明的起源远晚于古埃及和古巴比伦文明，在便利的交通条件与地理位置的推动之下，古希腊文明较便利地借鉴了古埃及与古巴比伦的文明成果。同时，在历经民族大融合的历史之后，在借鉴外来的生产技术与语言文字等多重因素的推动之下，古希腊形成了多种文明融合的特征，逐步形成了"复合文明"的发展模式。"复合文明"的显著特点包括：善于交流与借鉴；价值与信仰的多元化；血缘观念的淡化；公民意识、契约精神强烈；崇尚力与智；等等。

第三节　城邦文化——"小国寡民"的生活样态

古希腊内陆地少山多，无数的山脉和丘陵将希腊半岛内陆分割成不同的地区，这一内陆环境严重地制约着希腊半岛农业的发展。一方面，被山脉丘陵分割的相对独立的各个平原地带相对零散，这意味着单一的耕地板块很难产出大量的农作物；另一方面，岛内典型的山地地貌，崎岖的山林，使希腊半岛缺乏同其他地区交流的便利的内陆交通条件。这导致了古希腊难以像我国那样形成大一统的局面，古希腊形成的是诸多城邦小国密布毗邻的格局。

古希腊城邦最早出现在公元前11—前8世纪的迈锡尼文明末期。希腊内陆大大小小数以百计的城邦国家，是由各种规模不同的氏族部落结合而成的。城邦内的各个氏族通过通婚、经济贸易等各种形式媒介，融合而成生活共同体。历经特洛伊海外远征之后，尽管迈锡尼城邦获得胜利，但元气大伤，加之迈锡尼地区连年干旱少雨的自然灾害，农作物连年歉收，最终在另一个骁勇善战的希腊部落多利安人的进攻中，迈锡尼王权崩溃、集权制消失。此后历经300余年的希腊"黑暗时代"的沉寂，希腊历史又步入了一个进步文明的时期。

多利安人早已广泛地使用铁器，生产技术的提高使大片土地得以开垦，剩余产品不断积累，私有制产生，人口密度不断提高，希腊城邦国家日渐增多。在公元前8—前6世纪，在希腊境内先后出现了200多个城邦，各个城邦相对独立发展，自给自足，衍生出各自不同的生活模式。希腊城邦国家是在一定历史条件下，以一个城市为中心、统辖周围一些村落的公民群体。所谓城市，主要指一个军事上易于防守、筑有防卫城墙的政治、经济与宗教中心。从人口与面积来看，这些城邦管辖范围不过百里，人口不过万人。大规模的海外移民，不仅培养了希腊人开拓疆域的进取心和适应异域文化的包容开放的精神，同时进一步也消解了以血缘身份划分城邦内部居民政治身份的传统。古希腊人的精神家园是"民族性"的，维系家族的社会纽带是"地缘"，古希腊人已然超越了"血缘"对文明的限制。正如历史学家汤恩比所说："跨海移民的一个显著特点是不同宗族体系的大混合，因为必须抛弃的第一个社会组织是原始社会里的血缘关系。"[①]

"小国寡民"的城邦制度，为希腊人带来了以下几方面的改变：其一，珍视地方自治的价值及尚武。相对独立的众多的大小城邦，均是以人少地小的自治形式管理。各个城邦之间，存在土地、权利、物资等引发的众多纷争与角逐。因此，古希腊城邦都极为重视

---

① ［美］阿诺德·汤因比：《历史研究》，刘北城、郭小凌译，上海人民出版社2000年版，第130页。

各自的管理权力。私有制的出现与剩余产品的增多，改善了城邦公民的生活境况。城邦内的一些男性公民成为有闲有钱的阶层，他们能够更多地参与城邦管理与公共事务之中。城邦是一个公民集体，无论政体如何，其最高统治权一定寄托于公民团体。公民是国家的主人，通过定期举行的公民大会来直接参与国家的管理。其二，物质产品的丰富带来了阶级的分化与私有制的发展。阶级的出现必然伴随着利益的私有化。希腊人重视维护阶级的利益和私有领域的专有性。其三，社会生产技能的提高，细化了劳动分工。劳动分工程度的提高，形成了希腊社会以知识和能力作为人才选拔制度的标准。这一标准使希腊民众更为敬业，勤恳工作，社会经济发展迅速，民众普遍重视技能的培养，为教育提供了有力的支撑。选拔标准的公正性，也养成了希腊人较为公平的素养。希腊人普遍重视公正与公平在日常生活或政治生活中的重要性。其四，大规模的海外移民运动，造就了希腊人不同的政治民主制度。海外移民不仅为希腊人带来了大量的土地，解决了希腊城邦境内经济社会的危机，同时也促进了希腊人的对外交流，有利于培养其冒险和探索精神，也激发了其追求知识的欲望。各大氏族的融合使原始的以血缘为纽带的氏族成员关系发生改变；为了调和各个氏族内部不同价值信仰，城邦采取多元信仰与价值折中的调节手段；不同氏族成员即城邦公民运用广泛协商式的城邦民主政治。城邦实行法治，几乎所有城邦都有成文法典，政治领袖必须严格在法律许可的范围内行事。在精神层面，古希腊人的民族宗教诉求——本原与和平——成为其主要的人文关怀和思维方式。不同于古老中国追求"人"的本原，古希腊人将"世界本原"作为其追求的根基。因此，希腊人将哲人、"宙斯"视为拥有最高价值和精神追求的象征。

第四节 本章小结

总而言之，"对于一个民族来说，它初次爱恋上的文化或事物，正像个人生活史的'初恋'——是震撼人心的，对一个民族将有'永恒的魅力'，将顽固地保留在它心灵的深处和意识的底层"①。希腊文明的道德谱系形成之初，主要受到三种因素的影响：地缘环境、文明交流及生产力水平。海洋环境为希腊人提供了海外交流的可能性；多文明的交融有利于希腊人以多元的视角自我发展；"商业文明"造就了"迁徙移民"的生活特点，迁徙被视为经商获利的重要途径；发达的生产力与航海业，削弱了血缘纽带对社会道德的影响力。古希腊的道德谱系的原型在根源上主要表现为：探索的勇气与求知求新的欲望；多元文化并存的开放包容心态；协商与公平的契约精神；"小国寡民"的城邦自治；"法治"与多元信仰的公民精神；"个人本位"的法权伦理。

　　在此后的希腊城邦生活中，上述的道德品质逐渐衍生为柏拉图所谓的"四玄德"：正义—智慧—勇敢—节制。古希腊人最初所创造的文化——神话——对此后文化的发展命运起着至关重要的作用。希腊社会是一个善于讲故事的社会，各种神话就是希腊人讲给年轻人的故事。正如柏拉图所说，荷马教育了整个希腊。但"他是为了军事贵族这个特定的听众而创造了史诗的"②。希腊神话包含着希腊民族童年时代的各种意识形态，希腊民族选择和创造的神话，也在某种程度上决定了此后希腊文化智慧的发展特征。

---

　　① 谢选骏：《神话与民族精神》，山东文艺出版社1986年版，第281页。
　　② [日]大林太良：《神化学入门》，林相泰、贾福水译，中国民间文艺出版社1989年版，第117页。

第三章

古希腊神话的文明印记与
神话的教化载体

　　古希腊神话是世界各民族神话体系中保存最完整的神话。一方面，古希腊神话展现了复杂且完整的神与神、神与人之间的关系谱系，其中以宙斯为核心的奥林匹斯第三代神系是古希腊神话的核心构成部分；另一方面，古希腊神话的发展类型与社会发展历程之间存在一定的对照关系。此外，古希腊神话在彼时社会承担着相应的道德教化的重要职责。

第一节　克里特—迈锡尼文明与古希腊神话谱系

一　克里特文明孕化提坦神族
（一）克里特文明之渊源

　　人类控制自然能力的发展程度与自然界对人的制约强度呈反比关系；抑或说，由于早期人类对自然的控制能力较弱，因此人类早期文明的发源地通常是地理环境和自然条件较为优越的地域。

　　克里特岛是古希腊地区最大的、自然条件最为优越的岛屿。《奥德赛》中曾经描述过克里特地域："酒蓝色的大海中央有一座海岛，人称克里特，土地肥沃，景色秀美，海浪怀抱城池，人多，多得难以数清，拥有九十座城市。"① 克里特岛具有优良的地理位置，处于地中海中，爱琴海之南，向西面向伯罗奔尼撒半岛，向东近亚细亚，正好在通向希腊世界的两条最重要的海上交通路线上。

古希腊地区内部多山丘，纵横交织，交通不便。特殊的地理环境使其难以形成统一的集权式国家，而是形成了诸多相对独立的、分散的、小型的城邦国家。爱琴海岛屿众多，共有480多个大小岛屿，故有多岛海之称。在爱琴海的众多岛屿中，以克里特岛的面积为最大，为爱琴海的重要门户，由于其四周港口水深，对外交通方便，因此成为爱琴海文明之发源地。

克里特岛文明时期已形成了发达的原始农业和原始手工业及先进的航海业。克里特文明也被称为"米诺斯文明"的上古文明，大约跨越公元前3000年到公元前1450年。根据克里特岛米诺斯王宫的发现，西方史学家也将克里特文明称"王宫时代"。克里特文明属于海洋型文明，航海业较为发达，其优越的海洋位置为其航海业的发展提供了优良的海洋条件。同时，克里特岛东部有大片平原地区，因此其农业也较为发达，在后王宫时代已经开始使用犁耕的技术。手工业在当时也具有一定的发展规模，最有影响的就是陶器的制造。克里特文明时期，社会已经存在明显的贫富分化，有所谓"自由人"（The Free）、"半自由人"（The Apetairoi）、"农奴"（The Serfs）及"奴隶"（The Slaves）等，其社会地位的不平等现象显而易见。但与其他地区不同的是，妇女有相当的地位并拥有许多权利。这从现存的艺术作品中可以略知一二，如：当时的妇女同男人享有同样的权利，女人像男人一样拥有财产，女人像男人一样方便地提出离婚，离婚时可带走全部财产，法律保障妇女的一切生活，等等。同时，克里特的最高神祇大都为女性，而女性也极受尊崇。这一点非常值得重视。

---

① ［古希腊］荷马：《奥德赛》，陈中梅译，译林出版社2012年版，第513页。

（二）提坦神族谱系

克里特文明尚处于原始先民的文明初期。彼时先民尚未形成明晰的主客体二元分化观点，生产方式亦属于较为原始的采集渔猎方式。赫西俄德在《神谱》的第116—1020行详细地描述了世界是如何起源的神话。在其"从头开始"中，"述说宇宙诸神和奥林匹斯诸神的诞生，即他们之间的亲缘世系，描绘他们的形相性情，等等"[①]。"创世神话"可以视为反映克里特文明时期先民对世界的主要认知。

在《神谱》中，赫西俄德具体描述了世界的创生顺序及其状况。宇宙一片混沌（Chaos），宇宙的混沌也是生命的源泉。首先诞生了地神盖亚（Gaea）。盖亚威力无穷，赋予了在她身上生活和生长的一切以生命。在深不可测的大地神域之下，诞生了"黑暗"塔尔塔罗斯、爱神厄洛斯、黑暗神厄瑞波斯和黑夜女神尼克斯、永恒的光明神埃忒耳和白昼神赫墨拉。世界由此开始创建。世界变得光明，宇宙有了黑夜与白昼的交替。强大盛产的地神盖亚生出了天神乌拉诺斯（Uranus）。乌拉诺斯无边无际，蔚蓝无边。乌拉诺斯覆盖着盖亚，于是天空笼罩在大地之上。地神盖亚又生出高山与大海，他们都没有父亲。世界上出现蔚蓝的天空、丰饶的大地、高傲的高山、广阔的大海。天神乌拉诺斯统治着宇宙。他迎娶了地神盖亚，并生下了六个儿子与六个女儿，他们共同构成第一代古老的宇宙统治神系——提坦神族。这一谱系神话，体现出人类对神性进化的形而上的思考。

六位提坦男神分别是：俄刻阿诺斯（Oceanus）——大洋河流之神。他与女神忒提斯孕育了地球上所有的河流及三千海洋女神。科俄斯（Coeus）是黑暗与智力之神。菲碧的丈夫许珀里翁（Hyperion）是光明太阳之神。太阳，乃月亮和黎明之父。克瑞斯（Crius）是生长之神。伊阿佩托斯（Iapetus）是死亡之神，普罗米修斯、厄毗米修斯和阿忒拉斯之父。克洛诺斯（Cronus）是天、时空

[①] 曹顺庆：《世界文学发展比较史》（上），北京师范大学出版社2001年版，第168页。

之神（第二代神王）。盖亚与乌拉诺斯的儿女中最小的孩子，弑父而成为第二任神王，此后又被自己儿子推翻，后来逃亡到意大利，建立了自治政权。六位提坦女神分别是：提亚（Thea）：宝物、光及视力女神，是许珀里翁之妻。瑞亚（Rhea）：丰饶、时光、风霜女神，克洛诺斯的妻子，第二任神后。忒弥斯（Themis）：秩序和正义女神，宙斯第二位妻子，时序三女神之母。在古希腊神话里，主持正义和秩序的女神是忒弥斯（Themis）。① 摩涅莫辛涅（Mnemosyne）：记忆之神，九位缪斯女神之母。菲碧（Phoebe）：也称福伯或福碧，是最古老的月之女神。忒堤斯（Tethys）：大洋沧海女神，俄刻阿诺斯之妻。

表3　　　　　　　　克里特文明的诸神谱系

文明特征	主神	名称	主客体	德性特征
克里特文明 人类文明初期，海洋文明，航海业发达；主客体合二为一；渔猎采集为主要的经济模式	一代主神	地神盖亚、天神乌拉诺斯	天地混沌	宇宙秩序混乱，后代繁衍体现为原始先民生存繁衍
	提坦男神	天地神克洛诺斯、大洋河流神俄刻阿诺斯、黑暗与智力神科俄斯、光明太阳神许珀里翁、生长神克瑞斯、死之神伊阿佩托斯	提坦诸神是第三奥林匹斯诸神统治前的世界主宰者，他们是盖亚和乌拉诺斯之子	提坦诸神职责权利模糊，主要体现出人类对神性进化的形而上的思考
	提坦女神	光与视力神提亚、丰饶神瑞亚、秩序和正义女神忒弥斯、记忆神摩涅莫绪涅、月神菲碧、大洋沧海女神忒堤斯		
	二代主神	地神盖亚、天神克洛诺斯	天地分离	时、空分离；伦理观尚未统一；"尚力"价值观

---

① 按照《神统纪》，她是大神乌拉诺斯（天）和盖亚（地）的女儿，后成为奥林匹斯主神宙斯的第二任妻子。她的名字的原意为"大地"，转义为"创造""稳定""坚定"，从而和法律发生了联系。在早期神话里，忒弥斯是解释预言之神，她曾经掌管特尔斐神殿，解释神喻，后来转交给阿波罗。她还负责维持奥林匹斯山的秩序，监管仪式的执行。在古希腊的雕塑中，她的造型是一位表情严肃的妇女，手持一架天平。

乌拉诺斯既仇视又害怕他的六个儿子，因此将他们通通隐藏在地神盖亚的腹内，使他们不见天日。地神盖亚无法负担这种痛苦，劝说她的六个儿子一起反抗他们的父亲乌拉诺斯，但她的儿子们都不敢反叛他们的父亲。最后，只有最狡黠的小儿子克洛诺斯用计谋阉割了他的父亲乌拉诺斯，推翻了父权统治，成为第二任宇宙之王。克洛诺斯受到他父亲的诅咒，最终被以宙斯为首的奥林匹斯神族推翻并取而代之。

二 迈锡尼文明孕化奥林匹斯神族

（一）迈锡尼文明之渊源

公元前15世纪，一场突如其来的灾难使灿烂的克里特文明宣告瓦解，克里特文明如同它的出现一样神奇地消失了。此时，爱琴海各地几乎都遭遇了与克里特文明相同的命运。长期主宰爱琴文明的克里特文明也终至没落，取而代之的却是由阿喀亚人所建立的"迈锡尼文明"（The Mycenaean Civilization）。迈锡尼文明是指在克里特文明影响下发展起来的，在希腊半岛的迈锡尼、梯伦和派罗斯等地出现发达的青铜器文化的奴隶制国家，其中以起主导作用的迈锡尼城邦最强大。因此，史学上一般将之称为迈锡尼文明。迈锡尼文明在公元前1500年至公元前1200年达到了最繁荣的阶段。

公元前2000年前后，印欧族群迁徙之期的迈锡尼，尚处于游牧游耕时期的生产模式，自然条件良好的伯罗奔尼撒半岛的农耕文化开始发展，迈锡尼文明产生。迈锡尼文明是由雅利安文化与克里特文明融合而成。公元前1500年，阿喀亚人所拥有的迈锡尼文明在充分吸收克里特文明的同时，也逐渐发展出自己的特点。公元前1450年，阿喀亚人占领诺萨斯。在克里特文明的基础上，形成迈锡尼线形文字B，更将他们的线形文字B引入诺萨斯。最后在公元前1430年，阿喀亚人摧毁诺萨斯，公元前1400年至公元前1200年，迈锡尼文明达到鼎盛期。公元前1190年，迈锡尼文明被毁，迈锡尼和其城市因为在迈锡尼末期发生的"特洛伊战争"而遭到严重的破坏。当时迈锡尼与希腊各国共组一支联军,往东渡过爱琴海,远征位于小亚细亚的繁荣之城——特洛伊。由于联军苦战十年仍无法攻下此城,便使用"木马计"将此城攻陷(即著名的"木马屠城计")。此战虽胜,但是迈锡尼王国的损失非常大,国势也开始衰微。不久之后,北方的多利安人(希腊人之一支)开始由希腊半岛北部入侵,最终消灭了迈锡尼王国。

其一,伴随着生产力的发展,迈锡尼时期的古希腊人已然形成了主客体分离的二元认知,天人关系出现分化。人类主体与自然客体的二元分化,使人类开始探求外在的自然客体的本质。在现代出土的泥板文书中有一系列神名与现存的古希腊神祇同名,表明迈锡尼文明时期的神话出现了主客体的分别。例如,雅典娜、宙斯、赫拉等。如,克诺索斯王宫发掘的编号为52的泥板书写道,"献给雅典娜女神、恩亚里奥斯、潘、波塞冬。"[1] 这无疑证明了古希腊神话中的神祇早在迈锡尼文明时期就已经出现。

其二,瑞典宗教史学家尼尔逊(Martin Persson Nilsson,1874—1967)在《米诺斯—迈锡尼宗教及其在希腊宗教中的沿袭》[2] 一书中指出了宗教信仰的连续性,古希腊宗教与古希腊神话必然根植于迈锡尼文明。迈锡尼是位于希腊伯罗奔尼撒半岛的一座被德国传奇的考古学家海因里希·施里曼在19世纪时(1876)发现后挖掘出的爱琴文明城市遗址,其中出土的大量文物与荷马史诗中描述的细节吻合,也被当作荷马史诗《伊利亚特》和《奥德赛》中所描写的世界的原型。荷马史诗《伊利亚特》描述的,正是希腊联军进攻特洛伊城的十年历程。在这一宏大的历程中,诸神、英雄及双方的民众联军展开了一场旷日持久的战争。正是在迈锡尼文明时期,希腊神话中核心神谱与英雄逐渐形成并完善起来。易言之,希腊神话由十二主神与英雄共同构成了神话世界的谱系。

---

[1] Chadwick, John, *The Mycenaean World*, Cambridge University Press, 1976, p. 37.

[2] M. P. Nilsson, *The Minoan-Mycenaean Religion and Its Survival in Greek Religion*, Biblo & Tannen Booksellers & Publishers, 1971.

其三，社会政治组织形式对希腊精神的必然影响。尽管无法明确地说明迈锡尼文明的政治组织形式，但是通过考古遗迹发现，迈锡尼王国的宫殿有许多防御工事，其在希腊本土建立的权力相当集中的霸权地位似乎也曾相当稳固。迈锡尼国王非常富有，他极信任辅助者。辅助者仅次于国王，拥有广大的土地。王国的各省份分别派驻许多行政官员，他们统筹各种事务。祭司和官员们的地位相当，掌管宗庙大事。迈锡尼的社会中也有许多阶级，士兵、农人及手工业者皆是自由民，最低的阶级为奴隶。大约在公元前1200年，希腊历史进入所谓的"黑暗时代"。关于这一时期的英雄传说主要来自《荷马史诗》，所以又称"荷马社会"。迈锡尼社会已经出现了较为明晰的等级分化，这在《荷马史诗》等神话中均有所体现。

（二）奥林匹斯神族谱系

1. 迈锡尼文明"人性化"的神——奥林匹斯神系

奥林匹斯山是一座神圣峻峭的山脉，天神们选择此地建立宫殿并在此统治和管理世界。在这一片幸福无边的净土之上，无风无雨、万里晴空，灿烂的阳光普照在宫殿的墙壁之上。在奥林匹斯圣山的众神中，以十二位奥林匹斯天神的地位为最高。十二主神分别为：天神宙斯、天后赫拉、海神波塞冬、冥王哈迪斯、战神阿瑞斯、火神赫淮斯托斯、神使赫尔墨斯、太阳神阿波罗、月神阿尔忒弥斯、美神阿芙洛狄忒、智慧女神雅典娜、农业女神德墨忒耳。[1]

天神——宙斯（Zeus）是奥林匹斯山之王、宇宙之王、人和神的共同之父，祭品是母山羊和白色公牛。天后——赫拉（Hera）是宙斯的妹妹，同时也是他的妻子。赫拉亦有贞洁女神、婚姻女神之名，掌管着婚姻与生育，是忠贞妻子的保护神。海神——波塞冬（Poseidon）是宙斯的弟弟，统领海中的所有生物。冥王——哈迪斯（Heides）是宙斯、赫拉和波塞冬的弟弟，主管阴间地府的事务。哈迪斯最爱的祭品是全身裹着黑纱的黑母羊或黑公牛。战神——阿

---

[1] ［德］古斯塔夫·施瓦布：《希腊古典神话》，曹乃云译，译林出版社2003年版。

瑞斯（Arès）是宇宙之神宙斯与天后赫拉的儿子，兀鹰是阿瑞斯的圣鸟，他的宠兽是狗。火神——赫淮斯托斯（Hephaistos）是宙斯和赫拉的儿子，是良好习俗的创立者、工匠的保护神。神使（偷盗之神）赫尔墨斯（Hermes）天生足智多谋，是发明神与旅行者的保护神和商人的守护神。太阳神（光明之神）阿波罗（Apollo）管理音乐、运功、启示、寓言、医药，是希腊神话中最荣耀的神祇，被视为男性美的最高象征。月神阿尔忒弥斯（Artemis）是宙斯与勒托之女，是阿波罗的双胞胎妹妹，身为月亮之神，她也是一位童真女神，一生保持贞洁，不容他人亲近冒犯，因此也被称为贞洁女神。美神阿芙洛狄忒（Aphrodite）是掌管爱情、美丽与欢笑的女神，阿芙洛狄忒有着冰清玉洁的肌肤、窈窕的身段、秀丽的容貌，黄金发亮的长发随风飞扬。智慧女神雅典娜（Athena）是宙斯与思考女神墨提斯的女儿，她也被视为主持正义的女神。农业女神德墨忒耳（Demeter）在现代艺术作品中，往往头戴谷穗帽子，身穿长袍，手拿麦穗，有时候也会手持火炬或镰刀等。

2. 迈锡尼文明"神性化"的人——英雄

古希腊神话中讲述了许多半人半神的"英雄"的传说。著名的英雄包括：赫拉克勒斯（海格力斯）、忒修斯、帕修斯、伊阿宋、阿伽门农、俄狄浦斯、普罗米修斯、赫克托耳等。[①] 最为有名的是荷马史诗中描述的阿喀琉斯和奥德修斯（又译为奥德赛）的故事。

在所有英雄之中，阿喀琉斯（Achilles）是最耀眼的一位，以其勇气、俊美和体力著称。忒提斯捏着出生不久的阿喀琉斯的脚踝在冥河水中浸润，使他全身刀枪不入，唯有忒提斯手握着的脚踝是阿喀琉斯最脆弱的地方，这就是西方谚语"阿喀琉斯之踵"的来源。古希腊著名英雄奥德修斯（Odysseus）智勇双全，是《伊利亚特》与《奥德赛》的主要英雄。特洛伊木马攻城计就出自奥德赛的献计。赫拉克勒斯（Hercules）是希腊神话中最伟大的英雄，他

---

① ［德］古斯塔夫·施瓦布：《希腊古典神话》，曹乃云译，译林出版社2003年版。

神勇无比,完成了12项英雄伟绩。忒修斯(Theseus)是传说中的雅典国王。据说他解开了米诺斯的迷宫、战胜了米诺陶诺斯。帕修斯(Perseus)是希腊神话中宙斯和达那厄的儿子。伊阿宋(Jason)是希腊神话中夺取金羊毛的主要英雄。阿伽门农(Agamemnon)意为"坚定不移",希腊迈锡尼国王,希腊诸王之王,特洛伊战争希腊联军的统帅。俄狄浦斯(Oedipus)是希腊神话中底比斯的国王。普罗米修斯(Prometheus)意味"先知",与智慧女神雅典娜共同创造了人类,教会了人类很多知识。赫克托耳(Hector)是特洛伊第一勇士,被称为"特洛伊的城墙",为捍卫荣誉与阿喀琉斯决斗,死在对方手里。潘多拉(Pandora)是火神赫淮斯托斯用黏土做成的送给人类的第一个女人。每位神灵都给她一件礼物,唯独雅典娜却拒绝给予她智慧。

表4　　　　　　　　迈锡尼文明的诸神谱系及英雄故事

文明特征	主神、英雄	名称	主客体认知	德性特征
迈锡尼文明	航海业发达、战争纷扰;主客体分离;渔猎、畜牧养殖、原始农业为主要的经济模式	12位主神	天神宙斯、天后赫拉、海神波塞冬、冥王哈迪斯、战神阿瑞斯、火神赫淮斯托斯、神使赫尔墨斯、太阳神阿波罗、月神阿尔忒弥斯、美神阿芙洛狄忒、智慧女神雅典娜、农业女神德墨忒耳	主客体分离;诸神各司其职,遵守职责范围	"人性化"之神祇体现出人对客体自然的主体化认识
		11位英雄	阿喀琉斯、奥德修斯、赫拉克勒斯、忒修斯、帕修斯、伊阿宋、阿伽门农、俄狄浦斯、普罗米修斯、赫克托耳、潘多拉	主客体分离;人类主体的自我意识增强	"神性化"之英雄体现出人对神性的向往与追求

古希腊神话虽无法被称为现代意义上的"哲学",但一定程度上决定了古希腊人生存及城邦生活的态势,神话已然成为人类启蒙理性的发源。三代神系的更迭,被澳大利亚社会学家吉尔伯特·穆

雷（George Gilbert Aimé Murray，1866—1956）称为"奥林匹斯的征服过程"[1]——标志着人的个体性意识的觉醒。在轴心时代，理性的"逻各斯"成为古希腊人新的思维方式。神话逐渐退出历史舞台，理性成为社会领域的主要思维方式。神话作为原始时代的产物，今人无从确定神话产生的确切时代，从口口相传至祭祀颂扬，其后文字既兴，诗人与戏曲家改作纯文艺的诗歌戏曲等，构成了今日各文明民族神话的宝库。古希腊神话中涉及的十二神祇及英雄故事是古希腊民族精神的杰出象征，以下章节将予以翔实论述。

第二节 "四大时期"与古希腊神话类型

德国存在主义哲学家雅斯贝尔斯在《历史的起源与目标》中提出了著名的"轴心时代"理论。他将人类历史的发展划分为四大时代：史前时代、古代文明时代、轴心时代、科学技术时代。依据雅斯贝尔斯的人类历史划分，神话的历史发展亦经历了四个时期，形成了四种类型神话。

一 史前时代——狩猎神话

历史分为自然历史与人类历史两部分。自然历史是"超然存在"的客观存在，这种客观存在不可被人感知，不包含人类的意识因素，因此自然历史存在但非"正史"。人类历史包含人类自我的意识因素，因此人类历史才是真正的历史。人类历史"是在某时的客观发生，又是这发生事件的知觉和意识反映，是历史事件和历史认识的复合"[2]。人类历史的开端发生在人的天赋人性首次萌发的时刻。史前时代是人形成的时代，在某一刻开启了人类历史的始端。史前时代漫长久远且伟大，生命在此时产生，真正的人在此时形

---

[1] ［德］卡西尔：《人论》，甘阳译，上海译文出版社1985年版，第143页。
[2] ［德］卡尔·雅思贝尔斯：《历史的起源与目标》，魏楚雄、俞新天译，华夏出版社1989年版，第4页。

成，人类历史亦从"无"走向了"有"，人类从"无知"迈向了"有知"。

久远漫长的史前时代是一个"人们永远只能揣测而不能确知当时人的思想与状况"[①] 的时代。迄今为止，从考古发掘等文献遗迹中，我们对生活在史前史时代的原始先民的认识是微乎其微的，或许对我们而言，那是一段"失落的历史"。从现存的各种遗迹来看，史前时代是一个充满恐惧和绝望的时代，是一个神话贯穿生活的时代。其时，原始先民尚未形成理性思维，他们从感觉出发，以最原始的感性表现、以原始想象的形象为载体形成了神话，"这一过程是原始先民的记忆过程，也同时是原始神话的形成过程"[②]。

学界一般将古希腊神话谱系中第一代和第二代神谱视为史前时代神话文本。从生产力发展来看，原始先民尚未出现农业，必须依靠狩猎与采集生存。神话跟狩猎的武器和各种生存技能具有同样的效用，都可以帮助原始先民杀死猎物、改变生存环境。因此，这类神话也被称为"狩猎神话"。狩猎神话充满原始祖先对自然界的恐惧与绝望。"黄金时代"的人类是不死的，与神比邻而居，与大自然和动物融为一体。"黄金时代"的神话属于神话发展的早期和具有普遍性的神话，在各个民族远古时代的神话文本中都有类似的"失乐园"神话。人们从没有试图将这一神话文本当作历史。这只是人类自发的、强烈的、宗教性的体验，表达原始祖先对精神世界的焦虑——它与人类如此接近却又遥不可及。因此这一时期神话"最主要用意是向人民指出一条重返原型世界之路，让它不仅仅只存在于瞬间的迷狂幻觉中，而是成为日常生活的组成部分"[③]。

狩猎神话中的"至高神"——乌拉诺斯和克洛诺斯都有一个显著的特点，就是远离原始先民的生活，完全不会触及凡世人类的生

---

① ［德］卡尔·雅思贝尔斯：《历史的起源与目标》，魏楚雄、俞新天译，华夏出版社1989年版，第1页。

② 杨丽娟：《世界神话与原始文化》，上海社会科学出版社2004年版，第3页。

③ ［英］凯伦·阿姆斯特朗：《神话简史》，胡亚豳译，重庆出版社2005年版，第17页。

活。乌拉诺斯和克洛诺斯远离人的生活，高高在上，人类甚至不需要向他们敬拜，因为"它"就在那里，从某些方面来看，"它"是人类生活中的缺席者。这一特点必然使关于"至高神"的神话日渐衰落。这在希腊的神话体系中，变成了一些模糊的、软弱的形象，甚至是被"去势"的形象。从希腊神话的早期发展史中可以看出，神话如果太过超自然化必然会导致失败，只有更为人格化的神才能保持长久的生命力。此外，神话也是原始祖先对宇宙起源思索的结果，是诠释宇宙起源的问题。黄金时代的"至高神"正是思索的结果，但这一神话的失败也证明了另一件事，一个神话的成败不在于它能给予多少事实凭据，最重要的是它能够指导人们的言行举止。"它的真理价值必须要在实践中得以揭示——无论是仪式性的还是伦理性的。如果它被视为纯粹的假说，那么，它将离人类日渐遥远，而且变得越来越难以置信。"[1]

古希腊神话中第一代乌拉诺斯神系与第二代克洛诺斯神系，都远离人类的日常生活，较多地表现为一种精神象征体系。抑或说，两代神系成为古希腊先民的"偶像化"崇拜。克洛诺斯阉割其父乌拉诺斯取而代之的神话，亦表明原始先民将凡人之"梦"寄托于远离世俗生活的遥远神界。这为先民指出一条重返"彼岸"世界之路，"此岸"先民只可敬畏惊奇，这也是敬拜的实质所在。

二 古代文明时代——农耕神话与城市神话

大约一万年前，人类在主动驯化动物、有意识栽种植物基础上发明了农业和畜牧业，狩猎不再是人类获得食物最重要的来源方式，农耕文明进入历史舞台。农业文明的出现是人类"逻各斯"思维发展的结果，人类开始用一种全新视角看待自然，由此进入自我认识和认识世界的新境界。在农业文明中，人与自然之间的关系由对抗和恐惧进入一种顺应的关系。人类开始拥有一个较优越的生存

---

[1] [英] 凯伦·阿姆斯特朗：《神话简史》，胡亚豳译，重庆出版社2005年版，第22页。

空间,"节奏舒缓的生活使人较少心理紧张和精神压抑;伦理型的规范对抑制一般性的越轨行为有着不可替代的效力"①。

公元前 4000 年前后,人类文明跨入了另一个伟大的阶段,首先在美索不达米亚和埃及,随后在中国、印度和希腊,人们开始建造城市。"逻各斯"思维的发展使人类变得越来越具有自我意识,事物之间、人与自然之间的因果关系也愈加明晰,城市居民生活逐渐与自然分离开来。人类开始建造自己的城市,新的城市建筑更成为人类自我能力肯定的象征。但人类也开始面对新的"恐惧",一座城市曾经是如此的辉煌,却又如此的脆弱不堪。当邻邦的实力超越后,就会对实力落后的城邦进行战争掠夺,甚至血洗一切。人类世界的城市、政治、文明凸显出它的可悲与无奈。

学界一般将古希腊神话谱系中以宙斯为首的第三代神谱视为古代文明时代的神话文本。宗教学家伊利亚德的《宗教思想史》指出,宗教敬畏与新的农业文明几乎同步兴起与发展着。农业发展的特点,促使人类对种子、自然现象、祭祀仪式和大地的认识尤为关注,这一切与人类生存息息相关,人们对此不敢有丝毫懈怠。种子"死亡式"地进入土地,而后萌发出新芽;电闪雷鸣的自然现象关系着农业的收成;对未知的虔敬祭祀仪式;"阴性"的大地为人类孕育了果实。因此,这类神话也被称为"农耕神话"。农业文明将人类引向一种新的乐观主义。虽然人不能永生,但这种敬畏可以让人类在现实生活中更充分自足,平静地面对死亡的降临。

在古希腊出现城邦之后,一方面人类凭借自我的能力创造了辉煌的城市文明,另一方面人类对城市文明的脆弱不堪充满恐惧与不安,害怕再次回到古老的、未开化的原始状态。因此,在古老神话基础上出现了一些新的神话,这类神话就成为"城市神话"。由此,城市生活彻底地改变了古代神话。"新的城市神话交织着担忧和希

---

① 李路曲:《比较政治学研究》第 3 辑,中央编译出版社 2012 年版,第 144 页。

望，开始反思'秩序'和'混乱'之间永无止境的纠缠争斗。"①"城市神话"首次融进了人类世界，城市构建、保护与毁灭都在"城市神话"中体现出来。人类对自己的创造能力越来越有自信，日益成为神话叙述的主体，而诸神则开始远离人世生活。城市分工更加细化，管理更加成功，这一切成功并非来自神灵，而是人类自身的创造力与能力。世俗生活的成就更加映衬出精神世界的真空没落，古老的神话仪式无法满足世人对神圣领域的探究。世人不安的情绪终将引发另一场精神世界的变革。

不难看出，古希腊神话神谱体系与希腊社会之间存在相互照应的特征。从社会结构来看，古希腊城邦林立，各自为政，城邦间的联盟相对松散，社会组织机构呈现出独立化的特点。这种社会组织结构也映照在古希腊神话之中。以宙斯为首的第三代城市神话内部关系，也表现为松散的内部系统。诸神之间的关系、诸神与主神宙斯之间的关系也是极不严密的。诸神之间的行为关系并不讲究功德圆满，主要是以血脉、生殖为标准融为一体，其内部结构也不够紧密。

三 轴心时代——希腊悲剧对古代神话的再现

从公元前800年前后，古希腊、古印度、古以色列和古中国这四大文明不约而同地进入了德国哲学家雅斯贝尔斯所谓的"轴心时代"②，或曰"哲学的突破"③时代。在"轴心时代"里，上述四大古代文明都经历了前所未有的思想认知高峰；抑或说，其"哲学的突破"的认识成果，达到了空前的高度，为各大文明日后的发展奠定了影响深远的原型根基。

---

① [英]凯伦·阿姆斯特朗：《神话简史》，胡亚豳译，重庆出版社2005年版，第66页。
② [德]雅斯贝尔斯：《历史的起源与目标》，魏楚雄、俞新天译，华夏出版社1989年版，第8—13页。
③ Talcott Parsons, "Introduction" in Max Weber, *The Sociology of Religion*, translated by Ephraim Fischoff, Boston: Beacon Press, 1964, pp. XXXIII - XXXV; IXII - IXIII.

就该时期的古希腊而言，盲人诗人荷马诞生并创作了闻名于世的两大史诗《伊利亚特》和《奥德赛》；一大批希腊悲剧作家诞生并创作了诸多悲剧作品；以苏格拉底、柏拉图和亚里士多德为代表的诸多哲学家以其博大精深的论辩和创作使古希腊哲学进入发展的高峰期；"希腊进入一个过渡期，一个老式神话价值观逐渐丧失、新的城邦政治正在兴起的阶段"①。此时，理性的"逻各斯"成为古希腊人的新思维，而原来的"密索思"（Mythos）却变成荒谬的代名词。可以说，古希腊的理性主义正是在轴心时代里取得了举世瞩目的成果，并一直影响至今。在轴心时代，"人们开始以前所未有的自明性去思考人类自身的本性、处境和局限性"②。此时，"逻各斯"以不同于神话的方式开启了人类的智慧。原来的诸神开始远离人世的生活，人神之间出现了一道不可跨越的沟壑，人神同源同性的认知更是变成了一种谎言。

在传统的宗教庆典中，古希腊人创造了一种新的形式再现古代神话——希腊悲剧。在观看希腊悲剧时，古希腊人开始反思古代神话中的价值观。柏拉图与亚里士多德对古代神话都持有反对的态度。英雄是神祇的后代，是半人半神的凡人。柏拉图甚至将英雄等同于神明的儿子，英雄受到神明的养育和眷顾，正如《奥德赛》中雅典娜对奥德修斯像母亲一样的爱护。当然，柏拉图更多的是对英雄的批驳，希腊神话中的英雄是尚武的，为了尚武精神，可谓快意恩仇。《伊利亚特》中的大英雄阿喀琉斯为宣泄失去最好的朋友的悲痛之情，无理地拖拽着英雄赫克托尔的尸首围绕着帕特洛克罗斯的坟墓，还将俘获的俘虏杀死后放在朋友的坟墓上火葬。对如此残暴的英雄行为，柏拉图在《国家篇》第三卷写道："阿喀琉斯内心却有两种毛病：一方面因为贪婪而变得不像自由人，另一方面对诸神和凡人极端傲慢"③。在柏拉图的论述中，古希腊神话中的英雄变

---

① ［英］凯伦·阿姆斯特朗：《神话简史》，胡亚豳译，重庆出版社2005年版，第109页。
② ［英］凯伦·阿姆斯特朗：《神话简史》，胡亚豳译，重庆出版社2005年版，第89页。
③ 《柏拉图全集》第2卷，王晓超译，人民出版社2003年版，第355页。

成了卑鄙小人,是无视神明的代名词。亚里士多德认为,"他们把神或出于神的东西当作本原,他们说凡是没有尝过神酒和神粮的都有一死……至于这些原因的意义到底是什么,就超出我们的理解了"①。古代关于诸神的神话在哲学家看来是十分荒谬的,但是亚里士多德却将赫西俄德纳入早期自然哲学家之列,"希萧特(又译为赫西俄德)说,一切实体之中,地最先形成;这意见久已成为最原始而通俗的意见了"②。亚里士多德从理性的视角承认,"原始本体为诸神"③ 这却是"不朽之嘉言"。"逻各斯"的理性与"密索思"的神话,的确是一对基本的矛盾。亚里士多德一方面反对感性思维,另一方面在哲学无法解释的理性先驱领域又承认神话的合理性。但是,"逻各斯"并没有影响到古希腊的宗教,献祭、神秘宗教和庆典一直充斥在古希腊民众的生活中,直到基督教的兴起。

四 科学技术时代——权威湮灭与科技曙光

自公元前 200 年前后,神话基本没有发生什么根本的变化,至中世纪基督教时代,古希腊神话在人类历史长河中几乎"销声匿迹"。直到公元 16 世纪前后,科技文明出现,就像农耕文明与城市文明对神话文本的冲击一样,新的科技文明将神话带入了终结。现代科技社会发展的立足点建立在货币基础之上,财富累积成为现代人的追求目标。科技发明日新月异,控制自然、改善环境已经不再是可望而不可即的事情,传统神话并不能使人类获得更自在的生活。因此,神话成为人类眼中虚假、无用、过时的无用物,"密索思"也成为荒谬可笑的代名词。

传统神话与仪式曾经作为人类面对死亡和虚无、克服人类恐惧的重要支撑方式,在科技文明风靡全球和人类成为世界主宰之时,传统神话及其功效似乎业已被现代人遗弃。此后漫长的人类文明历

---

① [古希腊]亚里士多德:《形而上学》,吴寿彭译,商务印书馆1959年版,第48页。
② [古希腊]亚里士多德:《形而上学》,吴寿彭译,商务印书馆1959年版,第20页。
③ [古希腊]亚里士多德:《形而上学》,吴寿彭译,商务印书馆1959年版,第253页。

史中，理性与科学成为了主导。然而，科学主义并未给人类提供一条解决精神世界问题的有效途径，古希腊神话再次重回人类精神世界。由于科技时代神话的理性化不是本书探究的重点，故此不赘言。

第三节　古希腊神话的城邦道德教化载体

一　神话文本——"希腊之师"

神话并不只是消遣性的欣赏或娱乐，神话以其"真实性"和"神圣性"深入人心，承担起原始先民社会的道德训诫与德行养成的任务，这正是原始社会道德教育"神圣性"的来源。因此，神话在古希腊时期不是一种文学形式，而是一种超越历史的神圣性真实，比历史更加可信的史前史的记载。"《伊利亚特》和《奥德赛》曾被称为希腊人的《圣经》。在数百年间，这两部诗歌是希腊教育的基础，无论是正规的学校教育还是普通公民的文化生活。"[①] 希腊人对希腊神话中被人格化的神祇深信不疑，神不仅是理性的人，神同样可以被感知，神的意志影响人的行为，"在荷马的世界中，神意就是一切合法性的来源"[②]。

每一个合格希腊人的塑造都离不开《荷马史诗》教科书式的熏陶，甚或说，"荷马教了希腊"。古希腊神话成为后世希腊人即希腊城邦的道德诉求，乃至整个西方道德文明的发展，其中无不蕴含着道德的典范。荷马史诗的行文之中，表明了一种道德的维度。史诗中充满矛盾，矛盾不仅发生在力量相当的人之间，如《伊利亚特》中众英雄的正义与荣耀之战，也会发生在强者与弱者之间，如《奥德赛》中蛮横者与正义者、保护人与乞求人、当地人与异乡人、富人与穷人之间的冲突并置。奥德修斯被赋予了慈父的、绅士风度

---

① ［英］基托：《希腊人》，徐卫祥译，上海人民出版社1998年版，第50—51页。
② 吴晓群：《希腊思想与文化》，上海社会科学院出版社2009年版，第38页。

的、礼貌的、保护人的词汇。这些行为本身就是一种道德准则。史诗行文并没有刻意地强调道德，而是紧贴行文舒畅叙述而来。诗人与聆听者之间的交流过程即是一种训育的过程，这种人、那种人是什么人，何种人为正义之人，何种人为行为典范，等等。希腊人的道德观念在神话叙述之中均可找到范本。

不同于中国文学界对诗歌源于情感表达的认知，亚里士多德认为，史诗是一种行动的模仿，而模仿是人的本能。希腊神话是建立在原始先民对宇宙自然人世体验基础之上的叙事，较之于文学作品的归类，更多的是一种历史的创造。亚里士多德《诗经》的前两章提到，史诗和悲剧就是模仿，模仿的对象则是行动中的人。亚里士多德所讨论的"诗"的形式，主要包括悲剧和史诗。诗歌对城邦公民而言蕴含着一种教谕性质。一个有着既定身份的人与一件事是相对称的，尽管没有明确的规定，但恰当得体就是规定的标准，凭借现存的礼法和道德观建立起这些规定。人类在幼年时期的模仿本能，使人类在模仿的过程中感受到快乐。不管史诗的结局如何，人物的行为具有彼时社会可以理解的道德观念。亚里士多德认为，史诗中的悲剧情节让人感到痛感之余，惟妙惟肖的描述也能引发听者的快感。因此，亚里士多德认为，模仿是一种求知的过程。当我们听史诗时，一边听、一边求知，求知即为判断出某一事物就是某一事物，比方说，"这就是那个事物"时，当我们从模仿中认出"就是那个事物"，我们就感受到了快乐。史诗的快感在于认知的满足。依照亚里士多德的看法，史诗是认知世界的一种特殊方式。亚里士多德的"模仿行动中的人"，即具体的人每天都在做事，没有行动的人是不可能的。了解人就是了解行动中的人。行动引发事件，事件贯穿形成故事。模仿行动中的人的史诗，即是借由一些故事来描写人。

希腊人极为看重诗歌的艺术与文学魅力，这类作品展现出的美感与充满想象力的特点可以为教育目的服务，这种教育性的价值远远胜过诗歌本身的文学价值。神圣的文献是彼时希腊各城邦初等教育的主要学习内容，儿童在希腊学校中背诵荷马等人的诗歌作品。学生通过阅读、吟唱、背诵的方式受到诗歌的宗教熏陶。叙事诗吟诵者伊翁曾经说过，当他背诵荷马史诗时，他的眼睛充满泪水，头发也会竖立起来，听众也如痴如醉。听众与表演者都沉醉剧情之中，难以自拔。

希腊神话英雄阿喀琉斯凝集了希腊人关于英雄的一切勇敢属性，希腊神话英雄奥德修斯则成为希腊人表达关于英雄智慧的一切情感与世俗的人物。奥德修斯与阿喀琉斯的英雄人物形象成为希腊人向他人、向后代宣扬教化的传话筒与道德典范。据说亚历山大大帝的母亲奥林匹娅斯在教诲儿子时说道，"你的体内有着无比尊贵的血统，你所做的任何事情，都必须符合你的身份。你的母系，是《荷马史诗》中享誉最高的英雄阿喀琉斯的后裔。你的身上流着英雄的血液，将来你必须要轰轰烈烈地做出一番大事业"[①]。

史诗的言说可以被视为一种对法律—道德的回应。言辞倾向于劝告，因此也是每日劳作中传播智慧的合适工具。它们可能包含了准确指向教诲目的的叙述，即教导一种道德教训，正如阿喀琉斯之师菲尼克斯徒劳劝诫阿喀琉斯要宽厚时所说的故事。道德的教化不仅在城邦人之间发生着，同时也传递给了非公民、异乡人。正是通过这样某些特权公民的行为，传递给了公民群体中的贫困阶层与非公民的异乡人。这就是后世立法者梭伦应用于雅典城邦的原则。西方学者认为，"历史文献中还不曾看到有哪一个民族的精神像荷马的诗歌那样具有直接的巨大的教育力量"[②]。

二　神话仪式——道德教化

（一）神话—仪式论

古希腊日常生活中的任何节日庆典与各项活动，都是与神祇直

---

① 刘啸虎：《天生王者亚历山大》，陕西人民出版社 2016 年版，第 6 页。
② 杨群章、何汝泉主编：《中外文化俯瞰》，西南师范大学出版社 1996 年版，第 330 页。

接相关的，具有明显的宗教性和教育性。融入古希腊城邦日常生活的史诗与神话，借由丰富多彩的表达形式（音乐、戏剧、酒会、体育，等等）向城邦公民进行着人生观、价值观、伦理价值的教化与规训。

神话学研究领域经常将神话与仪式联系在一起——"神话—仪式论"，即通过研究仪式来解释神话：神话的意义或功能都源于它的社会性，与仪式密切相关。依照伊利亚德所说，宇宙起源神话通过仪式活动再现，将观看表演的观众拉入到"彼时"世界，由此，回到原初世界成为可能。与其说观众是在观看表演，毋宁说观众变成了宇宙起源历程的经历者。希腊城邦公民在同一时空环境中，观看相同的表演，体验相似的情感，一种集体荣誉感与认同感自然而然地融入他们的意识之中。儿童在希腊学校中背诵荷马等人的诗歌作品时，通常是伴随着音乐进行表演，这样可以提高对诗歌作品的理解与记忆。节日庆典中的古希腊人尽情狂欢，畅所欲言，嬉笑怒骂，奋力拼搏。每一场景之中都彰显出希腊人对自身的价值、生命的活力、神秘的敬奉的追求。这是对人本能的肯定，也是对人自身的崇拜，体现了人类自我的人文关怀。

节庆的特定仪式程序笼罩着浓厚的神秘主义色彩。竞技比赛最初是用于祭神与敬神的一项活动；音乐演出是由祭祀酒神的仪式逐渐演化发展而来。仪式成为神话再现的方式，尽管仪式与神话两者的范围并非绝对对等，但是当仪式中再现神话的过程时，仪式就像一台时间机器，现实的人类被输送回到神话时代，现实的人类由此更接近了神祇。因此，仪式与神话之间紧密相关。当神话与仪式的关系被割裂开来时，神话退而成世俗文学，只有与仪式相关的神话才是宗教文学。"在每一个生活共同体中，节日都是相对而言比较稀缺的高潮性的事件。节日是建立在以仪式为核心的框架之上。每逢节日时期，日常生活暂告一段落，生活空间发生了转移，人们日常生活出现显著的形式化特征。……尽管节日是以仪式为核心的事件，但是就节日本身而言，用心的筹备与固定模式的重要性远远超越了仪式本身。每年的节日都被视为对生活共同体在一年之中呈现的社会方面、仪式层面以及政绩领域的歌功颂德。节日期间是两种现实发生转化的时期：普通的日常生活现实与更强化的象征性和表达性的现实的转化。"① 仪式是一种"仿佛"的行为，而非真实的场景，其功能不再是实际的价值，更主要的是触及现实人类对神性的向往或对神祇的敬奉。可以说，与神性相遇成为神话宗教性的报偿。

依据考古发掘的资料以及荷马史诗神话的背景，可以对古希腊节日庆典的发展窥探一二。例如，克里特—迈锡尼文明时期，节日的农业性和生殖力崇拜的特征比较显著，节日具有了历法的特征，独立的祭祀庙宇已经出现；"荷马时代"的节日是在宗教仪式融合时期，新宗教雏形日渐显现；城邦时期，节日成为生活共同体的重要的公共事务，神庙与祭祀场所众多，节日数量空前高涨。古希腊生命意志是在满足了基本生理欲求之外的精神追求的体现，古希腊赋予了它多种形式的非实用性的文化活动。"希腊'精神'等于雕塑艺术家，把石头做成了一种艺术作品，在这种形成的过程中间，石头不再是单纯的石头——那个形式只是外面加上去的；相反地，它被雕塑为'精神的'一种表现，变得和它的本性相反。"② 正是通过这些日常生活中耳濡目染的活动，古希腊人在不知不觉中接受着文化的熏陶进而达到德性的养成。

（二）源于神话的古希腊节日③

不同于中国节日显著的祭祖现象，古希腊的节日是由早期的禁忌与图腾崇拜逐渐演化至人格化神灵的、定期的祭祀活动，由此完

---

① Frances Harding, *The Performance Arts in Africa: A reader*, London: Routledge Press, 2003, p. 339.

② ［德］黑格尔：《历史哲学》，王造时译，上海书店出版社2001年版，第237页。

③ 关于节日的基本概念众多，本书主要运用的是罗宾·特里布万的解释，节日是加强神灵在个人和家庭生活中存在性的活动，是可以将个人和家庭与群体联系在一起的社会仪式。(Robin D. Tribhuwan, *Fairs and Festivals of Indian Tribes*, New Delhi: Discovery Publishing House, 2003, p. 5.)

成仪式的教化功用。不可否认,古希腊的节日也具有敬祖与祭祖的特征,但是要稍晚于神祇的献祭,主要是伴随着城邦的建立和英雄崇拜的出现而出现的。古希腊的祖先普遍被视为神话中的英雄人物,至于其历史真实性尚有待考据。

古希腊人不仅相信神的存在,同时坚信自己与神同在,神祇被融入古希腊人的日常生活。在古希腊各城邦中,凡是对城邦建设有功勋者,皆成为邦神。古希腊的各个城邦还有自己专属的保护神,在城邦内最显著的地方都建有保护神的神庙,例如,雅典城邦的帕特农神庙是为雅典城邦守护神雅典娜而建的祭殿。城邦的保护神即是城邦首领。每一个城邦皆有本帮的保护神,假如两个城邦之间敬奉同名神祇,并不代表两个城邦的保护神是同一个神明,古希腊人不相信一个神祇可以处处受到敬奉。城邦自己的保护神只承担保护本邦的职责,"异乡人"不受到保护,因此"异乡人"也不可祭享他邦的保护神。神庙之中只允许本邦的公民进入。例如,只有雅典人才能进入雅典内庙。在古希腊中,除极少数的有识阶层的优秀分子之外,古希腊人并不相信唯一的主神管辖整个世界。众多的神祇各自有其管辖保护的小区域。例如,有的管一个家族,有的管一个部落,有的管一座城邦。为了表达对神的敬奉,古希腊人认真地、严谨地为诸多神祇设定了诸多的节日。

需要指出的几点是,首先,"异乡人"与本邦人的差别性在宗教庆典中得到一部分消解。例如,在大酒神节中,"男性外邦人手托盛有祭饼的青铜盘和银盘,他们的妻子负责携带水罐,他们的女儿为那些身负神圣使命的雅典妇女遮挡阳光"[1]。其次,奴隶有自己的节日"克洛尼亚节"。在这一天,奴隶是自由的。奴隶们可以与他们的主人自由聚餐,无须劳作。古希腊节日主要包括:居于首位的神话中的神祇崇拜;冥神与英雄崇拜居于次要位置;某些秘密仪式。

---

[1] 郭霞:《试论雅典人的外邦人》,《世界历史》2006年第4期,第94页。

公元前 5 世纪前后,古希腊人早已知晓英雄世代的消亡,但他们仍旧运用阿伽门农、赫克托耳、阿喀琉斯、奥德修斯、佩涅罗佩、狄俄墨得斯等人的英雄伟业,作为指导自己及后代在类似场景下所作所为的典范。戏剧界也从荷马史诗以及荷马史诗之外的神话中提取经典故事,并加以改变赋予其必要的教育价值。因此,神话之于希腊而言,一直是道德意识的源泉与范例,伴随着社会的发展需要对其情景加以适当的改造和重构。譬如,欧里庇德斯就热衷于运用神话来教化与规训世人如何为人处世。古希腊戏剧对希腊神话中英雄丰功伟业再现的目的,与其说是凸显英雄的神圣性,毋宁说是附身于英雄身上的凡人的智慧与力量的体现,神话自然而然地完成了对希腊青少年与公民的教化功能。希腊诗人对希腊人的教导包含了军事、农事及科技技巧,同时还有公民的行为、道德及宗教的教导。

古希腊节日众多,主要有以下几个特点:其一,节日普遍具有宗教性。各个节日都被视为对各个神祇的敬奉,是献给神的礼物,真实再现的神死亡或复活仪式活动得以彰显出神灵保持旺盛生命的活力。其二,节日以仪式为核心。每个节日都具有固定的仪式与颂歌,希腊仪式的宗教氛围浓郁,在这种氛围中几乎没有什么教义需要儿童刻意去学习,他们只需参与这种气氛浓郁的仪式,就可以受到耳濡目染的道德教化。其三,节日气氛是强大而夸张的。不同于日常生活的压力与规约,节日是人们暂时放松与愉悦的时刻,每逢节日期间,人们必将盛装打扮,载歌载舞,祭献牺牲,城邦内一片热闹祥和。其四,节日具有社会教化功能。作为希腊人主要生活内容的节日活动,一方面促进了儿童宗教信仰的养成,另一方面也为儿童宗教信仰的巩固提供了丰富多彩的实践机会,节日中还蕴含着圣神的、世俗的、政治的、教育的、秩序的、法律的等领域的隐含功用,古希腊社会通常借由神话及其节日仪式来教育和陶冶儿童的道德感和庄重感。其五,节日是一种集体活动。节日不仅关系到宗教,更关系到政治、经济及社会诸方面,家庭与个人都被纳入到节日的统一体之中。

节日并非一日而成的产物，它是一个民族长期文化积累的结果。节日仪式历久弥新，一直承担着重要的教化功用。首先，仪式的再现与重复强化了人的认同感。"时间"的概念在宗教与世俗中具有不同的限定。"现实中第一次开始的时间是具有范式的价值与作用的，因此，人们总是期望通过重复的、周期性的恰当仪式重复再现那一特定时刻。节日被视为发生在原初时间的仪式再现，是神圣的仪式活动……人们在节日中的行为与非节日中的行为具有本质上的差异，节日的行为被赋予了神圣性的意蕴，宗教信徒认为节日之中的他们是生活在另一个时间之中的，即'第一次时间'之中。"[1] 正是经由节日的一系列仪式的重复表现与表演的神圣行为，希腊人将自己回放至神的神圣性行为之中。这种行为成为固定的行为，并融入希腊民族的生活之中，成为民族的习俗和传统。尽管随着社会的发展与人类认知的进步，传统与习俗有某些改变或融进新的特征，但作为其核心的仪式却变化不大。

其次，仪式增强了个人的"超验"性。在仪式之中，人的内在意志力与外部的仪式力量相互融合表现为一种神圣的力量。"当接受成年仪式的男孩在别人的指导下旋转响板时，他感到自己的意志、力量、行动和雷的神秘威力融合成了一体。他意识到自己在控制某种力量，他能够调整步伐，以便使响板发出不同的声音，这样他就成了制造雷声的人。"[2] 一个人内心的自我感受在仪式中得到了升华，最初的情感变成了难以克制的激情；同时，激情将个人的自我感受推向了神圣化。神话的、宗教的仪式完成了对青少年的教化，青少年得以成为城邦或部落合格的公民或成员。

最后，古希腊人的公共宗教仪式、音乐与酒会、体育竞技等城邦的文化娱乐活动成为实现这一教育目标的重要手段。在各种节庆

---

[1] Mircea Eliade, *The Sacred and the Profane: The Nature of Religion*, Printed in the United States of Amaerica, 1957, p. 85.

[2] [英] 简·艾伦·赫丽生：《古希腊宗教的社会起源》，谢世坚译，广西师范大学出版社 2004 年版，第 61 页。

仪式、竞技比赛中,参与者成功与否并不是最重要的追求目标,是否体现了城邦公民的德行品质、是否弘扬了城邦的道德规范、是否潜移默化地规训了未成年人等,才是各项娱乐活动的主要评价标准。

竞技比赛、艺术赛会都是展现自我能力与德行的重要途径。城邦统治者为了鼓励本邦人的竞争意识,大兴公共建筑用于体育竞技或表演。体育场馆成为希腊民众教育儿童的重要的场所与机构。"雅典在公元前5世纪末已建造了众多的角力学校,以供智者、教师及运动员使用。"① 竞技会召开期间,智者或教师的学术讨论、雄辩家激昂的演说、商业的多样性等,都是竞技会的重头演出,深受本邦人或"异乡人"的推崇。竞技会"把希腊人从希腊世界的每个角落聚集在一起……向城邦社会的根深蒂固的地方观念提出挑战"②。希腊公民渴望在娱乐活动中尽情地施展自我。观看比赛的观众有本邦人,也有"异乡人",这是他们实现自我价值的重要场合。

第四节 本章小结

任何道德价值体系的构建都离不开社会发展的影响。道德个体与道德文化价值密切相关。"道德价值是人们评价自己和他人行为是否具有道德意义的标准,即人们判定客观事物对个体的重要性的潜在道德信念。"③ 道德价值反映了人类的社会认知。道德价值是个体与地理环境、民族变迁及社会发展的长期交互作用中形成和发展起来的。因此,追溯古希腊城邦道德价值的形成根源,成为研究古希腊神话的根基。

---

① D. M. Lewis and John Boardman and J. K. Davies and M. Ostwald, *The Cambridge Ancient History*, second edition, Vol. V, Camgridge University Press, p. 197.

② Lewis Mumford, The City in History: Its Origins, Its Transformations, and Its Prospects, *Mariner Books*, 1968, pp. 162 – 163.

③ 林崇德、杨治良、黄希庭:《心理学大辞典》,上海教育出版社2003年版,第195页。

古希腊人在历经氏族社会生活末期到城邦生活初期的发展中，逐渐形成了对宇宙本原的认识，这一认识集中体现在原始先民重要的精神结晶——古希腊神话。在古希腊氏族王权时期，狩猎时代的创世神话成为人类最初的思考。此时，人与自然——主体与客体——的关系，保持着一种自然的紧密关系，血缘关系成为神界与人界有机结合的纽带。以乌拉诺斯为首的第一代神系，与以克洛诺斯为首的第二代神系的农耕神话，"试图对起源进行报道、命名和叙述，即描述、确定和解释起源……神话早就把叙述变成了教条。"① 直至古希腊城邦初期，城邦内部的力量发生了根本性的变化，人类文明正式步入历史舞台。以宙斯为首的第三代城邦神话结构亦随之进行了相应的调整，使之更适应城邦时期的社会发展及公民道德教育。古希腊神话虽无法被称为现代意义上的"哲学"，但一定程度上决定了古希腊人生存及城邦生活的态势，神话已然成为人类启蒙理性的发源。三代神系的更迭，被澳大利亚社会学家吉尔伯特·穆雷（George Gilbert Aimé Murray，1866—1956）称为"奥林匹斯的征服过程"②——标志着人的个体性意识的觉醒。在轴心时代，理性的"逻各斯"成为古希腊人新的思维方式。神话逐渐退出历史舞台，理性成为社会领域的主要思维方式。

---

① ［德］霍克海默：《启蒙辩证法》，阿多诺、梁敬东译，上海人民出版社2006年版，第5页。

② ［德］卡西尔：《人论》，甘阳译，上海译文出版社1985年版，第143页。

第四章

生命的价值及其道德诉求

对生命的认识是人类思维发展到一定阶段的必然产物，也被称为命运观。西方谚语：相信命运的人跟着命运走，不相信命运的人被命运拖着走。人类对自身生命的认识如何，不仅关切到人类自身的命运如何，也关系到他们如何看待人类社会中人与人之间如何和谐相处的基本道德规范等问题。希腊神话蕴藏着人类早期的命运观——宿命论。在命运不可改变的前提下，人类将何去何从，希腊神话中也给出了自己的选择。

第一节 生命的原始律动

一 生而不同

（一）超越永恒——"无中生有"

关于自然起源的问题，自赫西俄德开始就已开始采用二元论的哲学方式进行讨论。在赫西俄德的描述里，自然中诸如天与地、山与海等均为物理性实体，这些物理实体不是由诸神创造的，它们是自发产生的。由物理实体组成的自然世界具有自发性。"作为原始本质的自然是原始物质及其运动所形成的事物总体。"[1] 赫西俄德在

---

[1] 肖厚国：《自由与人为：人类自由的古典意义——古希腊神话、悲剧及哲学》，华东师范大学出版社 2006 年版，第 11 页。

《神谱》中描述道：

> 最先产生的确实是卡俄斯（混沌），其次便产生盖亚——宽胸的大地，所有一切以冰雪覆盖的奥林波斯山峰为家的神灵的永远牢靠的根基，以及在道路宽阔的大地深处的幽暗的塔耳塔罗斯、爱神厄罗斯——在不朽的诸神中数她最美，能使所有的神和所有的人销魂荡魄呆若木鸡，使他们丧失理智，心里没了主意。①

赫西俄德在《神谱》中对创世的描述从历史发展的角度说明了宇宙秩序的形成。此后，宇宙历经更替与变迁有了自己的历史，形成了神的三代谱系：乌拉诺斯—克洛诺斯—宙斯。这三代神王代表了三种宇宙秩序或统治，以及三个不同的时代。首先是乌拉诺斯时代，这是一个受爱神厄罗斯支配的世界。

> 大地盖亚首先产生了乌拉诺斯——繁星似锦的皇天，他与她大小一样，覆盖着她，周边衔接。大地成了快乐神灵永远稳固的逗留场所。②

由此看来，宇宙诞生之初，一切动力因素均源于物理力量，而非道德力量。"乌拉诺斯在他简单的原始强力中，除了性活动，不知任何别的活动。他躺卧在盖亚身上，以自己的整体覆盖着她，并在漫漫的长夜中不停地将力流注到她体内。"③ 天神与地神的结合，弥合了所有的空间，所以乌拉诺斯时期，宇宙是混沌

---

① ［古希腊］赫西俄德：《工作与时日·神谱》，张明竹、蒋平译，商务印书馆1991年版，第29—30页。
② ［古希腊］赫西俄德：《工作与时日·神谱》，张明竹、蒋平译，商务印书馆1991年版，第30页。
③ ［法］让·皮埃尔·韦尔南：《神话与政治之间》，余中先译，生活·读书·新知三联书店2005年版，第290页。

一片。

此时的宇宙世界是一个仅受爱神厄罗斯或者称为"自然本能"控制的世界，这是一个无序的、原始混沌的、内在冲动的、必然性的世界。乌拉诺斯日以继夜地覆盖在盖亚之上，将盖亚隐藏起来，并将两者的孩子隐藏在黑暗——盖亚腹——中。为摆脱乌拉诺斯与儿女双重的重负，盖亚想出巧妙而又罪恶的谋划。

> 她即刻创造了一种灰色燧石，用它做成一把巨大的镰刀，并把自己的计谋告诉给了亲爱的儿子们。①

这是一个试图推翻乌拉诺斯的计划。在盖亚众多的孩子中，只有"狡猾多计"的小儿子克洛诺斯答应同母亲一起推翻父亲乌拉诺斯。最终，克洛诺斯用暴力推翻了乌拉诺斯，成为宇宙的第二代统治者。

可以说，克洛诺斯的行为是一种解放性的动作。假使没有天神与地神的分离，世界将沉浸在死寂之中，没有时间，没有空间。正是克洛诺斯的行动，使乌拉诺斯永远地离开大地，从而导致了一系列具有决定意义的宇宙进化的结果。"它使天空永远离开了大地，使天空固定在世界的顶端，如同宇宙建筑的屋顶。……空间洞开了，这一开裂使多种存在物具有了形状，使它们在空间和时间中找到了位置。起源又开了禁，世上生灵繁衍，万物有序。"② 这便是秩序世界的开始。

不可否认，克洛诺斯的行为是一种暴力行为。这一暴力行为的实施对象是自己的父亲，这无疑是一种滔天大罪，一种反抗天神父亲的造反行为。因此，必将招致惩罚。乌拉诺斯对克洛诺斯发出了

---

① ［古希腊］赫西俄德：《工作与时日·神谱》，张明竹、蒋平译，商务印书馆1991年版，第31页。
② ［法］让·皮埃尔·韦尔南：《神话与政治之间》，余中先译，生活·读书·新知三联书店2005年版，第291页。

诅咒,"在将来,将建立一个同等复仇的法"①。克洛诺斯为了避免这一诅咒的发生,将他的孩子都吞进自己的肚子中,唯有最小的儿子躲过了这一劫难,最终克洛诺斯也将遭受到同样的报应。正如乌拉诺斯的预言,克洛诺斯最终也被自己的小儿子宙斯用同样的方式推翻,成为宇宙的第三代神王,并开创了新的宇宙秩序。

(二) 难逃一劫——灵光一现

1. 天神造人说——五代人类

赫西俄德在《神谱》中描述道:

"诸神与人类有同一个起源。"②

诗中将人类与神的关系划分为五个阶段,即五个时代,人类的五个阶段分别为"黄金种族""白银种族""青铜种族""英雄种族"和"黑铁种族"。人类五个时代分别为:"黄金""白银""青铜""英雄"和"黑铁"五代。赫西俄德认为,人类五代更迭的历史就是人性堕落的历史。

居住在奥林匹斯山上的永生之神,首先创造出第一代人。这一代人类是幸福的,这是人类的"黄金时代"。第二代天神克洛诺斯统治世界,人类像奥林匹斯山的神祇一样生活惬意、无忧无虑。人类不需要辛苦劳作就可以获得美味的食物,牲畜多不胜数,神赐予他们无尽的美食与快乐。他们的身体不会衰老,手脚永远强壮有力,他们没有疾病,没有痛苦,在衣食无忧之中度过幸福的一生。黄金时代的人类可以生存许久,而死亡的降临也像安然平静的入眠。但这样的时光延续了一百年左右的时间,很快就结束了。黄金人类死后成为幽灵,游荡在大地之上,主持人间

---

① [法] 让·皮埃尔·韦尔南:《神话与政治之间》,余中先译,生活·读书·新知三联书店2005年版,第291页。

② [古希腊] 赫西俄德:《工作与时日·神谱》,张明竹、蒋平译,商务印书馆1991年版,第4页。

正义、惩罚邪恶。

第二个时代——白银时代。无论是在智慧方面，还是在力量方面，白银时代人类都远逊于黄金人类。他们虽然有力量，但是缺乏理智。通常他们要在自己家中生活一百年方才成年，即便成年他们仍然不明事理。离开家庭后，他们的寿命通常非常短暂，更因为他们不够聪明、不够懂事，因此他们的生活经常遇到不幸与痛苦。与第一代人类不同，他们不服从奥林匹斯山神祇，不愿意在祭坛上成为众神焚烧的祭品。第三代天神宙斯决定要惩罚白银时代的人类，宙斯将他们统统驱赶到黑暗的地下王国。白银人类从此生活在黑暗之中，在那里的人类没有喜怒哀乐感，既不知道什么是悲伤，也不知道什么是快乐，但后人对他们仍旧保有敬重之情。

第三代天神宙斯创造了第三个时代——青铜时代。青铜人类是宙斯用矛杆创造出来的，宙斯赐予这一代人强壮的身躯与令人生畏的力量。青铜人类不懂得耕作劳动，却骄横好战。青铜人类心跳强劲有力，他们的双手不可制服，他们使用青铜的武器，住在青铜的房屋，他们自相残杀。不久，他们就被自己的杀戮带到哈得斯的冥府之中了，永远无法再重见光明。

随后，宙斯就创造了第四个时代，这一时代没有明确的称谓，我们通常称为"英雄时代"。这一代的人类依靠大地而活，他们比以前的人类更高尚、更公正，他们是与奥林匹斯山的神祇们为伴的半神英雄。不幸的是，后来他们都死于凶残的战争和可怕的血腥厮杀中。这一代英雄死后，宙斯将他们带到了远离尘世的世界尽头——极乐岛。这是一片美丽富饶的土地，大地每年为他们提供三次甜蜜的食物，英雄人类在那里过着幸福无忧的生活。

最后一个时代——黑铁时代——一直延续至今。这是一个怎样的时代？正如诗人赫西俄德慨叹："唉，如果我不生在现今人类的第五代的话，如果我早一点去世或迟一点出生的话，那该多好啊！因为这代人是黑铁制成的！他们彻底堕落，彻底败坏，充满着痛苦和罪孽；他们日日夜夜地忧虑和苦恼，不得安宁。神祇不断地给他们增添新的烦恼，而最大的烦恼是他们自身带来的。父亲反对儿子，儿子敌视父亲，客人憎恨款待他的朋友，朋友之间也互相憎恨。人间充满怨仇，即使兄弟之间也不像从前那样坦诚相见，充满仁爱。白发苍苍的父母得不到怜悯和尊敬。老人备受虐待。啊，无情的人类啊，你们怎么忘了神祇将要给予的裁判，全然不顾父母的养育之恩？处处都是强权者得势，欺诈者横行无忌，他们心里恶毒地盘算着如何去毁灭对方的城市和村庄。正直、善良和公正的人被践踏；拐骗者飞黄腾达，备受光荣。权利和克制不再受到敬重。恶人侮辱善人，他们说谎话，用诽谤和诋毁制造事端。实际上，这就是这些人如此不幸的原因。从前至善和尊严女神还常来地上，如今也悲哀地用白衣裹住美丽的身躯，离开了人间，回到永恒的神祇世界。这时候，留给人类的只是绝望和痛苦，没有任何的希望。"[①] 黑铁人类堕落败坏，而且互相欺骗、诽谤、诋毁，他们忘记了父母的养育之恩，忘记了神祇最后的审判，不计后果地追逐着生活和感官的享受，却丝毫无所顾忌。于是，正直善良的人被践踏，欺骗者飞黄腾达。人们追求着自己欲望里的东西，却日日夜夜地忧愁和烦恼，直到终老。

2. 泥土造人说——普罗米修斯造人

希腊神话中关于造人的神话，还有一个版本为普罗米修斯造人。不同于天神造人说，普罗米修斯用泥土创造了人。男神普罗米修斯与女神雅典娜共同创造了人类，从某些方面也彰显出古希腊神话中男女平等的意识。

天地出现，一片繁荣景象。小鸟在翱翔，大海在咆哮，鱼儿在游乐，自由自在，生活无限甜蜜。在一片生机勃勃的气象之中，唯独缺少了一个"供精神和灵魂借助的躯壳"，而他们应该成为未来大地的主宰者。第一代天神乌拉诺斯与盖亚之子伊阿佩

[①] ［德］古斯塔夫·施瓦布：《希腊神话故事》，赵燮生、艾英译，花城出版社2014年版，第9页。

托斯的儿子普罗米修斯降落大地。普罗米修斯用河水调和了具有神性的泥土，按照天神的模样捏塑了一个形体。普罗米修斯借用大地上动物灵魂中善与恶的两重性格，狮子的勇敢与强势，狗的忠诚，狐狸的奸邪，兔的软弱等，将这些不同的特质封锁在这个泥团形体的胸腔内，使泥团具有了生命的气息，从此世界上就有了人。智慧女神雅典娜赋予泥人以灵性，从此世界上有了称为"人"的生物。

此后，第一批人类开始繁衍生息，不久就遍布世界各地。最初的人类并不知道如何运用四肢活动，也不知道如何使用神赐的精神。他们有眼睛，却看不见；有耳朵，却听不见；能走动，却毫无生机。"他们不知道采石，烧砖，砍伐林木制成椽梁，然后再用这些材料建造房屋。他们如同蚂蚁一样，蛰居在没有阳光的土洞里，觉察不了冬去春来夏至；他们做样样事情都毫无计划、毫无方向。"① 于是，普罗米修斯便来帮助他们劳动和创造。"他教会他们观察日月星辰的升起和降落；给他们发明了数字和文字，让他们懂得计算和用文字交换思想；他还教他们驾驭牲口，来分担他们的劳动，使他们懂得给马套上缰绳拉车或作为坐骑。他发明了船和帆，让他们在海上航行。他关心人类生活中其他的一切活动。从前，生病的人不知道用药物治病，不知道涂药膏或服药来减轻痛苦，许多病人因缺医少药而悲惨地死去。现在，普罗米修斯教会他们调制药剂来防治各种疾病。另外，他教会他们占卜、圆梦、解释鸟的飞翔和祭祀显示的各种征兆。他引导他们勘探地下的矿产，让他们发现矿石，开采铁和金银。他教会他们农耕技艺，使他们生活得更舒适。"②

凡人在希腊文明中呈现出一种可怜的态势。《伊利亚特》与

---

① ［德］古斯塔夫·施瓦布：《希腊神话故事》，赵燮生、艾英译，花城出版社2014年版，第1页。
② ［德］古斯塔夫·施瓦布：《希腊神话故事》，赵燮生、艾英译，花城出版社2014年版，第1—2页。

《奥德赛》对此都有过精辟的描述：

> 凡人的生活，就像树叶的落聚。
> 凉风吹散垂挂枝头的旧叶，但一日
> 春风拂起，枝干便会抽发茸密的新绿。
> 人同此理，新的一代崛起，老的一代死去。
> ……
> 他们像树叶一样，一时间风华森茂，勃发出
> 如火的生机，食用大地催产的硕果；然而，好景不长，
> 他们枯竭衰老，体毁人亡。①

正因为如此，苦难的人类一直心心念念地向往着神明的世界——全知、全能、永恒的幸福世界。希腊神话中，神明可以直接操控世间的一切，战争结局、人类生死、日常生活纷争，等等。宙斯处理希腊联军与特洛伊军队交战双方时说道：

> 现在，让我们考虑事情发展的归向，
> 是再次挑起惨烈的恶战和痛苦的
> 搏杀，还是让他们缔结和约，言归于好。②

世间如此生死攸关的大事，在宙斯眼中不过是一场游戏。游戏中，无论你是英雄，抑或是凡人，生命已然不重要，重要的是神明的意愿。

二 宿命认知

（一）无知—有知

生活在克洛诺斯时代的黄金人类，"像神灵那样生活着，没有

---

① ［古希腊］荷马：《伊利亚德》，陈中梅译，华夏出版社2007年版，第123、449页。
② ［古希腊］荷马：《伊利亚德》，陈中梅译，华夏出版社2007年版，第69页。

内心的悲伤，没有劳累和忧愁。……他们的死亡就像熟睡一样安详"①。这是一个神人合一的时代，是巫术的时代。"原始人看来，超自然的力量，如果确实超越于人的力量的话，也超越得不多，因为人可以恐吓和迫使超自然力量按人的意志行事。在人类思想发展的这一阶段，世界被视为一个伟大的平等的社会，所有的人，无论自然的或超自然的，都被认为是处于相当平等的地位。"②人可以化身为神，神也可以降格为人，借助于巫术，神人沟通成为可能。

希腊人相信，人自身具有超越自然、驾驭自然的能力。因此，赫西俄德说神与人具有相同的起源。在黄金时代，人与神的唯一区别是"死亡"。此时的死亡并非"耸人听闻"的事情，死亡没有为人类带来悲伤。可以说，这个时期的希腊人实为"初生牛犊不怕虎"的阶段，正如动物界的动物一般。所谓的没有悲伤、没有死亡，是因为人类并不知道自己会死，不知死亡为何物，所以人类才可以"像神灵一般地生活"。一旦人类意识到自己是必死的，便失去了"无知的"的快乐，徒留"内心的"悲伤。

不难看出，希腊神话中黄金时代的人类是不可能存在的，所谓"死亡如同睡眠一样安详"的假象，恰恰验证了人对于短暂生命的敬畏。正如德国哲学家伽达默尔（Hans-Georg Gadamer，1900—2002）所说的"想到死"才是"人性的特征"。人类从动物界分离出来的那一刻，就意味着人类已然意识到生命终结的必然性。黄金人类的假象是人类希冀回到人类"无知"的懵懂状态的美好愿望。当然，人类不可忽视生命的终结，生命不可超越的界限，使得人类将永生的渴望投射到神祇的想象之中。

"黄金时代"之后，"白银时代"与"青铜时代"的人类皆处于一种被动的状态。希腊人对生命的认识是一种宿命论的表现。伴随着人类认识自然、改造自然能力的增强，原始意识中"人源于自

---

① ［古希腊］赫西俄德：《工作与时日·神谱》，张明竹、蒋平译，商务印书馆1991年版，第4—5页。
② ［英］弗雷泽：《金枝》，李兰兰译，煤炭工业出版社2016年版，第96页。

然"的认识使人类意识到自我的局限性与渺小性。"人神合一"的认知就此搁浅。"那些可以控制自然力量的神必定是强大无比的。……并有越来越多的把自己曾经声称与之共有超自然力量的神视为那些超自然力量的唯一所有者。"① 自此，人的能力、欲望与信念，皆化为神祇的附属品。人成为神的附属物，即自然的附属品。自然界的人是从属于神的喜怒哀乐的产物，"化身为人的神"成为了人类欲望的终极体现。

"斯芬克斯谜语"② 可以显示出希腊人对人性智慧的形而上思考的升华。俄狄浦斯的答案反映出希腊人对于人成长历程、生命发展轨迹有了更深层次的思考。但俄狄浦斯可以从容不迫地回答斯芬克斯的问题，却无法规避自己弑父娶母的宿命，证明了人类的理性认识尚存在较大的局限性。在人的能力与地位的下降过程中，巫术趋向衰落和宗教日渐崛起。神界权力的更迭使神话剔除了人类的存在，人神不再共同生活。神祇居于奥林匹斯神山之上，渺小的人类成为时代受苦的事物。人类必须崇敬神祇即自然，否则就会受到神祇或自然的惩罚。怀疑神祇、挑战神祇，无一例外地会遭到神祇的报复。自然对人类的惩罚手段是多样的，人类生命的有限性即是手段之一。人类只能被动地接受这一现实，不可超越，不能超越，最终走向生命注定的界限——死亡。此时，人类尚未发现生与死之间历程的价值。生命的界限对人类而言，更多的是一种无奈，并不具有任何积极意义。

（二）同形同性（Anthropomorphism）

1. 同形同性论

在希腊神摆脱了图腾性质的崇拜之后，日渐形成了与人"同形

---

① ［英］弗雷泽：《金枝》，李兰兰译，煤炭工业出版社2016年版，第96—97页。

② 庇比斯城民众得罪了天神，天后赫拉在庇比斯的土地上降下一个名叫斯芬克斯的人面狮身的女怪。斯芬克斯向来往的行人问一个谜语：什么动物，早上四条腿走路，中午两条腿走路而晚上三条腿走路？如果行人不能答对谜底，她就会把他吃掉；如果猜出来了，她自己就会死去。很多人猜不出谜底，直到俄狄浦斯来到斯芬克斯的面前，说出了这个神奇谜底——"人"，斯芬克斯随之跳崖而死。

同性"的希腊神祇的形象。"神也是生出来的，会说话，有形体，穿戴和人相同。"① "如果牛、马或狮子也跟人一样，有手，能用手画画，能从事艺术活动，那么，马会把神的模样画得像马，牛会把神的模样画得像牛，每一种动物都会把神的身体描绘得跟自己一样。"② 古希腊神话中的神明是有血有肉的存在物，他们被描写为与人同形同性。神既具有人的形态，也具有人的欲望与情感。他们吃喝玩乐、生性活泼，与人类一样具有七情六欲。在希腊神话构建的世界序列中，人与神"处于同一种秩序，他们也许各有不同的级别，却彼此相等"③。神明的世界呈现为现实城邦的组织形式，这一描写将人与神之间的距离拉近了，人神之间可相互参照，相得益彰。这也是我们在概述古希腊神祇时，使用的"神人同形论"的来源。神具有人的形象，希腊人运用理性根据自己的形象创造了神明。

神话具有现实性来源。希腊神话谱系的建立与希腊人的历史谱系息息相关。弗雷泽的《金枝》中推演出各民族神话中的神祇是从人类社会早期统治者形象中转型而来的。在人类社会初期，氏族部落中一般有两位首领，一位是专司神职的首领，另一位是专司统领的首领。其中专司神职的首领的另一个称谓为"神"。弗雷泽认为，古希腊神话中的神祇正是这些被称为"神"的首领的化身，这也是古希腊神话"同形同性"特征的缘由。依照弗雷泽的分析，神话中神的形象一方面表现出超自然"神力"，另一方面则是人类社会特殊"权力"所有者的象征。所以，古希腊神话中神祇的行为表现出较显著的"人"的特征。神话应当是这些"神性"首领为了便于自己统治而创造的作品，其目的是要恐

---

① [美] 斯塔夫里阿诺斯：《全球通史》，吴象婴、梁赤民译，青海人民出版社2003年版，第58页。

② [美] 斯塔夫里阿诺斯：《全球通史》，吴象婴、梁赤民译，青海人民出版社2003年版，第58页。

③ Seth Benardete, *The Argument of the Action: Essays on Greek Poetry and Philosophy*, University of Chicago Press, 2000, p. 18.

吓被统治者，不许被统治者超越个人的权限、逾越个人固有的地位。

2. 同形同性论的特点

首先，神人同形同性说是人类对世界与自我的认识，即从混沌到明朗转变的历程。克洛诺斯、提坦神等都是非人形的神祇形象，他们只是代表生殖魔力的丰产半神。直至宙斯一代神祇的出现，古希腊神祇才开始出现同形同性的描述。尽管这一转变的具体原因难以考察，但从中可以推测，古希腊人开始意识到人自身就是一种高贵的存在，这种高贵性借由神祇的同形同性论得以彰显出来。人不是将自我的形与性投射在神的身上，与之相反，正是通过神的形与性，人类有了自我意识的萌发。

与早先半人半兽的图腾敬拜对象相比，同形同性的神明更能表明人类对世界秩序的认识。同形同性发生学的世界秩序的建立，为凡人指明了两个根本的认识。其一，为凡人的超验性奠定了基础。在"超验"的时刻，人类个体生命的强度超越了平凡，燃烧出了激情。凡人之中的英雄世界，正是凡人对神明世界追逐的体现，英雄成为人类超越平凡追求卓越的精神象征。其二，凡人是不完满的，在力量与外形上跟神明都无法比拟。因此，凡人便不可奢望获得神明一样的生活。同时，同形同性论也从另一视角验证了人的自我认知意识的出现。希腊人一方面对神充满着极大的敬意；另一方面，他们又期望通过神的塑造展开人类基于自然的征服历程。神人同形同性论成为人类征服神祇自然的目的。

同形即同一个种族，同性即具有同样的优势与劣势。两者的相同之处消解了神祇不可冒犯的神秘性，也在精神层面弥合了神人之间存在的不可逾越的鸿沟。古希腊人以自我为原型再现外部世界，创造出了各色各样的神祇。同形同性论进一步验证了人在神话中举足轻重的地位。但人还是具有悲观性的，当人在自己的一生中遭遇到种种由于自身的缺陷和险恶的外部环境所带来的痛苦时，这种消极的情形就显得更加明显。换言之，人不仅无法像神那样享受永恒而灿烂的荣光，还要忍受种种痛苦的折磨，并且最终要面对死亡的结局。希腊人并未将英雄归于神的行列，大概因希腊人明白，人与神之间有着巨大的现实性差异；抑或说，人与自然之间无法达到哪怕只是象征性的统一。

其次，神人同形同性说是神话亦是人话，是超越凡人的凡人亦是凡人。神话是一种人生的叙述。神是人创造的结果。所谓"神话"者，其实不过是原始先民最初认知的积累。神话就是人话。它讲述的是神的故事，但是由人创造的神的世界，反映了人对世界的认识，显示了人的力量、意志与欲望。原始的自然认知与原始的欲望冲动的结合，创造出了一个神性的世界、理想化的世界。在这种神性世界中，人类不由自主地将内心深处的恐惧与无奈融入神性世界之中。因此，古希腊神话的同形同性论是神话体系建构的需要，同时也喻示着古希腊生命认知的初现。对凡人而言，神明是不死的，这是凡人一直梦寐以求的境地。但是神明除了不会死以外，与凡人没有区别，他们也会有爱恨情仇、悲苦离别。古希腊人并没有迁就神祇，希腊神话中既有关于神祇的劣迹斑斑的描写，也有对于神祇毫不吝啬的赞美。这一切向凡人说明，神明没有什么可羡慕的，神明与人具有一样的苦楚，凡人就没什么愤愤不平可言了。正如莱辛所说，从行动上看，希腊神祇是超越凡人身体极限的人，从感情上看，希腊神祇是真正的人。希腊人在神话之中，"把神拉到人的中间，神性与人性不仅没有不可逾越的界限，并且是相互辉映的，神是人的最高典型，在神的形象中可以想见人的智慧和美德可能达到的最高境界"[①]。希腊神祇不再是一堆语言文字的堆砌，而是发挥了弥补生活不足的积极作用。神与人并非不同质的存在物，两者有统一性，其差别仅仅表现在量的差别上。可见，希腊的神祇依旧是此岸之神，并非超验性的存在物。

最后，神明与人同形同性、习俗相近，神明与人联系在了一

---

① 沈之兴：《西方文化史》，中山大学出版社2010年版，第12页。

起,作为凡人的英雄也同时与神明结合在一起了。同形同性论将神的世界自然而然地放在此岸的世界之中,是此岸世界中存在的另一现实,是希腊人孜孜以求的更高的理想境界。希腊人借由英雄世代表达了神人之间的联系,更重要的是英雄及英雄的价值观也同神明结合在一起,英雄情怀具有了神性的根基。"对于接受荷马道德观的人来说,诸神提供了一个明确的、有吸引力的理想;的确,它是这样一个有吸引力的理想,以致一个凡人不能达到它,除非他足够幸运而成为一个神,就像赫拉克勒斯那样。但他可以认识到它是一个理想,并尽他所能去达到它。"[1] 神明是英雄的造就者,英雄追求的理想就是成为神明,当然这必须要有极大的"命运"的眷顾。总之,凡人正是通过英雄的丰功伟业,体现出生命的更高价值。

第二节　生命的反抗与升华

一　美好的向往——战胜死亡

尽管希腊凡人早已认识到生命界限的无奈,但希腊神话中不乏希腊凡人挑战死神、挑战神祇的故事以及获得不死之身的故事。例如,太阳、畜牧、音乐之神阿波罗与司管文艺的缪斯女神卡利俄帕的儿子俄耳浦斯是古希腊色雷斯著名的诗人与歌手,他弹奏金琴的琴声就连冥顽的石头都为之流泪。他与生俱来的非凡的艺术才能,使他在英雄世代中建立了卓越的功绩。其中,俄耳浦斯悲惨的爱情传说更是对生命极限的挑战。俄耳浦斯与妻子欧律狄克感情浓厚,妻子被一条毒蛇咬死后,俄耳浦斯痛不欲生。为了救回妻子,俄耳浦斯舍身进入冥府,一心要把妻子救回来。他来到冥王与冥后的面前,请求冥王把妻子还给他,如若不然,他宁死也决不一个人离

---

[1] [美]特伦斯·欧文:《古典思想》,覃方明译,辽宁教育出版社1998年版,第18页。

去。冥王冥后怜悯之情油然而生，答应了他的请求。冥王冥后提出一个条件：在离开冥府之前的路上，无论发生什么事情，俄耳浦斯跟他的妻子两人决不能回头看，否则他的妻子将永远不能回到人间。由于欧律狄克的蛇伤还未痊愈，每走一步都痛苦地呻吟，俄耳浦斯不敢回头观望，两人一前一后默默地走出死关，穿过幽谷、渡过死河，终于看到了人间的微光。欧律狄克再也禁不住丈夫的冷遇抱怨起来，俄耳浦斯听到妻子的埋怨，忘却了冥王的叮嘱，他回过身来想拥抱妻子。一瞬间，死亡又一次将他的妻子拽回了冥府，俄耳浦斯历尽艰辛却功亏一篑。

又如，希腊神话中的西绪福斯故事。西绪福斯究竟犯了什么样的事情，人们不得而知。人们只是知道他被囚禁在塔耳塔罗斯中，这里专门囚禁触怒宙斯的人。西绪福斯必须要将一块巨大的石头推到陡峭的山顶之上，而每一次他就要完成任务的时候，巨石就会滚落下来；西绪福斯不得不再次推石头上山，反反复复，永无休止。奥德修斯描述到：

> 我还见到西绪福斯，遭受剧烈的痛殃。[1]

再如，索福克勒斯的《俄狄浦斯王》讲述了一个希腊英雄的悲剧故事。忒拜国王拉伊厄斯婚后多年无子，前往德尔菲神庙得到神谕：二人将会有一子，此儿子长大后将杀父娶母。为了避免厄运发生，国王拉伊厄斯命仆人把他出生不久的儿子扔到城外山林。仆人生恻隐之心，将男婴送给科林斯王。科林斯国王夫妇非常喜欢这个男孩，看到孩子脚后跟肿胀，便取名为俄狄浦斯。长大后，无论他人如何挑唆，俄狄浦斯一直坚信他就是科林斯国王的亲生儿子。当俄狄浦斯在德尔菲神庙得到"将杀父娶母"的神谕后，为了避免犯下大错，悄然离开科林斯，最终一步步走向命中注定的安排。在沿

---

[1] ［古希腊］荷马：《奥德赛》，陈中梅译，译林出版社2012年版，第302页。

途，俄狄浦斯无意中杀死了忒拜国王拉伊厄斯，也就是他的亲生父亲。他来到底比斯国，制服了狮身人面怪，被拥立为王，并娶寡后为妻，也就是他的亲生母亲。最后，当年那个牧羊人说出了真相。俄狄浦斯一再规避神谕，然而聪明反被聪明误，俄狄浦斯最终还是难逃"杀父娶母"的神谕。王后羞愤自尽，俄狄浦斯刺瞎双眼，自我放逐。

希腊神话中有两个凡人获得了不死之身，他们是恩底弥翁与提托诺斯。二人皆因爱情而获得不死之身。恩底弥翁是长眠不醒的美男子，月亮女神阿尔忒弥斯眷恋他，延误了自己每天夜晚升空的本职工作。因此宙斯要惩戒恩底弥翁，在安然死亡与永生永葆青春长眠的两项选择中，恩底弥翁选择了后者，从此长眠不醒。提托诺斯是特洛伊国王拉俄墨冬的儿子，他也是黎明女神厄俄斯的情人。厄俄斯向宙斯请求赐予提托诺斯永生，宙斯应允了。但她忘记请求青春永驻，随着岁月的流逝，提托诺斯成了一个老态龙钟的永生的老头。最终，厄俄斯也不再爱恋这个不死的凡人了。

埃斯库罗斯的《普罗米斯修》中体现了普罗米斯修不服神祇、反叛神祇的"叛逆精神"；欧里庇德斯的《美狄亚》中以美狄亚背叛亲情、追求爱情、爱情失败残忍杀子彰显出"以牙还牙、以血还血"有仇必报的精神；小埃阿斯亵渎了雅典娜神庙，雅典娜为惩罚他用雷电击毁他的船只，将他沉入海底，小埃阿斯至死不屈，高呼着，他一定会救出自己，即使全体神祇联合起来毁灭他；科林斯国王西绪福斯两次巧智戏弄死神塔纳托斯，敢于欺骗宙斯与塔纳托斯，被打入万劫不复的冥府之中；山林女神绪任克斯为了维护自我的尊严，被变形为植物也不为人妻，最终付出了青春乃至生命的代价。

希腊神话中充满着人类对生命、对命运不满的反抗故事，至今仍能震撼着人类灵魂的深处。神话中体现出希腊民众对战胜死亡、挑战死亡的欲望从未停止过。阿喀琉斯在冥府中对奥德修斯说的话，或许能够更准确地表达希腊人对生命价值的追求，"我宁愿做个帮仆，耕作在别人的农野，没有自己的份地，只有刚能饱腹的收入，也不愿当一位王者，统管所有的死人。"①

二　悲剧的认知——升华生命

（一）感悟生命历程

在古希腊神话的诸神传说中，希腊诸神与英雄在追求自由、张扬人性及追求幸福等方面表现出强烈的内在力量，这一力量代表着全人类对生存价值和生命意义的不断的追问和探索。关于生命问题所触及的一个最根本的底线是人生的有限性，以及在有限的人生中人对生命和存在价值的探索。叔本华认为，生命与意志是一回事。生命在个体身上展现的千百种欲望与需求，最根本的是为了维护生存，此为第一种需要；个体无法摆脱生命的有限性，产生了第二种需求，即种族的延续性。雅思贝尔斯将第二种需求称为自我保存的原始冲动。前者保存的是生命个体存在的不变，后者保存的是人类整体存在的不变。

古希腊神话恰恰展现了人类两种基本的生命诉求。人类精神世界在不断丰富的同时，在人类认知中产生了另一种精神层面的升华——展现自身生命活力，实现自我的价值。从《伊利亚特》《奥德赛》到埃斯库罗斯、索福克勒斯以及欧里庇德斯，从奥德修斯、俄狄浦斯到西绪福斯、普罗米修斯，从希腊史诗到希腊悲剧，古希腊的史诗与文学向世人揭示了一幕又一幕人类挑战神祇、挑战生命界限的故事。挑战者是凡人，注定生命的界限不可逾越，但他们皆具有神明的勇力，是普通凡人不可比拟的，希腊人将这一代人称为英雄。

对凡人英雄而言，生活是令人愉悦的，世界是那么美好，凡人永远不应放弃生活。因此，他们永远在为生命欢唱着颂扬的歌谣。英雄是凡人，自然难逃凡人必死的命运，但神话中的英雄是受到神

---

① ［古希腊］荷马：《奥德赛》，陈中梅译，花城出版社1994年版，第121页。

明眷顾的凡人,难逃宿命,却可成为凡人世界中短暂而永恒的存在——流芳百世的盛名。在希腊神话中,英雄被普遍赋予了半神的色彩,他们是人类中勇敢无畏的代言人,是人类世界值得敬仰的凡人英雄。正因如此,希腊神话中的英雄们在他们生命中最无助的时刻,也从未放弃过对生命与生活的执着追求。英雄世代的追求与生活,正是普通凡人挑战极限的理想化历程。用有限的生命挑战无限的困苦与艰辛,短暂的生命依旧可以体现出最大的价值。正如亚里士多德所说:"有些人竭力劝说我们作为人更应该考虑人的事情,要我们把眼光放在生死之上,我们不要去理睬他们。不,只要可能,他们就要尽量向高处看,去考虑那些不朽的东西,并尽力和我们身上最完美的东西保持一致"[1]。体力上的界限无法抵御精神上的超越追求,这正是生命价值的体现,也是生死历程的价值体现。这是希腊神话中蕴藏的永恒的价值与启示。

在神话之中,不同于神祇的永生永世,凡人是一种必死的存在物,这一注定的结局给人类带来了莫可名状的恐惧与困惑。一方面,凡人能够感知现世的美好;另一方面,凡人又可预知死亡的终极导向。美好与悲哀的交融,激发了人类对生命的尊重之情,同时也激发出生命的崇高感。人类的存在就是荒诞性的存在,尽管一次一次的努力可能徒劳无功,但是人类依然选择了坚持与忍耐,而没有选择放弃。英雄的反抗行为是这个世界赋予人类唯一被允许的英雄行为。英雄们必须以强烈的爱恨表现晕染出生命的活力,感受着生命的历程。在爱与恨的行为选择中,彰显了希腊人对个体自我的关注与满足。正是英雄世代在生命的至关重要时刻的抉择,"唤起了文明最大量的生命能量,并使之得到充分的宣泄"[2]。然而,希腊民众也在用神话的方式告知人们,凡人对生命界限的逾越是不切实际的,"世间万物皆有死,为何唯我要忍受残酷永生的煎熬?"[3] 在

---

[1] [美]依迪丝·汉密尔顿:《希腊精神》,葛海滨译,华夏出版社2014年版,第27页。
[2] 朱光潜:《朱光潜全集》,安徽教育出版社1990年版,第391页。
[3] 王佐良、金立群:《英国诗选》,上海译文出版社1993年版,第537页。

希腊神话中，凡人可以获得所谓的"永生"，但不管是长眠不醒抑或是衰老无终，此种"永生"皆为肉体永存的超越，就鲜活的生命而言，则是枉然。仅有肉体的永生，与死人又有何异？凡人要珍惜生—死之间的历程，正如希腊神人同形同性观一样，坦然接受生命界限的不可超验性。那么，凡人与神祇就具有了可比性，凡人可以像神祇一样享受生活、享受爱恨情仇，人类生命的价值就油然而崇高起来。于此而言，死亡界限的存在，也从另一个维度提高了生命的价值与意义。

（二）承担社会职责

没有感性活力的人不能成其为人，仅有感性活力却缺乏理性约束的人亦不能成其为人。德尔菲神庙里"认识你自己"的箴言，正是希腊人对理性的强调。美狄亚得到了短暂的爱情，但最终走向了毁灭；普罗米斯修因为自己小伎俩的欺骗，最终被困于高加索山上；恩底弥翁为了所谓的容颜不老，结果变成了"活死人"。诸如此类的事例无一例外地告知凡人，感性的人生需要理性的约束。

不可否认，希腊英雄是凡人，但超越凡人。希腊英雄不是普通的凡人，他们依然超越了凡人动物本能的追求。"低层次的自保生命，连动物靠本能都可以做到，而真正地珍惜生命，特别是提高生命的质量，追求生命的意义则是人类特有的。"[①]对生命肤浅的、支离的理解不是英雄世代的特征，英雄世代是希腊民众认识生命、激发斗志、提高价值的反思产物。践行生命的崇高感，一方面要求凡人超越生命自保的低层次的价值追求，另一方面要求凡人建立个体生命使命感的情怀。为普罗米修斯的坚忍不拔而喝彩、同情俄狄浦斯王的悲伤情怀，都是席勒在《论悲剧题材产生快感的原因》中阐述的道德手段的同等情怀。人的生命是最高价值的存在，因此，牺牲生命并非常理。但是，如果生命的消亡是为了更高的道德目的，是践行道德的必要手段，牺牲生命则是顺应情理之举。因此，服从

[①] 王东莉：《德育人文关怀实践论》，浙江大学出版社2015年版，第98页。

道德才是生命最根本的价值体现。在希腊神话中以一种英雄式的崇高与不妥协的抗争精神，宣告凡人对生命历程的承担与责任。人可以被毁灭或消亡，但不可被征服；人可以抗争命运，更有追求自由的精神。俄狄浦斯最终未能逃脱神谕，但他从始至终未曾逃避，而是选择勇敢地面对，这就是人类面对"神谕"的勇敢担当。

英雄世代的德行品质和社会职责，也成为希腊神话不可逾越的道德范本。关于此，本书第五章将会具体阐述，此不赘述。希腊人在对诸神祈祷时，并未如东方的鞠躬礼仪，而是像人与人之间礼仪一样"站立着"，这种站立的姿态实则是体现出人对自身价值的明了——人不是神，但人是人。正如赫拉克勒斯在选择人生道路时，面对"享受"与"美德"的十字路口时，在理智与智慧的引导之下，选择了美德的道路。美德的道路尽管艰辛，但最终也成就了赫拉克勒斯，他死后进入奥林匹斯圣山，成为大力神。英雄的超凡神勇有助于他们肆意地享受感性的人生，但失去理智与智慧的帮助，英雄也将走向毁灭。特洛伊战争结束后得以生还的英雄们，大凡可以获得完满的人生结局的人，既不是英勇的勇士，亦不是贪生怕死的懦夫，而是理智的、智慧的奥德修斯。

（三）完美平衡的美感

生命的根基是感性的、激情的、勇敢的表征；理性则是生命更具价值、更崇高的意义所在。希腊人很早就发现激情与理性之间的矛盾，在神话中一再劝诫民众不可做一个只有感性活力、听凭个人欲望驱使的"粗野的儿童"。同时也提醒民众，过多的理性约束也会使人丧失感性的活力，成为"早熟的儿童"。正如马克思在谈到古希腊的艺术与史诗时所言，"有粗野的儿童，有早熟的儿童。古代民族中有许多是属于这一类的。希腊人是正常的儿童"[1]。希腊的精神追求是"中道"的自由，是以美与和谐为标

---

[1] 中共中央马克思恩格斯列宁斯大林著作编译局：《政治经济学批判》导言，《马克思恩格斯选集》第2卷，人民出版社1972年版，第114页。

准的自由。节制与均衡不断地出现在荷马史诗及其相关的文化文本之中。柏拉图的"自我控制及服从统治"和亚里士多德提倡的"道德中庸黄金律"等,也表明了这样一种"中道"的状态,"过"或者"不及"都会成为破坏事物美好的力量。可以说,希腊神话在感性与理性的动态均衡关系中成就了最高的典范。"对于人来说,那就是理性的生活,因为原是理性使人成其为人。"[①]神话中通常既表现出凡人的率性而为,又不是毫无节制的为所欲为;即为个人利益与荣誉孜孜以求,又承担着一定的社会职责。个人自由也是一种处于自我节制与社会职责体系之中的自由,是一种"中道"的自由。例如,阿伽门农为了挽救自己的长女伊菲革涅亚,宁可辞去统帅之职也不愿失去女儿,他的沮丧、犹豫、自责正是凡人感性的体现。个人利益与国家利益将阿伽门农置于矛盾之中,几经考虑,最终阿伽门农"顺应全希腊",牺牲小我的利益,成就国家的利益。这种冲突与矛盾使伊菲革涅亚的牺牲更加悲壮。

第三节 城邦生活的生命活力

一 庆典中生命历程的再现

(一) 以泛雅典娜节为例

希腊节日庆典的基本框架非常相似,但具体到每一个节日的细节则各具特点。在古希腊的众多节日之中,泛雅典娜节具有较高的代表性,也最能凸显希腊宗教节日的生命价值的教化特征。

泛雅典娜节是雅典人的重要庆典,也是雅典新年的开始。泛雅典娜庆典活动是一种庆祝光明战胜混乱、有序战胜无序的胜利庆典。在以宙斯为首的奥林匹斯神祇与提坦巨神的对战取得最终胜利

[①] [美] 依迪斯·汉密尔顿:《希腊精神——西方文明的源泉》,葛海滨译,辽宁出版社2003年版,第27页。

的神话中,给予宙斯重要支撑的力量来自雅典娜与赫拉克勒斯。泛雅典娜节以奥林匹斯神祇战胜提坦巨人事件为根源逐渐演变为雅典娜神圣性命运的重要标志。"不管正确与否,从公元前560年开始,泛雅典娜节开始与僭主庇西特拉图(Peisistratus,公元前约600—前527)联系在一起了。"① 这个节日规模空前,整个希腊城邦都会参与,属于典型的泛希腊性节日。

从公元前566年开始,每四年进行一次大泛雅典娜节。泛雅典娜节在每年元月的第23—30日举行,主庆日在大祭月的28号举行。泛雅典娜节的准备时间长达9个月之久,足以显示古希腊人对这一节日的重视程度。最初的准备是在9个月之前的考克亚(Chalkeia)节开始的。在这个节日中,女性编织工会在织布机上开始编织在泛雅典娜节上敬奉给雅典娜女神的长袍。在此后的9个月中,还必须历经两个净化节日:卡林特里亚节与普林特利亚节。前者是用来清洁雅典娜神殿、除去雅典娜神像的饰物与长袍的节日;后者是一场将雅典娜女神除去的衣物送去清洗的游行活动。此后还有在斯奇罗福利亚月中进行夜间仪式,由两名年轻女子将雅典娜神庙女祭司交付的两个篮子(其中装的东西有多种猜测)顶在头顶上,从雅典娜神庙送至阿芙洛狄忒圣地再折回来,这个夜间的仪式被视为"一种多产的仪式或者称为通路的仪式"②。此外,在节日正式开始后,各种游行、吟诗、献祭神祇、祈祷、比赛等活动成为泛雅典娜节日的重要表现仪式。在各种仪式过程中,人们将内心的情感转化为激情,人在激情中才更能感受到神秘的力量,即"显灵"。这样,内在于人的力量就具备了神圣性。

(二)泛雅典娜节的生命教化

泛雅典娜节中的各种仪式活动,不仅为希腊民众提供了难得的闲暇与欢愉的时刻,其中更是蕴藏着重要的希腊民众的教化意蕴。

---

① John Griffiths Pedley, *Sanctuaries and the Sacred in the Ancient Greek World*, Cambridge University Press, 2005, p. 202.

② Jennifer Larson, *Ancient Greek Cults: A Guide*, First Published by Routledge, 2007, p. 46.

在庇西特拉图执政期间，庆典的活动之中还增加了音乐比赛，他的一个儿子参与了背诵荷马史诗的比赛项目。

其一，准备阶段的四大节日蕴含着女性教育目的——从女孩到妻子与母亲的角色转换过程的必要教育。老年女性编织雅典娜长袍技能的传承非常重要，是女孩成长为合格的家庭女性必须具备的重要技能。因此年轻的女子从旁协助的时候也是学习的过程，为她们将来承担相同任务做准备。在斯奇罗福利亚节日的秘密仪式中，年轻女子从处女神雅典娜圣地走到爱神阿芙洛狄忒圣地再折返回雅典娜圣地的历程，意味着女子完成了从性欲到婚姻的过渡。从教育上看，这些节日仪式中均施以了女子教育。希腊人极为看重人的身份，通过仪式来庆祝个体从一种身份到另一种身份的转换。希腊人的很多仪式都涉及青少年阶段的启蒙与教育。荷马史诗也是希腊儿童不可越过的阅读材料。

其二，特定的宗教仪式在体验神性的同时，也有助于希腊民众感受高贵的存在。任何游行、祭祀或比赛皆在神庙与圣地完成，彰显出牺牲的价值与献祭者的虔诚，从而建立不可逾越的社会秩序。在游行的整个过程中，社会各个阶层均承担着不同的责任。社会秩序被规约在其中，年复一年地轮回再现，在强化城邦之间统一的同时，更维护了社会的人道主义与秩序。"庆典中，城邦人与异乡人之间的联系表现为一种有力的、团结的和虔诚的形式。"[1] 献祭活动是节日的重要仪式，通过献祭中的献祭优先权体现出城邦政治的秩序。古希腊人借助神话体现其高贵的精神世界，对神的崇拜就是对人类高贵精神的崇拜。希腊人对神崇拜的独特的方式是竞技会，其中体育竞技会除了体育竞赛，还包括音乐比赛和戏剧比赛等。

---

[1] Victoria Wohl, "Hegemony and Democracy at the Panathenaia", Edited Selskab for Oldtids-og and Mi, Holger Friis Johansen, *Classica Et Mediaevalia*, Denmark: Museum Tusculanum Press, 1996, p. 25.

二 悲喜剧中对生命的敬畏

柏拉图曾将"观剧比作遍及雅典全国的特种流行病",由此可见,观看戏剧之于希腊人是较为广泛与普遍的生活选择。希腊各城邦都曾斥巨资兴建剧场等公共设施。例如,雅典的酒神剧场、希腊剧场,均可容纳数以万计的观众同时入场观看。古希腊时期,戏剧的创作及演出极为繁荣。据历史学家考证,希腊城邦共创造出超过两千个剧本。更为重要的是,戏剧演出不仅仅是针对贵族的演出,而且面向全体的希腊公民,三万个席位的狄奥尼索斯剧场,也经常为了一个座位而引发争斗。戏剧对"异乡人"也是开放的,不同的是他们需要买票入场,妇女儿童也可以看戏,奴隶虽然没有自由的身份,但只要是陪同主人,也被允许进入剧场观看表演。在戏剧演出期间,整个城邦的商业活动、政治活动、法庭等都要停止工作,即所谓的"百工歇业"。充足的闲暇时间,使希腊民众能够从容自在地观看戏剧,此时的剧场成为整个城邦唯一的活动中心,这进一步强化了戏剧对于城邦民众集中的教化与影响。

古希腊戏剧有悲剧与喜剧两种表现形式,其中"悲剧源自酒神颂的引子,喜剧则源自阳具崇拜仪式的先导性活动"[1]。古希腊悲剧的题材多以希腊神话的题材为模板,例如英雄的故事、神人的争斗、神神的战斗等。因此,古希腊的悲剧多涉及道德抉择、情感冲突、人伦情怀等问题,具有宿命论的色彩。古希腊的喜剧大多取材于希腊民众日常生活的实际场景,通过反讽等诙谐的表达手段揭示人性与社会的丑陋。因此,古希腊的喜剧多涉及人性本质的显现。

希腊戏剧的表演多以悲剧为主,一年中有两三次大型表演,一般为期6天,每天至少上演三四部联剧。因此,希腊人要带足一天的食物、水果与饮品入场观看。民众在观看戏剧表演时,他们对演员不时进行议论,如果有的演员表演太差,观众会喧哗、踢石凳,

---

[1] 苗力田主编:《亚里士多德全集·论诗》,中国人民大学出版社1997年版,第648页。

"或向台上扔无花果或石头"，以表达不满，有时候激动的观众还会将演员赶下台。另外，出色的演出会获得观众支持，或者要求表演者返场。每个戏剧节都会评选出优秀剧作家，获胜者可以上台领奖与加冠。

希腊悲剧在表达主人公悲惨命运的同时，亦在弘扬一种英雄主义的情怀——反对独裁专制，为自由与正义而战的道德价值诉求。从《被缚的普罗米修斯》《俄狄浦斯王》到《美狄亚》，每一部悲剧都传达出古希腊人追求自我价值、不屈服命运的抗争精神。古希腊民众在跌宕起伏的音乐氛围之中，不仅提高其音乐的素养，接受戏剧的教化与熏陶，更使希腊人的精神境界得到了全面的升华；不仅提高了希腊公民对美的认识与鉴赏能力，更可以提高他们的问题素质；戏剧是希腊文明的载体，公民可从中增长知识，认识民族历史，感受人生的真谛。

尽管希腊悲剧中提出了对传统神话的思考，但仍旧具有传统神话宗教仪式的烙印。希腊悲剧将人类的内心世界带入了城邦的宗教神话中，在观看悲剧时，观众不得不面对剧中的悲情与无奈，观看的过程就是人的身心获得净化的历程。"观众对悲剧产生怜悯和恐惧的情绪，身心受到极大的震撼，从而导致内在的净化作用。"[1] 人类一旦能够设身处地地为他人着想，能够学会换位思考，就会变得更富有同情心、更有人性。

第四节　本章小结

生命的有限性体现出了"生"的价值与可贵。"英雄人物做出的那些辉煌的事迹，去冒险，是为了得到荣誉和尊敬，这是生命安全最大的担保。……这原理就是为获得更大的快乐而放弃快乐，为

---

[1] ［英］凯伦·阿姆斯特朗：《神话简史》，胡亚豳译，重庆出版社 2005 年版，第 110 页。

了避免更大的痛苦而忍受痛苦。"① 古希腊人深知生命终结的归宿，但并未就此陷入难以自拔的悲观主义泥潭之中，他们将生命的悲惨转化为艺术的审美，在文学的审美中创造了美的形象，以此来弥补现实生活的痛苦，为人类带来了"形而上学的慰藉"②，"通过艺术，生命为了自身而挽救了希腊人"③。人类不再噤若寒蝉地顶礼膜拜自然的力量，如何在有限的生命之中获得自己最大的人生价值成为人类新的诉求。珍惜"生"的存在，才能造就更大的人生价值。死亡不可避免，人不能被动等待结局的到来，生—死之间的过程才是生命的价值所在。正如尼采所言，"英雄亦即意志的最高表现被消灭了，而意志的永恒生命却仍然没有受到影响。……'我们相信生命是永恒的！'"④ 鉴于此，生命的崇高感油然而生。英雄世代的受难与毁灭并非绝望的体现，借由此历程来净化心灵、振奋精神、树立信心，最终实现"从旧世界的废墟上建立一个新世界"⑤ 方可成为美好愿景。

---

① ［古罗马］西塞罗：《论至善和至恶》，石敏敏译，中国社会科学出版社2005年版，第19页。
② 孙周兴：《未来哲学序曲：尼采与后形而上学》，上海人民出版社2016年版，第14页。
③ 孙周兴：《未来哲学序曲：尼采与后形而上学》，上海人民出版社2016年版，第15页。
④ ［德］尼采：《悲剧的诞生》，刘崎译，哈尔滨出版社2015年版，第119页。
⑤ ［德］尼采：《悲剧的诞生》，刘崎译，哈尔滨出版社2015年版，第70页。

第五章

英雄的道德秩序

古希腊神话中的英雄史诗是具有道德维度的，这种观点在神话研究中早已是"老生常谈"。尽管古希腊神话是在人类社会还未有太多道德束缚的背景中发展起来的文学作品，但希腊神话中的英雄群体却更加集中地体现出彼时社会主要的道德诉求。

第一节 英雄的德行

一 英雄的凡人属性

荷马史诗是一部描写英雄时代的史诗。18 世纪的意大利哲学家维柯运用"英雄主义"表示神话传说中古希腊历史上的"英雄时代"。

古希腊神话的英雄时代是由宙斯创造的第四代人类，是神与人的后代。不同于"永生"的诸神和必死的凡人，希腊人将英雄描绘成具有神性的凡人。英雄既拥有神的品质，同时又逃脱不了凡人必死的宿命。因此，古希腊神话中的史诗英雄是具有高于凡人伦理道德意识、向着"永生的"诸神无限接近的生命群体。他们虽不及神明一样神勇，但较之一般凡人，已是超凡脱群的神勇了。

神话中的英雄时代是以迈锡尼文明晚期的部落首领为范本的文

学形象。迈锡尼文明晚期是一个部落氏族纷争的时代，社会人口急剧下降，物质比较匮乏，文明迅速倒退，不同的原始部落或氏族部落群体逐渐融合为一个个独立的民族共同体，而共同体的首领正是古希腊英雄神话的原型。英雄们的勇敢气质与其在战斗中的表现息息相关。摩尔根认为，"希腊远古历史的发展，同其他民族一样从低级到高级，经历蒙昧社会和野蛮社会，而英雄时代的希腊则处于实行军事民主制的野蛮社会的高级阶段"[1]。这一时期的英雄首领获得权力的手段主要有两种：一种是依靠血缘关系的继承获得共同体的权利；另一种是依靠武力争夺到共同体的领导权，这在当时也是得到社会认可的。不可否认，无论哪一种手段，英雄首领的个人能力与品质都成为当时最重要的社会道德准则。

现代考古学业已证明，特洛伊战争是古希腊人在迈锡尼文明末期发动的一场海外战争。《伊里亚特》中描绘了迈锡尼文明晚期英雄社会的结构，"国王及其同盟者处于最高层（基本上都是英雄）；使者、预言家及医生处于中间阶层；士兵、自由民和奴隶处于最底层"[2]。英雄属于严格的等级社会中的高层，他们普遍具有较高的社会地位，他们的道德与其社会地位必须具有一致性。正如 M. I. 芬利所说："社会的基本价值是既存的、先定的，一个人在社会中的位置以及随其地位而来的特权与义务也是既存的、先定的"[3]。在这样的社会结构中，一个人必须找到自己的社会位置。英雄的头衔意味着承担者要具备与之对等的权利与义务。这意味两点：其一，专属的地位可以获得他人的承认与回应；其二，自我的肯定，或者是自我意识的肯定。正是基于如此等级森严、个人本位的社会结构，古希腊人把氏族统领或祖先崇拜的道德符码赋予神话中的英雄身上。美国民族学家摩尔根在《古代社会》一书中指出，荷马史诗中

---

[1] 陈海清：《德性视域下的美国当代品格教育研究》，博士学位论文，上海大学，2012年。

[2] 郭琰：《荣誉与德行：希腊英雄社会的伦理意蕴》，《道德与文明》2009年第10期。

[3] [美] 麦金太尔：《追寻美德》，宋继杰译，译林出版社2011年版，第153页。

提到的英雄时代的社会组织，正处在"一个氏族社会中合并成为民族"[1] 的阶段，"崇高是伟大心灵的回声"[2]。古希腊人的英雄正是一群拥有伟大心灵的群体象征。他们所秉持的道德价值观正是希腊人对自身道德追求的"标尺"。希腊英雄沿袭了"最优秀"的个人价值追求。为了成为最优秀的人，古希腊的英雄时代必须呈现给世人对个人道德价值的要求。

二 "善"与"德行"

古希腊语中的"善"（Αγαθος）与"德行"（Αρετή Arete）是同源词。在荷马史诗中，两者在使用过程中具有一定的共同性。德行在自然界的含义，主要指事物的功能与特长。从跨文化的视角来讨论"伦理"问题，不可避免地要面对这样一种问题，即在一种文化中被视为"善"的东西，在另一种文化中则可能以"恶"的面目表现出来。正如古希腊法理学家卡尔霍恩[3]（John Caldwell Calhoun，1782—1850）所论，荷马史诗不存在道德观念，因为在基督教中被视为谦虚的美德，在荷马史诗中根本不存在，或者不被推崇。"然而由于对于差异性的宽容，对英雄史诗的惯例和社会真实状况的遵循，荷马史诗中的善恶行为并非完全不同于当时社会的实际情形。"[4]

寻找古希腊神话中隐含的道德价值必须求助于神话文本。在古希腊时期使用善的或者高贵的这些词汇形容一个人的时候，并未赋予这些词汇具体内容上的信息，即按照德行标准来判断一个好人理应具备何种品行。尽管道德判断是非理性的，但除去个人性的道德

---

[1] ［美］路易斯·亨利·摩尔根：《古代社会》（上册），杨东莼等译，商务印书馆1977年版，第243页。

[2] ［古罗马］朗吉弩斯：《论崇高》，载吴蠡甫、胡经之主编《西方文艺理论名著选编》，上海文艺出版社1979年版，第125页。

[3] ［美］约翰·卡德威尔·卡尔霍恩：《卡尔霍恩文集》，林国荣译，广西师范大学出版社2015年版。

[4] 刘小枫、陈少明：《荷马笔下的伦理》，华夏出版社2010年版，第52页。

品质外，被视为社会美德的品质也是获得认可的。因此，我们在阅读分析古希腊神话这种早已死亡的语言写就的文本时，就必须具备以下的认知。

其一，两个词汇皆与社会结构密切相关。荷马在描绘某一人物的社会身份时会交替使用这两个词汇。在荷马时代尚未出现现代意义的"德行"这一词汇，更没有今天所谓的"道德教育"。但是希腊人对德行的思索却从未停止过。希腊伦理观与现代伦理观差别较大，借由麦金太尔关于"德行或美德伦理"与"规范伦理"的区分，荷马的美德不是英雄对他人的责任，而是英雄对自己的责任。这种责任驱使凡人英雄追求自我的卓越不凡，与凡人英雄的理想人格、理想生活息息相关。因此，荷马史诗中的英雄，将个人利益摆在主要位置，而他人利益则被视为次重要的位置。与他人相关的"利益比起主要美德来是如此的微不足道，以致一个人的善或恶最终只由主要美德单独来衡量，完全与他对他人的关注无关"[1]。

不同于现代社会中对善或德行的道德属性的理解，荷马社会中的一个人如果处于某种地位或阶层，同时这个人还完成了其身份与地位赋予的相应职责，那这个人就是善的或有德行的。例如，国王的地位要求其具有管理国家的才能。这一要求影射到阿伽门农身上就表现为，他作为希腊联军的统帅应当具有统领军队的才能。又如，英雄的社会角色要求其具有勇于作战的品质，阿喀琉斯与赫克托尔在面对强敌时表现出无所畏惧的特征，即便预知必死的命运，仍义无反顾地奋勇作战；妻子的身份要求其具有忠贞不渝的德行，佩涅罗佩誓死等待离家二十余载、渺无音讯的丈夫奥德修斯归来，并最终夫妻团圆。希腊神话中评价一个人是否是善的或有德行的，并非全然凭借他所做的事情，而是主要依据这个人的角色或地位赋予他的职责是否被完全履行。每一个人都有一套与地位与角色相对

---

[1] ［美］特伦斯·欧文：《古典思想》，覃方明译，辽宁教育出版社、牛津大学出版社1998年版，第13页。

应的道德准则。当阿伽门农打算侵占阿喀琉斯的战利品女奴布里塞伊斯时，内斯特对阿伽门农说道：

> 你，阿伽门农，尽管了不起，也不应试图带走那位姑娘。①

正如麦金太尔对这句话的解释，"尽管"这一转折表达的并不是说阿伽门农是善的、了不起的，是不应该强占这个女奴；也不是说阿伽门农强占了这个女奴，就不是善的了，就不伟大了。实际上，荷马在这里要表达的是，无论阿伽门农是否强占女奴，作为首领与统帅的他都是善的、了不起的。② 由此看来，在荷马史诗中的善与德行是与个人的社会职责相对等的。可想而知，在荷马社会这样一个阶级社会中，一个人是善的或有德行的，不是这个人自己可以控制的。一个出身于贵族的、具有良好家庭背景的、强壮和富有的希腊人，无论他做什么、说什么，他所处的阶层属性已然规定了他必然是善的或有德行的。例如，在荷马史诗中勇敢与懦弱形成鲜明对比的英雄范例中，以特洛伊王子帕里斯的怯懦与希腊联军英雄阿喀琉斯、特洛伊英雄赫克托耳的勇力之间的对比最为鲜明。依照现代意义的道德价值判断，这两类人理应被视为低劣与高尚形象的代表。但在荷马史诗的世界中，他们的性格差异并未影响他们皆被视为各自城邦的英雄的身份认知，因为他们都是出身上层的社会贵族。

帕里斯抢夺了斯巴达国王墨涅拉俄斯的妻子——世界上最美丽的女人海伦，继而引发了希腊联军征伐特洛伊的十年之战。战争僵持到第九年，来自众人的压力迫使帕里斯不得不与墨涅拉俄斯进行一场单打独斗，由双方的胜败决定海伦的归属。爱神阿芙洛狄忒一

---

① ［古希腊］荷马：《伊利亚特》，陈中梅译，华夏出版社2007年版，第10页。
② ［美］麦金太尔：《伦理性简史》，龚群译，商务印书馆2003年版，第31—32页。

直暗中保护帕里斯,帮助他躲过了墨涅拉俄斯的追杀,但帕里斯败得相当狼狈。随即,帕里斯从战场上逃回了城里宫殿中。当海伦看到丈夫从战场上逃回来时,对帕里斯咆哮着:

>我宁愿看到你被墨涅拉俄斯杀死,也不希望你活着逃回来。你可是说过你能战胜他的,去!重新回到战场上去。哦,我这是在做什么?你应该留下来,否则你会被他打得更惨。①

帕里斯气愤地对海伦咆哮着:

>我们是为了你才战斗的,而你却如此对我,墨涅拉俄斯虽然胜利了,但这次是因为密涅瓦帮助了他,我相信下次他就不会有这么好的运气了。②

战场中的逃遁与战后对海伦的狡辩,将帕里斯的懦弱与胆小生动鲜明地表现出来,但帕里斯的身份决定了他注定是一名希腊的"英雄"。帕里斯是特洛伊国王普里阿摩斯的儿子,是特洛伊的王子,在"金苹果"的争斗中赢得了爱神阿芙洛狄忒的偏爱并一直受到女神的保护。与帕里斯的胆小懦弱形成对比的是特洛伊英雄赫克托耳。为了维护他的地位与荣耀,他两次选择了避免使自己感到耻辱的行为,但这是"理所应当"的选择,名誉与名声要求他必须这样选择——与阿喀琉斯的必死之战。赫克托耳表现出他受到了荷马式的道德感召。正如前文所提,正是因为阿喀琉斯的自私自利、贪慕自己的战利品、无视同盟战友的生死,才引发希腊联军的一次次溃败和无数战士的牺牲,但这些"不德"之事并没有使阿喀琉斯丧失他作为英雄的美德,他依旧是希腊人中最英勇、最荣耀、最好的

---

① 余祖政、刘佳、刘世洁:《古罗马神话故事》,北京联合出版社 2016 年版,第 140 页。
② 余祖政、刘佳、刘世洁:《古罗马神话故事》,北京联合出版社 2016 年版,第 140 页。

战士。诚然，人们依然需要英雄表现出对他人的关注、与他人的合作，但这都是次要的，因为人们"从未期望英雄因为这些关注而牺牲他自己的任何权利或地位"[1]。因此，没有人因为阿喀琉斯的自私而否定他作为英雄的美德、英雄的善。因此，在荷马的英雄时代，一个人的社会地位成为他能否被称为英雄的必要条件之一。

其二，这两个词汇皆具有自然性的含义。不同于现代社会对于善或德行的政治社会属性的界定，古希腊英雄时代的德行还具有自然属性的特征。希腊语德行（Αρετ，Aretê，阿瑞忒）在英文中译为 virtue，译为优秀、高贵、高尚等，后来也用来泛指特长、用处与功能。"阿瑞忒"式德行用来指"任何人、生命物或器物拥有的突出优点"[2]。每一种生物或器物都具有自身所固有的德行，这也是区别于他物的重要特征之一。例如，马善于奔跑的德行，鸟善于飞翔的德行，鱼善于遨游的德行，等等。在荷马史诗的英雄时代，一个人的德行不是个人道德，而是一种卓越的品质。在古希腊社会中，一个人的特长也被描述为德行。例如，阿喀琉斯的力量与速度的德行，等等。英雄作为超人的体能与精神力量的象征，也成为塑造年轻人"德行力量"的榜样。"人之初"就已经具备了德行的力量，然而这种力量不是以理性的方式表达的，而是以神话方式为媒介，将个人自身的力量投射在英雄身上，他们"不再是纯粹的自然力量而是一种文化英雄，一位光明使者和救世者。这些救星是正在觉醒的文化自我意识最初的具体的神话表现"[3]。因此，英雄的德行即特长或能力则是英雄角色所固有的自然性的特征。

基于以上分析，古希腊神话英雄时代的英雄既具有凡人的宿命，同时他们也体现出凡人对于道德诉求的崇高的理想。英雄形象

---

[1] ［美］特伦斯·欧文：《古典思想》，覃方明译，辽宁出版社、牛津大学出版社 1998 年版，第 13 页。

[2] 廖申白：《尼各马可伦理学导读》，四川教育出版社 2005 年版，第 51 页。

[3] ［德］恩斯特·卡西尔：《神话思维》，黄龙保、周振选译，中国社会科学出版社 1992 年版，第 224 页。

正是人类对道德思索之后将其赋予文学特征与社会意义的具体体现。《荷马史诗》是一部由《奥德赛》与《伊利亚特》两部长篇史诗共同组成的英雄史诗。在《荷马史诗》中，主要提及的重要史诗英雄包括：伊阿宋、阿伽门农、赫拉克勒斯（海格力斯）、忒修斯、帕修斯、普罗米修斯、赫克托耳、俄狄浦斯、奥德修斯等。这些尚武的希腊英雄、上古半神究竟具有什么样的特质？

从古希腊神话的文本分析来看，诸神和英雄们的行为中道德意识是相当零散与淡薄的。早期神话及荷马史诗等作品中，有关伦理道德的词汇出现的也相对较少。直到荷马史诗的《奥德赛》，才较多地出现具有伦理意义的词汇。而晚于荷马几十年的赫西俄德，则被西方学者认为是欧洲文化史上第一位道德家。其后的七贤、阿纳克西曼德、赫拉克利特以及毕达哥拉斯学派等，才开始专业意义上的道德论述。

古希腊神话中的英雄，无一例外的都曾经在有生之年创建过流芳百世的伟大功绩。例如，赫拉克勒斯通过艰苦的奋斗取得12项丰功伟绩、奥德修斯通过木马计帮助希腊联军取得特洛伊战争的最终胜利、伊阿宋通过武力与计谋最终夺去了金羊毛、普罗米修斯运用计谋欺骗宙斯为人类盗取火种、阿伽门农的英勇作战等。古希腊神话关于英雄楷模的叙事，表现出人类与自然的艰苦斗争，英雄楷模完成属于自己的艰辛任务，为人类建立了特殊功勋，进而诠释出英雄主义的核心道德价值，如勇敢、节制、智慧等。这些道德价值也成为英雄神话中三种核心的价值品质。

第二节 荣誉

一 耻感文化

荷马史诗中描述的时代是被多兹称为"耻感文化"的时代。"荷马史诗中的凡人崇尚的至善，不是对良知的安宁而是对荣誉（Timē）的渴望，即赢得公众的敬重。'我为什么要征战？'阿喀琉斯曾经这样质问道,'如果骁勇善战的勇士得到的荣誉,还不如那些糟糕的战士多。'荷马史诗中的凡人知道:最强大的道德力量不是敬畏神明,而是公众意见的向背。赫克托耳在命运攸关的危急关头说道:羞耻(Aidōs)。随后凛然赴死。"① 荷马时代的社会是极不稳定的社会状态,战乱不断,掠夺事件频频发生。在这样的社会中,一个人最受到重视的特性是能够提供安全保障的能力。因此,"这个社会总是把最高的荣誉赐予那些能够成功地表现出一个战士必须具备的种种素质的男人……这些男人必须拿出勇气去保护依靠他们的人,无论战争期间还是和平时期,他们都必须成功,因为一旦他们失败,就会遭受最严厉的斥责。"② 英雄如果失败了,他们会感到羞耻,并遭受到耻辱,人们会谴责他。

  荷马英雄时代的英雄角色必是成就伟业的人中豪杰。他们表现出善的或德行的特征仅仅是一种手段,一种实现社会最高目的的手段——获得荣誉。亦如《三国演义》中英雄曹操所说:"夫英雄者,胸怀大志,腹有良谋,有包藏宇宙之机,吞吐天地之志也。"③ 成就英雄美誉的关键在于"志"字,腹中之"良谋"只不过是英雄之"志"的实现。希腊英雄之志的实现正是"荣誉"德行的体现。受益人之于英雄的回报并不是希腊英雄追求的。英雄表现出卓越的德行品质,最终是为了引发荣誉。"他们特别关注的对象是我们所知的最高贵的东西,那就是我们归之于神的荣耀,具有伟大灵魂的人不会为蝇头小利而冒险,也不会在琐事上空耗,因为它们在他眼里一文不值;但是,他也不甘冒大风险,在极度危险的时刻,他会不顾及自己的生命,因为他笃信没有荣誉的生活不值得过。"④ 希腊神话中英雄对荣誉的追求的执着,远远胜于人类对生命的珍

---

① 刘小枫、陈少明主编:《荷马笔下的伦理》,华夏出版社2010年版,第112页。
② 刘小枫、陈少明主编:《荷马笔下的伦理》,华夏出版社2010年版,第114页。
③ 文心工作室编著:《宋词——最美国学》,中央编译出版社2014年版,第136页。
④ [英]基托:《希腊人》,黄韬译,上海人民出版社1998年版,第320页。

爱。"同侪和后人的称颂才是对德行的回报。"① 一个人是否被称为英雄，最重要的依据是他的行为及其产生的结果，情感或意图如何则无足轻重。因此，荷马时代的文化既是一种"耻感文化"，也是一种"结果文化"。荣誉观贯穿古希腊神话的始终。每一位神、英雄或凡人都被赋予了一种道德——荣誉。荣誉不仅是一种职责，更是一种权利，一种普遍法式的权利表现。荣誉是荷马笔下的希腊英雄最珍视的品质，也是英雄时代最本质的规定性。

在荷马时代，获得荣誉的途径主要有两个：战斗和冒险。史诗中英雄总是冲锋陷阵的勇敢者；特洛伊战争僵持之际，希腊联军老将涅斯托尔鼓励战士，如果有人胆敢冒险深入敌军探得消息归来，那这个人将会名扬天下。大英雄阿喀琉斯更可谓是这一价值观的最佳代表。阿喀琉斯出生之时就已经被人预言了两种命运：要么默默无闻但长寿一生；要么在战场上荣耀地死去。当阿喀琉斯最终决定参战时，他的母亲向他预言说，要么去参加特洛伊战争，注定失去生命但将获得荣耀；要么留在家中，籍籍无名但将颐养天年。阿喀琉斯选择了加入战争，选择了荣耀，选择了献身美德。荣誉对阿喀琉斯而言高于生命。古希腊英雄的荣誉受到侵犯就等同于生命被剥夺，抑或破坏了伦理规范的基础。交战双方可以不计较个人得失，甚至触犯众怒与正义的底线，只要获胜，双方的英雄都由此赢得了荣誉，甚或可以分享敌人成功的荣耀。

古希腊英雄是参与战争、参与历史建构并建立丰功伟业的人中豪杰。于英雄而言，凡人终有一死，碌碌无为的平淡生活是一种屈辱的选择，战死疆场才是英雄们的至高之荣誉。古希腊人将荣辱视为一个人一生中最为重要的事情。一个逃避责任、抛弃义务的希腊人，将永远受到轻视，即使做再多的功绩弥补先前的过错，都不足以挽回失去的荣誉。正如 D. L. 凯恩斯所说，荣誉已然成为古希腊的一种社会现象，一种自我观念，一种相互认同的观念，"人们热

---

① ［英］基托：《希腊人》，黄韬译，上海人民出版社1998年版，第318页。

切希望能得到他人认可的宝贵的自我意象"①。"对英雄来说，活着就是为了名望，要用满腔热情去追寻它。他必须用高超的品质去赢得掌声和赞许，因为这是对其人生的奖赏和证明。"② 英雄们正是通过自己的行为，满足自身社会角色承担的责任，行为即德行的展现，行动即德行的成就，通过成就了德行，也就最终达到了荣誉。因此，耻感教育随处可见。荣誉的对立面即为耻辱，获得荣誉就要具有知耻之心。面对特洛伊军队强攻之际，希腊联军统帅阿伽门农疾呼：

> 朋友们，要做男子汉，心中要有勇气，
> 在激烈的战斗中每个人要有羞耻之心，
> 有羞耻之心的人得保安全而不死，
> 逃跑者既不光荣，又无得救可能。③

荷马社会中的英雄人物是一个处于社会较高层级的团体，他们具有自己固守的行为规则，通过一系列的遵守行为规则的行为彰显出其必须具备的德行，由此获得社会的认同，即获得荣耀。英雄对个人荣誉的维护就是人格与名誉的体现，英雄成为一个象征着荣誉和传递着称呼者敬意的用词。荷马史诗中，我们看到了一个个被荣誉驱赶着、为荣誉而疯狂的英雄，英雄获得荣誉与下文所论及的物质和战争息息相关。

二 荣誉的彰显

（一）物质特权彰显荣誉

古希腊神话时代的荣誉根植于物质，这对英雄而言是不可或缺

---

① D. L. Cairns, *The Psychology and Ethics of Honor and Shame in Ancient Greek Literature*, Oxford University Press, 1993, p. 474.

② Michal Grant, *Myths of the Greeks and Romans*, World Publishing Co., 1962, p. 45.

③ ［古希腊］荷马：《荷马史诗·伊利亚特》，罗念生、王焕生译，人民文学出版社1994年版，第117页。

的。与现代价值观中纯粹的精神追求不同，英雄们的荣誉表现并非抽象的或言语表述的敬意，而是通过实实在在的钱财与物质得到凸显。英雄们的荣誉通常以财富的多寡表现出来。获得荣誉意味着社会地位的提高，失去荣誉意味着地位的根基受到威胁。物质可以是有生命的，也可以是无生命的。荣誉意味着社会地位，一个人的物质或财物受到侵犯，就是对其名誉的冒犯。这在希腊社会中是不可饶恕的冒犯，这正是大英雄阿喀琉斯愤然退战的原因。

《伊利亚特》诗歌的主旋律是"愤怒"，这一主题贯穿着全诗始终，意味着合理合法的界限被打破了。在《伊利亚特》中，愤怒不是起始于人或英雄，而是太阳神阿波罗。祭司克鲁塞斯以期用丰厚的赎礼、以宙斯之子远射手阿波罗换回自己被抢走的女儿，却遭到阿伽门农粗暴无礼的驱赶。这一行为激怒了阿波罗：

> 身背弯弓和带盖的箭壶，他从奥林帕斯山巅，
> 直奔而下，怒满胸腔，气冲冲地，
> 一路疾行。[1]

之后，才发生了阿伽门农与阿喀琉斯的不合。阿喀琉斯——希腊民族英雄——具有超凡的能力，英勇善战，在士兵中具有极高的威望。这对希腊联军主帅阿伽门农的地位构成了威胁，为了挽回自己的颜面损失，主帅阿伽门农以权力地位的优势强抢了阿喀琉斯心爱的女奴布里塞伊斯；而布里塞伊斯正是阿喀琉斯获得的战利品，这正是象征着荣誉的奖品。正如阿喀琉斯所说：

> 为了你的利益，真是奇耻大辱，
> 我们跟来此地奔忙。
> 为你和墨奈劳斯从特洛伊人那里争回荣光。

---

[1] [古希腊]荷马：《伊利亚特》，陈中梅译，华夏出版社2007年版，第18页。

对这一切你我都满不在乎，以为应当。
眼下，你倒扬言要亲往夺走我的份了，
我为她苦战拼搏，阿卡亚人的儿子们给我的筹赏
……
好了，我要返回弗西亚；
这是件好得多的美事，能够乘坐弯翘的海船回家。
我不想忍受侮辱，呆在这里，为你积聚财富，增添佳库宝藏！①

阿喀琉斯"愤怒"地退出战争，袖手旁观，只因阿伽门农使他的"荣誉"受到了冒犯。他要向希腊人证明：他是独一无二的勇士，是不可替代的英雄。阿喀琉斯认为，阿伽门农伤害了他的自尊及荣誉，并向他的母亲赛提斯提出请求，要母亲代为向父神宙斯求援。赛提斯对宙斯哀求：

让我儿获得荣誉，帮助这个世间
最短命的人儿！现在，民众的王者阿伽门农
侮辱了他，夺走了他的战礼，霸为己有。
多谋善断的宙斯，奥林匹斯的主宰，让我儿获取尊誉，
……
补足他的损失，增添他的荣光！②

阿伽门农羞辱了希腊人中最著名的英雄阿喀琉斯，表面上看是争风吃醋，实则是英雄阿伽门农抢夺了英雄阿喀琉斯"荣誉"的礼物，侮辱了英雄的尊严。阿伽门农与阿喀琉斯所争夺的不是一位女奴，而是"战利品"，这属于个人荣誉丧失的问题。阿伽门农与阿

---

① ［古希腊］荷马：《伊利亚特》，陈中梅译，华夏出版社2007年版，第18页。
② ［古希腊］荷马：《伊利亚特》，陈中梅译，华夏出版社2007年版，第18页。

喀琉斯都是英雄，两人之间的冲突其实是"力"的较量，"是权威和力量的冲突，是天赐禀赋与继承而来的才能之间的冲突"①。因为"侮慢者之所以感到痛快，是由于伤害别人，可以显得自己比别人优越。……扫别人面子，是一种侮慢"。②《伊利亚特》9卷中，福尼克斯规劝阿喀琉斯接受阿伽门农的补偿后重返战场：

> 听着，我的朋友，不要把这种念头埋在心里，
> 不要让激情把你推上歧路。事情将会
> 难办许多，及至木船着火，再去抢救。接过可以
> 到手的礼物，投入战斗！阿卡亚人会像敬神似的敬你。
> 如果拒绝偿礼，以后又介入屠人的战斗，
> 你的荣誉就不会如此显赫，尽管打退了敌手。③

阿喀琉斯退出战争，致使希腊人在战场上节节败退，大批希腊勇士死于特洛伊人的刀箭之下，但阿喀琉斯却视而不见。直至阿喀琉斯的好友普特勒克洛斯代他出征，被特洛伊主帅赫克托耳所杀，才又一次激发了阿喀琉斯的愤怒。为替挚友报仇、为替挚友挽回荣誉，阿喀琉斯重返战场。不难看出，阿喀琉斯的回归既不是基于对战死沙场的同盟战友的情感，亦不是为了民族整体利益的考量，更不是基于国家民族的需要，而是为自己与挚友的荣誉而战。赫克托耳杀害了阿喀琉斯的朋友，这对阿喀琉斯而言是人格的侵害，也是对荣誉的蔑视。因此，荣誉来自他人的敬意，敬意的表达是源自物质的，物质受到侵害，就是对英雄的侮辱。荣誉已然是希腊社会中对人最高的褒奖，是与人的人格相关的最大的德行。

《伊利亚特》与《奥德赛》中，每一个人都分得了应有的荣

---

① Seth Benardete, *The Argument of the Action: Essays on Greek Poetry and Philosophy*, University of Chicago Press, 2000, p. 31.

② 《罗念生全集》第1卷，上海人民出版社2004年版，第210页。

③ [古希腊] 荷马：《伊利亚特》，陈中梅译，华夏出版社2007年版，第109页。

誉，那么，和谐的共同体就会随之形成。荣誉成为荷马笔下希腊英雄最珍视的品质，是英雄最本质的规定性。希腊人对自己在社会中的地位问题极为敏感，英雄个人以及他人都热切地期望并要求理应属于自己的一切社会特征；这种期望贯穿于希腊人的整个生活之中。荣誉受到侵犯就等同于生命被剥夺了，也就是破坏了伦理规范的基础。

（二）战争获得荣誉

所有的凡人与神祇都可以在荣誉的天平中排出尊卑的秩序。宙斯、神祇、尘世统治者直至流浪汉的尊卑地位，都与各自的荣誉份额多寡密不可分。不受尊敬的、社会最底层的流浪汉因为没有荣誉的份额，不得不到处谋生。流浪汉会受到伤害，而伤害他的人却没有任何损失。这也正是古希腊神话中的英雄被剥夺了荣誉的份额时，他们会疯狂地进行反击，因为他们意识到自己可能会处于荣誉等级的底部。例如，《伊利亚特》中的阿喀琉斯曾两次抱怨阿伽门农把他当作"一个不受尊重的流浪汉"。事实上，一个人的荣誉必将与之地位相匹配。在荣誉的等级序列中，天神位于最高的等级，而游荡的乞丐和流浪者则处于最低的等级。当一个人的荣誉被剥夺了，不仅意味着物质财富的减少，在绝大多数情况下也意味着他的物质财富近乎赤贫，甚至还可能意味着迅速的死亡。

可见，在古希腊神话中，英雄荣誉的获得总是与血腥的场面发生关联。英雄们崇尚荣誉，珍惜祖先的荣耀。而能够证明自己并没有辱没这一德行的最好证明地点就是战场，甚至是战死沙场。通过战争的拼搏，英雄们可以获得生存的地域、生活的物质材料。战场为英雄提供了获得战利品的机会。战争为英雄们提供了展现能力、一决高下的机会，进而体现出英雄们的荣耀。荣誉是英雄们一生的终极追求。交战双方可以不计较个人得失，甚至触犯众怒与正义的底线，只要获胜，双方的英雄都由此而赢得了"荣誉"，他们甚至分享敌人的成功。由此可见，阿伽门农夺取阿喀琉斯的战利品的行为，不仅是强抢之举，更是一种以权力剥夺荣誉的举动。

在神明看来，如果不打打仗，似乎是最没面子、最丢人的事情。荷马史诗中随处可见关于战争场面的描述。无论是战胜方的希腊联军，还是战败方的特洛伊勇士们，都被定性为英雄，都受到了诸神的眷顾与敦促，其中并未有太多的感情偏向问题。在《伊利亚特》第四卷结尾处：

> 阿波罗鼓励特洛伊人，同时雅典娜则鞭策希腊人，在客观的观察者的介绍中，这个场面美妙地结束了。①

无论双方结局如何，历时十年的战斗，都为两军的英雄们提供了展现能力与获得荣誉的机会。特洛伊主帅、第一勇士赫克托耳为了荣誉毅然奔赴必死的沙场，践行了英雄对荣誉的誓死追求。赫克托耳被称为"特洛伊的城墙"，勇力无比且为人品格高尚。《伊利亚特》中最主要的两位英雄主角一个是阿喀琉斯，另一个就是赫克托耳。作为特洛伊战争源头的帕里斯的哥哥，赫克托耳承担起了最大的责任，并在战场上一次又一次地践行了荣誉之于英雄的最高德行。帕里斯与斯巴达王交战之际，赫克托耳违反约定的决斗规则，以身体挡住了弟弟帕里斯，并杀死了斯巴达王；赫克托耳勇敢且技巧地杀死了阿喀琉斯挚友普特勒克洛斯；在与阿喀琉斯决战的早晨，赫克托耳一如既往穿戴好盔甲，亲吻摇篮中的儿子，凝望着熟睡的妻子，转身离去，奔赴那必死的、将带来无上荣誉的战场；开战之际，赫克托耳希望与阿喀琉斯定下约定：

> 尽管你很残暴，我不会踩辱你的尸体，
> 倘若宙斯答应，让我胜你，夺杀你的性命。
> 当我剥下你光荣过的铠甲，阿喀琉斯，我会

---

① ［奥地利］雅各布·布克哈特：《希腊人和希腊文明》，王大庆译，上海人民出版社2012年版，第206页。

把遗体交还阿卡亚人，而你也要照此处理。①

这一请求被阿喀琉斯断然拒绝。最终，阿喀琉斯用矛尖刺穿了赫克托耳的心脏，阿卡亚人侮辱蹂躏着他的尸首，在战场拖着他的尸体扬长离开特洛伊城。在一幕幕场景之中，我们看到一个肩负着尊严、荣誉、责任的伟大的希腊英雄——赫克托耳。赫克托耳在战场上赢得了特洛伊人的尊敬与荣耀。

如果我像个懦夫似的躲避战斗，我将在特洛伊的父老兄弟面前，在长裙飘摆的特洛伊妇女面前，无地自容。我的心灵亦不会同意我这么做。我知道壮士的行为，勇敢的顽强，永远和前排的特洛伊战士一起战斗，替自己，也为我的父亲，争得伟大的荣光。②

战争与战场成为英雄们荣誉获得的场所，更是荣誉彰显的重要方式。

（三）生存还是毁灭的选择

希腊英雄具有超越凡人的德行诉求，但就本质而言，他们仍旧是必死的凡人。在面对生存还是毁灭的选择时，英雄们不会听由命运的摆布。如前文所言，命运是自然或诸神加注于人类生命中不可逾越的规范。但"在一种事物身上，它既体现了大自然的崇高，又体现了人的崇高：这样的结合就叫作悲剧"③。悲剧在古希腊英雄观中体现为命运的悲剧——必死的宿命。英勇无论出身多么高贵，拥有多么优秀的品质，做出多么杰出的贡献，都难逃宿命注定的、必死的命运。正如大英雄俄狄浦斯弑父娶母之不可抗拒的命运一般，

---

① ［古希腊］荷马：《伊利亚特》，陈中梅译，译林出版社2012年版，第514页。
② ［德］施瓦布：《希腊神话故事》，赵燮生、艾英译，花城出版社2010年版，第305页。
③ 车尔尼雪夫斯基：《车尔尼雪夫斯基论文学》（中卷），辛未艾译，上海译文出版社1979年版，第57页。

俄狄浦斯为了反抗这一注定的命运，用胸针刺瞎了双眼，并向所有人承认了自己犯下的滔天大罪，最终自我流放。俄狄浦斯在最后抉择中表现出的勇敢、善良、勇于担当的精神，正是对命运的尽力反抗。俄狄浦斯以一种无声的行为，向不可抗的神谕做出了人生中最大的反抗。这无疑是痛苦的，但也是维护英雄荣誉的最荣耀的手段。

命运不由你，但人类也不是无助的。人类的自由意志可以帮助他们选择一种生活的方式去走过一生——即便最终的结局已然注定。但自由意志却允许人类反抗命运，而这种反抗赋予了个体与人类生命以全部的意义。英雄接受必死的命运及其对悲剧结局的抗争，从而成就更大的自我的荣誉。"对悲剧来说紧要的不仅是巨大的痛苦，而是对待痛苦的方式。没有对灾难的反抗，就没有悲剧。引起我们快感的不是灾难，而是反抗。"[1]

第三节　勇敢

一　勇力胜于德性

首先，古希腊英雄神话是一个充满"力"的世界。不同于中国传统神话中"德性"楷模的神话叙述，古希腊英雄神话弘扬的往往是英雄展现出的"力量"的美感。"从民族性格上讲，希腊人具有追求自我完美的优秀品格，他们在各种场合都想努力超越别人，积极参加各种竞争并力争夺得桂冠。"[2] 英雄群体对于力的展现主要体现在两个维度：力量与能力。

英雄群体是力量与能力的结合体。力的展现可以有多种表现形式：实践性的——意志力的；与生俱来的——后天修得的；品质的——道德的；正义的——残暴的；打击敌人——被敌人瓦解；等等。勇敢一词在古希腊语言中具有不同的表达，在《荷马史诗》中，

---

[1] 朱光潜：《悲剧心理学》，人民文学出版社1983年版，第206页。
[2] ［英］基托：《希腊人》，徐卫祥、黄韬译，上海人民出版社1998年版，第224页。

英雄可以作为"勇士""壮士"的同义词。俊美与伟岸的英雄们力量超群，有勇有谋，心胸豪壮，战场是他们的舞台，也是验证自身价值的最佳场所，英勇战斗成为古希腊英雄世代相传的高贵品质。

英雄必然具有强大的力量和能力。在英雄神话中，力成为人类对生命完美境界的一次次的追求与升华，是人类敬仰与渴望的最高境界。于英雄而言，每一次力量的迸发，都必是超凡脱俗的激情与美感。神话中最伟大的英雄赫拉克勒斯成为力量最震撼的代表。赫拉克勒斯是主神宙斯与阿尔克墨涅之子，宙斯的妻子赫拉因憎恶其母而迁怒于他，将刚出生的他弃之郊野。机缘巧合，赫拉克勒斯吮吸了赫拉的乳汁，由此脱离凡胎，得到了不死之身。他自幼便神勇无比、力大无穷。成年后，赫拉克勒斯完成了 12 项被认为"不可能完成"的任务。诸如，解救了被困的普罗米修斯；匿名帮助伊阿宋的英雄冒险，协助他取得金羊毛，展现出他非凡的力量；等等。最终，赫拉克勒斯遭其妻迫害，自焚身亡，死后升入奥林匹斯圣山，成为大力神。在西方语言中，赫拉克勒斯成为惩恶扬善、英勇斗争的英雄形象。赫拉克勒斯虽没有成为迈锡尼的国王，但依然脱离了肉身凡胎的命运束缚。对个人力量的推崇，使希腊人赋予王以英雄的身份认证。英雄未必是王，王一定是英雄，英雄是力量的象征。

其次，古希腊社会中对力的追求高于德的要求。生动立体的英雄形象重要的表现形式是勇力的英雄而不是道德的"圣人"，他们皆是具有道德瑕疵的凡人。柏拉图在《王制》中对希腊英雄进行了坚决的否定，抨击他们是无理的、卑鄙的与残暴的。但英雄的某些行为却是尚武精神的必然选择。例如，大英雄阿喀琉斯对赫克托耳尸首的无礼处置，在荷马时代似乎并不存在伦理上的困境。这些上古的半神——英雄——是受到神明眷顾的，英雄具有神明的部分特质，赫克托耳的尸首受到了神明的保护，并未真正受到损毁。尽管神明眷顾不能成为英雄某些残暴行为合理性的解释或证明，但是荷马史诗中的英雄陈述却记述了这种社会现实——勇力高于道德。

希腊人对英雄的界定放弃了精神上的完美性，而倾向于对于世俗美感的诉求。如果要进行道德判断，人们对一位勇敢但不够圣贤之人的褒奖，将远远胜于对一位怯懦但是贤德之人的称赞。正如特洛伊王子帕里斯一般，尽管他的出身决定了他是一位英雄，但他在战斗中表现出来的怯懦却为人不齿。究其原因，帕里斯正是缺乏勇力与胆量的象征。因此，英雄对力的追求不仅在于能力与力量的彰显，更表现在英雄的品质之中。例如，美狄亚对大英雄伊阿宋一见倾心，协助他完成了伯利阿斯布置的艰难任务。为了追随伊阿宋，美狄亚逃离了家园、背叛了父亲、杀害了弟弟，却被伊阿宋虚伪无耻地抛弃了。为了报复伊阿宋，美狄亚杀害了自己的儿子，杀死了格劳刻公主和他的父亲，最后逼迫丈夫伊阿宋拔剑自刎。美狄亚成为希腊人大肆渲染的悲剧角色。然而，对于始作俑者伊阿宋在道德上的考问，却并未引发希腊人的关注。相反，希腊人历久弥新地盛赞着伊阿宋智取金羊毛的光荣伟绩。可见，英雄神话在道德领域的缺失是希腊民众复杂道德观的直接体现。女性忠贞、遵守誓言、个人情感高于集体德行等，都不足以判定一个人的德行品质。希腊英雄的道德判定之依据更强调力，而非德。

二 因信而勇

勇敢的个人品质是同友谊、命运、死亡密切相关的，更是社会评价的重要标尺，"没有一个正直的人不重视在战斗中的功劳"[①]。正如格劳孔的父亲所言，"要永远成为世上最勇敢最杰出的人"[②]。英雄具有"旧时代的无比勇敢的精神"，这种英雄精神是勇敢坚忍的，特洛伊第一勇士赫克托耳常常自诩"一向习惯于勇敢杀敌"[③]。在《奥德赛》中的大英雄奥德修斯看来：

---

① [古希腊] 荷马：《伊利亚特》，陈中梅译，华夏出版社2007年版，第6页。
② [古希腊] 荷马：《伊利亚特》，罗念生、王焕生译，人民文学出版社1994年版，第155页。
③ [古希腊] 荷马：《伊利亚特》，罗念生、王焕生译，人民文学出版社1994年版，第106页。

勇敢的战士在任何险境都坚定不移，
无论是进攻敌人，还是被敌人攻击。①

《伊利亚特》的英雄阿喀琉斯为了表明自己对朋友的忠诚，即使知道必死的命运，仍义无反顾地奔向战场，最终战死沙场。坚守忠诚是阿喀琉斯的勇敢德行。柏拉图在《理想国》中将这一品质称为"信念"，"勇敢的人无论处于苦恼还是快乐中，或处于欲望还是害怕中，都永远保持这种信念而不抛弃它"②。因此，勇敢的品质不仅事关英雄的名誉，更为重要的是构建起荷马社会中人与人之间信任与忠诚的关系。柏拉图在《理想国》中也用"坚持"一词来表示勇敢，这也正是奥德修斯所说的"坚定不移"。荷马与柏拉图对"勇敢"的认识是不同的。前者将"英雄"等同于"勇敢"，后者把"勇敢"视为男人或人的品质，"勇敢"是一种男子气概。无论是勇敢的英雄，抑或是勇敢的男子气概，保持这种"勇敢"的品质必须要有一个重要的根基——柏拉图称为"信念"。这种伟大的信念，成为"勇敢"气质的强大支撑，可谓"因信而勇"。因信而勇，不畏失败，勇往直前，这正是英雄式的"勇敢"。

古希腊神话中英雄的"勇敢"并非只会莽撞冒失地行动，他们的"勇敢"是清明理智、进退有度的。在《伊利亚特》中，许多英雄在行动之前，内心是害怕的，但是他们最终都无一例外地勇往直前。例如，为了不让敌人抢走战友的尸首，为了保护船只不被敌人摧毁，为了荣誉向强手挑战，等等。其中，赫克托耳与阿喀琉斯是战争双方最为勇敢的英雄代表。

三 荣誉之勇

美国史学家芬利（Moses Israel Finley，1912—1986）认为，古

---

① ［古希腊］荷马：《伊利亚特》，罗念生、王焕生译，人民文学出版社1994年版，第274页。

② ［古希腊］柏拉图：《理想国》，郭斌和、张竹明译，商务印书馆1986年版，第149页。

希腊荷马时代的社会中,"武士和英雄是同义词,武士文化的主题就是勇敢与荣耀。一个是英雄的本质需要,另一个是他的人生目标。"①"荣誉"被剥夺,随之而来的"愤怒"似乎顺理成章。一个人想要获得荣誉就必须勇敢作战。但是在《伊利亚特》中,荷马深刻地批责了阿喀琉斯接下来的行为。在阿伽门农承认了自己的错误、意识到了自己的愚蠢之后,恳请阿喀琉斯重新参战,但阿喀琉斯断然拒绝了阿伽门农的橄榄枝,长期袖手旁观、幸灾乐祸。此时,荷马借用涅斯托尔与好友普特勒克洛斯之口严肃地批评了阿喀琉斯这一任性的行为:

> 阿喀琉斯诚然勇敢,
> 但他对达那奥斯同胞不关心、不通情。
> ……
> 无意的勇敢啊,如果你现在不去救助
> 危机的阿尔戈斯人,对后代又有何用处?
> 硬心肠的人啊,你不是车战的佩琉斯之子,
> 也不是忒提斯所生,生你的是闪光的大海,
> 是坚硬的巉岩,你的心才这样冷酷无情意!②

最终,荷马给了阿喀琉斯一个幡然醒悟的转机,当他最亲爱的朋友代他参战并战死沙场之后,阿喀琉斯逐渐成熟起来,深感自责:

> 但愿争斗从神和人的生活里消失,
> 连同驱使哪怕是最明智的人撒野的暴怒,
> 这苦味的胆汁,比垂滴的蜂蜜还要甜香。

---

① M. I. Finley, *The World of Odysseu*, London: Pimlico, 1999: 113. 转引自祝宏俊《古希腊节制思想》,社会科学文献出版社 2009 年版,第 35 页。
② [古希腊] 荷马:《伊利亚特》,陈中梅译,华夏出版社 2007 年版,第 247 页。

……
　　够了，过去的事就让它过去吧！尽管痛楚，
　　我要逼迫自己，压下此番盛怒。①

　　阿喀琉斯最终摆脱了愤怒，重新返回战场，即便知道自己必将战死沙场，仍旧义无反顾，只为将"此前分裂的神性与人性在一种更高的境界上统一起来"②。阿喀琉斯重返战场，更是一种找回自我，重返社会的选择。荷马推崇荷马时代希腊尚武崇德的文化风格，但是他批评了阿喀琉斯失控的暴戾，成为情绪的奴隶，直到最后重返战场，理性战胜了失控的愤怒，或者说"情绪与秩序融合无间"③，节制的理性获得赞美，从而实现了古典文化的最高理想——逻各斯。亚里士多德对勇敢界定了界限，他认为愤怒的痛苦与报复的快乐尽管可以视为骁勇，但不是勇敢，"因为他们的行动不是出于高尚，出于逻各斯，而是出于感情"④。抑或说，只有在逻各斯理智支配下的行动，才可以称为勇敢。当荷马史诗笔下的英雄时代结束后，人类第五代丧失了这一高贵的品质。亚里士多德认为，这一代人类怒气不足，可以称为麻木的，直至今日。

第四节　智慧

一　"形而下"之技艺

　　与现代关于智慧的理性认识不同，希腊"智慧"一词源于希腊语 sophia，原意为"实践的技艺"，古希腊神话中的智慧尚未形成理性的认识，还停留在经验性的、技巧性的层面。"智慧，这个名

---

　　① ［古希腊］荷马：《伊利亚特》，陈中梅译，华夏出版社2007年版，第385页。
　　② 程志敏：《荷马史诗导读》，华东师范大学出版社2007年版，第166页。
　　③ 程志敏：《荷马史诗导读》，华东师范大学出版社2007年版，第166页。
　　④ ［古希腊］亚里士多德：《尼各马可伦理》，廖申白译，商务印书馆2003年版，第85页。

称只有神才当得起。"① 在古希腊神话中的智慧神主要有三个：墨提斯（Metis）、雅典娜（Athena）与太阳神阿波罗（Apollo）。三位智慧神的发展，标示着古希腊早期社会的智慧观与社会观的发展。

第一位智慧女神是宙斯的第一位妻子墨提斯。"墨提斯"是"智慧"的代名词。宙斯害怕墨提斯孕育出更聪明、更强壮的孩子，就将怀孕的墨提斯吞到自己的肚子中。之后，宙斯头痛欲裂，从宙斯的脑袋之中跳出了雅典娜——第二位智慧女神。墨提斯一直生活在宙斯的腹中，协同宙斯一起统治宇宙。墨提斯代表的智慧主要具有两项特征：其一，智慧的技巧性。这在人类智慧发展历程中主要显示为人的肤浅的认识，即"低层次的智慧，是经验智慧，雷同于技巧、技能"②。其二，智慧的个体性。人类获得经验与智慧的途径主要是人类日常生活场景。人生感悟与体验迁移到人类生活的方方面面。因而，第一位智慧女神墨提斯代表的智慧，主要呈现为个体性的、生活性的、被人难以模仿的经验感悟。

第二位智慧女神为雅典娜。宙斯是诸神中最有威力的，墨提斯是诸神中最智慧的，雅典娜融合了两者的优点，成为希腊神话中的第二位智慧女神。雅典娜同时还是雅典卫城的保护神与战神。正如她的父亲宙斯用智慧与威力统治宇宙一般，雅典娜运用智慧与威力守卫着雅典卫城。关于雅典娜的神话众多。传说海神波塞冬曾与雅典娜争夺雅典卫城的保护神的角色，最终败给了雅典娜。相较于第一位智慧女神墨提斯的经验性的智慧，雅典娜代表的智慧最大的不同体现在显而易见的公共性。雅典城邦是一个生活的共同体，雅典娜作为保护神不仅守护雅典的每一位民众，更是城邦的守护神。因此，雅典娜的智慧包含着治理城邦与生活实践两个维度的含义。但是，雅典娜智慧的公共性仍然具有较强的经验性特点。她可以为雅典立法，能够帮助雅典民众走出困境，但这都不是预见性的、防患

---

① ［古希腊］柏拉图：《斐德罗》，王晓朝译，人民出版社2003年版，第202页。
② 祝宏俊：《古希腊节制思想》，社会科学文献出版社2009年版，第292页。

于未然的规划和安排。雅典娜智慧仍然具有较强的实践特点。

第三位智慧之神为太阳神阿波罗。阿波罗是在希腊神话中的智慧男神。阿波罗不仅是太阳神，还是预言神、光明神、箭神等。此外，阿波罗管理音乐、运功、启示寓言、医药，他是希腊神话中最荣耀的神祇，也是宙斯最疼爱的儿子，是健康精神代表的典型，也被视为男性美的最高象征。太阳神为人类带来光明驱走黑暗，预言神为人类引导方向免于混乱，这都是给予人类力量的能力。德尔菲修建的纪念阿波罗的德尔菲神庙，更成为希腊世界求神问卜的中心之一。相较于墨提斯与雅典娜，阿波罗的智慧具有更强的抽象性、预测性，其最大特点是"普适性和抽象性"[①]。普适性是指，阿波罗智慧已然超越了某一个体或城邦的界限，他服务于整个希腊世界，乃至整个人类。在希波战争、伯罗奔尼撒战争期间，交战的双方都得到德尔菲神庙求得启示；城邦内派别对立时，也会求助于德尔菲神庙的启示。可见，阿波罗智慧更广泛地影响着人类现实生活的各个领域。抽象性是指，阿波罗智慧已然超越了以经验为导向的特征，具有隐晦性、仁者见仁智者见智的特征。因此，阿波罗智慧需要人类运用更多理性的思维，做出合理的解释。古希腊阿波罗智慧意味着人类对世界宇宙的认识，开始由感性的神话式的解释逐渐转向了哲学式的诠释。希腊英雄具备的智慧德行主要指向墨提斯智慧与雅典娜智慧。英雄的智慧更多地体现为个体性与初始的公共性。

二 "足智多谋"

在《伊利亚特》中，英雄具备的智慧主要是个体性、技巧性的。大英雄奥德修斯是"拉埃尔特的儿子、足智多谋的"人，他生长在"巨石嶙峋的伊塔卡岛，懂得各种巧妙的伎俩和精明的策略"[②]。

[①] 祝宏俊：《古希腊节制思想》，社会科学文献出版社2009年版，第296页。
[②] ［古希腊］荷马：《伊利亚特》，罗念生、王焕生译，人民文学出版社1994年版，第66页。

特洛伊战争的最终胜利并非依靠大英雄阿喀琉斯的个人英勇，更主要有赖于奥德修斯贡献的木马计。在《奥德赛》中，对奥德修斯更多的是对他进行歌功颂德，奥德修斯的英雄气概与人性的关系表现得更加密切。相较于另一位大英雄阿喀琉斯，《伊利亚特》中的奥德修斯则格局较小。在阿喀琉斯战死后，埃阿斯将阿喀琉斯的尸首与武器运回了营地。奥德修斯为了得到阿喀琉斯的武器与全部的荣誉，与埃阿斯反目成仇。最终，奥德修斯凭借他的智慧和能言善辩的话语赢得裁判人特洛伊人的好感，获得了阿喀琉斯的武器。在荣誉等于生命的时代，埃阿斯因羞辱而自刎身亡。以奥德修斯的智慧，若以战事大局为重，应将荣誉让于埃阿斯，奥德修斯则会获得顾全大局的荣誉。自杀是不受敬重的行为，但奥德修斯却为埃阿斯求情，并为他争取到体面的葬礼。奥德修斯不仅赢得了阿喀琉斯的武器，还赢得了民众对他广博胸怀的赞誉，奥德修斯更是一个人性化的英雄。

在《奥德赛》中，主人公奥德修斯则处处展现出了足智多谋的德行。《奥德赛》讲述了"聪明如宙斯的奥德修斯"历时十年重返故土家园的冒险故事。返家路程异常艰辛，奥德修斯面对种种困苦与磨难，最终回到故土。假如没有奥德修斯的"狡黠"与"机智"，只有阿喀琉斯的勇力与鲁莽，奥德修斯就不可能顺利返家。荷马借助于奥德修斯的行动说明奥德修斯的智慧多谋。奥德修斯与同伴困于独目巨人山洞，奥德修斯以"无人"之名骗过巨人，并最终以"勇敢、机敏的智谋和聪明的思想"带领同伴脱离险境；女神喀耳刻用巫术将奥德修斯的同伴变成了猪，奥德修斯用计谋逃离了女神的控制；海妖塞壬企图以歌声诱惑奥德修斯，奥德修斯命令同伴用蜂蜜堵住耳朵，捆绑在船的桅杆上，逃离了塞壬的控制；尽管奥德修斯在海之女神卡吕普索的魔力中，在奥杰吉厄岛安逸地度过了七年的时间，但最终奥德修斯用了五天的时间造了一只小船，离开了奥杰吉厄岛；返回故乡后，在面对那些无理取闹、大吃大喝的求婚者时，奥德修斯乔装打扮成乞丐，暗中观察妻儿与奴仆们的忠奸善恶，最终与儿子一起杀死了作恶的贵族们，重新获得自己的位置。奥德修斯的种种行为无不体现出他的足智多谋。假如奥德修斯只有阿喀琉斯的蛮勇，毫无计谋可言，他绝不可能克服重重艰辛返回家园，更不可能夺回属于自己的家园与权力。

三　节制

人是具有主观能动性的个体，在人类日渐强大的过程中，总是期许着自然与宇宙能依照自己的意志来运行。但是，自然并非人的衍生物，自然具有不以人的意志为转移的自我运行的客观规律。在人类与自然的矛盾不可调和之际，东方文明与西方文明做出了截然不同的两种选择：东方文明形成了"哀歌"式的文学作品；西方文明则形成了"悲剧"式的文学作品。希腊神话的英雄皆是具有伟大战绩、被世人敬仰之人。他们虽非圣贤，但却充满光芒四射的人性魅力——个体意识。英雄的丰功伟业有时候符合社会道德或正义之事，有时是违反道德之事，两者的出发点皆来自英雄人物自身的爱恨、欲望、意志或冲动。

《伊利亚特》正是一部以愤怒为主题的、具有悲剧基调的文学作品。作品以大英雄阿喀琉斯对阿伽门农的愤怒为起始，愤怒主题贯彻始终。但是不难发现，整部史诗对这一主题并非一味地肯定，更多体现出诗人的否定态势。当阿喀琉斯的"荣誉"受到侵犯时，他表现出异常的愤怒情绪，他想"从他大腿旁边拔出利剑，解散大会，杀死阿特柔斯的儿子"[1]。但阿喀琉斯并没有放任愤怒的情绪肆意蔓延，他的理智提醒他，"压住怒火，控制自己的勇气"[2]。保护神雅典娜也提醒他，"要听话，控制自己"[3]。通过对充满荣誉意味

---

[1] ［古希腊］荷马：《伊利亚特》，罗念生、王焕生译，人民文学出版社1994年版，第8页。

[2] ［古希腊］荷马：《伊利亚特》，罗念生、王焕生译，人民文学出版社1994年版，第8页。

[3] ［古希腊］荷马：《伊利亚特》，罗念生、王焕生译，人民文学出版社1994年版，第9页。

的偿礼的不断拒斥,他逐渐祛除了英雄伦理加诸自身的认知幻象,也从"荣誉—死亡"的二元世界观中抽身而退,彰显了深刻而丰富的心灵境界。此时,绝不妥协的精神与无法抗拒的客观现实挑战——个人意志的推崇成为英雄的必然选择。阿喀琉斯成为希腊人最真实、最生动的写照,他体现出希腊民族精神最深刻的德行写照——世俗英雄。他体态健美强壮,性格刚烈勇猛,无畏死亡勇往直前;英勇但蛮横任性,报复心强;为挚友的去世伤心欲绝,感动天地。这些复杂的、多面的性格在阿喀琉斯身上融汇为一体。希腊人在不断地探索宇宙自然与深沉思考自我、反思自我的历程中,形成了阿喀琉斯的英雄形象:英雄的光芒与凡人的缺点。这是一种控制性的智慧,人类开始运用理性工具控制原始的人性冲动,节制成为人类的一种美德。人最大的敌人从来不是别人,而是自己与生俱来的心魔,懂得节制的人才能摒弃人性深处的劣根性,懂得节制的人才能让人性中的灰暗面受到控制。

奥德修斯身上的智慧体现出了古老智慧女神墨提斯的特征:个体性与实践性。在奥德修斯的行为表现中,既未体现出雅典娜智慧的公共性特征,也未曾甄别出阿波罗智慧的前瞻性特征,而是墨提斯智慧成就了奥德修斯的英雄伟业。在史诗中,奥德修斯是一个历经磨难的、世俗的、个体的英雄人物,运用世俗之人的智慧解救自我的典型代表。奥德修斯运用墨提斯智慧,这是一种经验性、技巧性、技能性的"足智多谋"的智慧;这是一种个人生活的体验,是一种直观的、形而下的智慧。奥德修斯甄别出何种智慧以成就自我的历程转变,切实地体现出人类对于控制智慧以及节制品质的享受。

希腊神话中充满理性与感性、肉体与灵魂、冲突与解决的叙事,即节制与热情的冲突。只有思维清晰的思想者方才可以创造出这样结构完整、冲突起伏的艺术美。在荷马的创造中,一方面事物具有统一性,另一方面事物的发展具有严格的因果布局。正是在节制的品质之中,希腊英雄不仅具有紧张与激情的表现,更如行云流水般娓娓道来。尼采认为,阿波罗精神——冷静、智慧的日神精神与狄奥尼索斯精神——热情、感性的酒神精神的完美融合，构成了希腊英雄的成功与完美。人们如何生活、如何适应时代，成为人们最重要的德行出发点。这种伦理智慧外化为英雄的勇敢、荣誉、节制的德行品质，构成了美好生活的基础。

第五节　城邦生活的神话德性

一　日常生活的神话宗教

现代科学对古希腊神话的抨击与摒弃，无外乎是认为它"信口雌黄"地解释宇宙自然。这种认知是片面的。科学是现代社会的产物，在科学之前，人类解释世界的手段就是神话。神话是"原始的"科学，是科学时代之前人类认知的产物，"是科学在前科学时代的对应物"[1]。希腊神话中的神明虽然是文学中想象的产物，但他们却来自希腊人的现实生活，是从生活中的可见经验中抽象而来，与现实生活紧密相关，更是指导着现实生活的精神领域。现代人用科学理论来解释事物现象，古希腊人则是用神话敬奉他们的神祇。"神话思想和宗教思想之间没有什么根本的区别。它们二者都来源于人类生活的同一基本现象。在人类文化的发展中，我们不可能确定一个标明神话终止或宗教开端的点。……神话甚至在其最原始最粗糙的形式中，也包含了一些在某种意义上已经预示了较高较晚的宗教思想的主旨。神话从一开始起就是潜在的宗教。"[2] 可以说，希腊神话中的神是希腊人的神，希腊神话更是希腊人的宗教。

希腊神话是古希腊人的原始哲学观和世界观的呈现，是原始先民对形而上的精神生活的追求。古希腊城邦仍处于人类社会发展的早期阶段，尽管人类已从自然界的环境中脱离出来，但是希腊人的精神独立程度并不高。E. B. 泰勒认为，"泛灵论"是原始宗教的根

---

[1]　[美] 罗伯特·A. 西格尔：《神话理论》，外语教学与研究出版社 2008 年版，第 178 页。
[2]　[德] 恩斯特·卡西尔：《人论》，甘阳译，上海译文出版社 1985 年版，第 112 页。

本特点。灵魂居于一切物质实体之中，神就是除了人之外，所有物质实体的灵魂；抑或说，灵魂是物质的，而人不是神。图腾崇拜最终被神祇崇拜所代替，自然具有了人格化的象征。在原始图腾宗教崇拜的熏陶之下，古希腊人对神祇饱含深情与敬畏。希腊人对荷马史诗的膜拜，绝不亚于中世纪的基督徒对《圣经》的虔诚。神话之于古希腊人，犹如圣经般存在。希腊神话故事或者说一个表达了某种信念的故事，始终得到其信奉者坚定不移的拥护。由此看来，古希腊神话属于宗教的一部分。

然则，希腊的宗教体系不同于普世宗教体系。希腊神话融入希腊人的日常生活之中。普世的宗教大多是由祭司、先知或圣人、远离现实生活且具有特别神性的人创造而来。正如汉密尔顿在《希腊精神》中提道："希腊人没有权威性的圣经宝典，没有教规，没有十诫，没有教条。他们根本不知道正统教义是什么东西。"① 希腊的宗教则是首先由希腊诗人开启，经由艺术家的升华与哲学家的创造，最终形成了希腊的宗教体系。一方面，这些人是生活在尘世的现世希腊人；另一方面，他们是相信自我、相信自由的现世希腊人。因此，在希腊神话中绝少出现怪力乱神的景象。希腊民众表达敬神的方式更加理性，例如修建神庙、供奉牺牲，等等。希腊神话中也较少提及死者崇拜等古风时代盛行的民俗，从现代的视角来看，这些特征都标志着人的理性主义和个人主义开始了显著的发展。因此，可以说希腊神话是一种"生活的宗教"。

希腊神话充斥在希腊人的生命之中，从始至终，更覆盖着希腊城邦生活的方方面面。这对希腊人、希腊城邦的道德构建具有举足轻重的作用。斯巴达人与雅典人两者具有完全不同的性情，但两者城邦在敬畏神祇方面却极其相似。例如，斯巴达人出门远行必要选择"黄道吉日"；如遇战事，必杀鸡宰羊，求神问卜。雅典人每月第一周，绝不会同敌军交战；战舰出海，必将海神帕拉斯的牌位漆

---

① ［美］伊迪斯·汉密尔顿：《希腊精神》，葛海滨译，华夏出版社2003年版，第213页。

成金黄。希腊神话提倡神明、热爱正义、保护弱小、珍视生命，从伦理角度看，希腊神话是一种良好的宗教。正如海德格尔所说，希腊神话不是在宣扬正规的或正统的宗教教义，它毕竟是神话，而非神学宗教。古希腊民众中大部分尚未理解何谓科学，因此他们大多数情况下是在生产生活的过程中认识知识、道德、秩序、正义等教义。希腊人在讲故事、听故事的过程中，将故事中的人物角色作为载体来解释事情发展的来龙去脉，认识世界的规律、生活的秩序，这就使整个世界看上去更加和谐融洽。因此，希腊神话自然而然地承担起希腊人、希腊城邦道德教化的功能。

二 世俗凡人的道德典范

（一）斯巴达的道德教育

古希腊的教育资料显示，斯巴达人并不重视文字教育。他们认为，文字不是帮助他们了解历史的手段，斯巴达人甚至没有成文的法律，因此文字对斯巴达人而言几乎是无用的。斯巴达城邦管理者极为重视儿童的道德问题，因为这是维护他们统治的重要环节。他们制定的各项关于教育的法律不是针对教育方法或者教育目的，反而在道德问题上却意外地专制。斯巴达的知识教育基本是由纪念诸神与英雄的圣歌来完成的。荷马史诗的故事于斯巴达人的初等教育而言，就是道德教育的核心内容。例如，在《奥德赛》的故事中，奥德修斯与同伴来到艾尤岛，喀耳刻[①]在他的船员食物中放入药水，将他们变成了猪。同行的赫耳墨斯建议奥德修斯用草药去抵抗喀耳刻的药水。经过一夜之后，喀耳刻便爱上了奥德修斯，并在未来一年帮助他返回家乡。这则故事告诉人们，不要放纵自己的欲望，贪恋餐食，奥德修斯在饮食上的节制，使自己逃脱了同伴的命运。

斯巴达人在闲暇之余，主要是体操、军事训练、打猎、处理公

[①] 喀耳刻（Circe）是希腊神话中居住在艾尤岛上的女巫。太阳神赫利乌斯和海神女儿珀耳塞的后代，善于用药，经常把她的敌人以及反对她的人变成怪物。

务，他们还经常会去参加"交谈俱乐部"（Leschai），人们讨论的话题"要么是颂扬荣誉和高尚，要么是谴责怯懦和卑鄙"①，绝不允许讨论关于商业的事物。斯巴达人关注的事情是男人和英雄的家谱。斯巴达人经常举行公共聚餐，聚餐俱乐部组织得像"雏形城邦"，座位安排有序、食物充裕，还有水果与一杯装满酒的陶器杯子；除了正常聚餐外，还有一些宴会是在神庙周围举办的。经常在神庙举行的宴会增加了斯巴达人对神祇的敬重之情。例如一个重要的保育员节的宴会，在月神卡卢萨尼亚神庙举行，斯巴达人在幼年时都十分渴望参加这个宴会。多种多样的宴会为斯巴达的儿童与成年人提供了接触规则规范与学习行为示范的机会。在斯巴达教育中，鞭挞是经常采用的教育手段。按照斯巴达的制度，在阿尔忒弥斯祭坛前每年要举行一年一度的鞭挞"埃弗比"青年的仪式，以此来代替祭祀品。祭坛上洒满了鲜血，但从未有人呻吟一声，被称作"祭坛胜利者"的获胜者将刻入铭文作为荣誉的象征。

　　无视人文教育且被认为一味尚武的斯巴达人，要求公民一律参加音乐的训练。斯巴达城邦法律规定，"音乐应当颂扬死去的英雄和嘲笑胆小鬼。歌词朴素简单，主题严肃，蕴含道德的寓意。……所有歌曲都旨在激励人们勇敢顽强和朝气蓬勃"②。斯巴达人非常钟爱舞蹈，战斗就是舞蹈的形式。因此，斯巴达人将舞蹈称作军事操练。斯巴达的年轻人像学习作战一样学习舞蹈，军事训练与体操是同舞蹈交织在一起的。斯巴达人将舞蹈的位置预留了象征着荣誉和耻辱的位置，后者是为胆小怯懦的斯巴达人准备的，"没有人会和胆小鬼在一起进餐，也没有人愿意与之结伴"③。在去学校的路上，儿童排成方队，精神抖擞，"教师教他们唱古老的爱国歌曲：'智慧

---

　　① ［英］肯尼思·约翰·弗里曼：《希腊的学校》，朱镜人译，山东教育出版社2009年版，第8页。
　　② ［英］肯尼思·约翰·弗里曼：《希腊的学校》，朱镜人译，山东教育出版社2009年版，第16页。
　　③ ［英］肯尼思·约翰·弗里曼：《希腊的学校》，朱镜人译，山东教育出版社2009年版，第25—26页。

女神！我们让入侵者丧胆。'"① 严格的竞技场上的训练是为了"培养出马拉松英雄的教育"②，一个有着结实胸膛、健康肤色、宽阔肩膀的希腊英雄式的儿童教育被广为接受。斯巴达人的服从、坚忍、勇敢的德行，无不体现出神话英雄德行在现实生活中的重要性。正如在色摩比利战役中，300名斯巴达勇士面带嘲讽的神情绝然地遵从斯巴达国王的命令，誓死对抗波斯战队，最后全部战死。矗立在色摩比利山口的纪念碑上的铭文这样写道：

> 过路的人啊，请通知斯巴达，
> 我们遵从了她的法律，
> 战斗到底，
> 长眠于此。③

尽管斯巴达的舞蹈训练主要是为了战争的练习，而非真正意义上的艺术形式，但它成为公民道德教育的重要手段。作为城邦宗教的古希腊神话融入城邦娱乐活动的每一个环节，成为城邦规训与教化的重要素材与依据。

（二）希腊的情趣教育

对雅典人而言，教育意味着品格和鉴赏力的培养，身体、智慧和想象力的和谐发展。雅典繁华的商业贸易与发达的海洋业，自然而然地让人们认为他们的教育中也必定注入了商业的元素。但实际情况并非如此。各种技术训练的课程并未出现在雅典学校之内，各种工匠之类的人统称为"资产者"。希腊人普遍认为，传授技术和旨在赚钱的教学都是庸俗的教育，不能被称为真正的教育。真正教

---

① ［英］肯尼思·约翰·弗里曼：《希腊的学校》，朱镜人译，山东教育出版社2009年版，第56页。
② ［英］肯尼思·约翰·弗里曼：《希腊的学校》，朱镜人译，山东教育出版社2009年版，第57页。
③ ［英］肯尼思·约翰·弗里曼：《希腊的学校》，朱镜人译，山东教育出版社2009年版，第26页。

育应该是一种培养美德的教育，通过教育使儿童成为优秀的城邦公民，懂得遵守城邦的纪律，并服从城邦的命令。在古希腊时期，大量奴隶的存在为古希腊的自由公民提供了较多的闲暇时光，他们可以有闲有钱地去追求情趣化的生活，通过体育锻炼身体、探讨提升智慧、学习艺术与音乐培养想象力，等等。

柏拉图主张将音乐作为国民的必修课。音乐与宗教活动、庆典仪式的关系十分密切，甚至在战争、体育及军事训练中也处处离不开音乐的旋律。音乐是一种内在的力量，能激发人内心的各种情感。希腊人"会因一首激昂的进行曲而激动，会因一首低沉的挽歌或销魂曲而悲痛。他们会因听到欢庆的酒神歌而生气勃勃和激动无比，也会在听到庄严的曲调时立刻表情肃穆，反复置身宗教仪式场合"[1]。可以说，他们从音乐中获得了广义上的伦理道德的熏陶。

亚里士多德认为，音乐旋律具有三种能力：道德养成、行为鼓励和热情激发。不同的歌曲能感化不同的情绪，如战争歌曲可以培养希腊人勇敢的斗志，斯巴达战士在出征之前经常以听战歌的形式来鼓舞士气。在各个节日庆典之中，颂歌是必不可少的内容之一，颂歌可以教化希腊人敬奉神祇、热爱城邦。相较于对现实生活问题的关照，希腊人更关心的是体育竞技比赛、艺术作品或者思维如何超越他人这些更加宏大的问题。音乐音调鼓励希腊男性在面对战争和其他活动时表现出勇敢之气——不怕伤亡与不幸，不惧命运的多舛，与命运抗争。音乐具有教育价值这一不争的事实跃然纸上。音乐被视为医治身体、灵魂和心理的良药，是培养儿童品行的最佳方法。"音乐是儿童从摇篮时代到 30 岁之间的'奶兄弟'，以此来消弭艰难生活和恶劣气候可能对儿童产生的影响，防止儿童野性的增长。"[2]

---

[1] ［英］肯尼思·约翰·弗里曼：《希腊的学校》，朱镜人译，山东教育出版社 2009 年版，第 194 页。

[2] ［英］肯尼思·约翰·弗里曼：《希腊的学校》，朱镜人译，山东教育出版社 2009 年版，第 131 页。

与音乐密切相关的是舞蹈,舞蹈在整个希腊地区的教育地位十分重要。古希腊人舞蹈形式的普遍性不仅因为舞蹈本身具备的情感性,更重要的在于希腊语音节变化的节奏性。古希腊人将舞蹈视为锻炼形体、培养气质的主要手段。在雅典的正规学校教育体制中,并未将舞蹈列为必修课程,这不代表舞蹈不重要。可以说,在雅典人的日常生活中,舞蹈随处可见。只要雅典儿童愿意,他们随时皆可学习舞蹈。舞蹈也是人类情感的表达方式。

古希腊时期的舞蹈与宗教、戏剧关系密切。希腊史诗诗歌的吟唱具有节奏感,再加上希腊语富有的音乐节奏的变化,两者相得益彰,使人听到史诗诗歌就禁不住翩翩起舞。苏格拉底认为,舞蹈可使人健康、优美。在古希腊,青年人16岁以前接受的全部教育几乎就是舞蹈与合唱。不论军事训练、节日庆典、体育竞技或是音乐比赛等,任何活动几乎都离不开舞蹈。舞蹈是所有宗教仪式或圣餐礼中必有的节目。"在人们习惯于恪守宗教仪式的时代,仪式的变革、无法言表的情感和道德态度的变化往往是借助合唱舞蹈特征的细微变化来反映的。"[1] 因此,舞蹈是宗教祭祀活动的仪式,它的规训与教化的意蕴变得异常重要,儿童在观看与表演舞蹈中找到了表达自我最高理想的途径。例如,在纪念酒神狄奥尼索斯的仪式上,跳舞男孩使尽全力使自己与神接近的表达,生动地表现出人对神的向往之心。舞蹈中体现出氛围强烈的宗教仪式,这种舞蹈表演的戏剧性更具震撼力。希腊神话为宗教舞蹈或戏剧提供了动力,进而完成了道德规训与教化。

(三) 家庭与学校的道德教育

神话因具有高度的情感内容和信仰力量,被后世奉为不可删改的神圣信条,并同时具有重大的文化教育、道德榜样的功能。"一千年间希腊人以荷马作为青年的教育和成年的爱好和指导,

---

[1] [英]肯尼思·约翰·弗里曼:《希腊的学校》,朱镜人译,山东教育出版社2009年版,第117页。

他们所采纳的并不仅仅是古老的遗产,爱国主义的历史崇拜(Sagas)或充满魅力的童话故事,而是这样的一些诗篇,它们已经包含了将希腊文明塑造成如此这般面貌的优异素质。"① 当时希腊社会中热衷于书面和口头两种方式解释荷马史诗的寓意,这已然成为一种时尚,这种社会风气也直接影响了希腊的家庭教育与学校教育。

　　雅典儿童6岁以前在育儿所学习各种流行的寓言、民歌和民族的神话。儿童被要求背诵这些诗歌,一旦儿童可以理解成人的言语,保育员、母亲、教仆,还有父亲等儿童身边各种人物就要相互配合,一起帮助儿童培养他们的品格,"他们用词语和动作向儿童表明:什么是正义,什么是非正义;什么是美丽,什么是丑陋;什么是神圣,什么是邪恶。他们总是命令儿童'做这个','不准做那个'"②。

　　史诗、诗歌、神话中的英雄,为儿童提供了道德楷模与行为范本。6岁到14岁,雅典儿童主要在文法学校、弦琴学校及竞技训练学校学习。在文法学校,儿童被强迫阅读和背诵荷马、赫西俄德等诗人的作品。学校教师被要求至少要拥有一本《荷马史诗》。据说没有这本书的教师要遭受鞭挞。教师的墙壁上会悬挂系列漫画,来解释《伊利亚特》与《奥德赛》中的情节。在儿童学会了字母开始学习单词时,教师便在他们身边放一些经典的诗歌作品,例如《荷马史诗》等,要求儿童必须背诵。"教师为学生选择的诗歌包含着许多道德说教。诗歌中介绍和赞美的古代英雄人物会引导男孩敬佩并效仿英雄,使他们渴望成为英雄。"③ 在弦琴学校,一旦学生学会了弹奏弦琴,教师就会教授儿童弹奏吟诵抒情诗人的诗歌。据

---

　　① [英]基托:《希腊人》,徐卫祥、黄韬译,上海人民出版社2006年版,第65页。
　　② [英]肯尼思·约翰·弗里曼:《希腊的学校》,朱镜人译,山东教育出版社2009年版,第36页。
　　③ [英]肯尼思·约翰·弗里曼:《希腊的学校》,朱镜人译,山东教育出版社2009年版,第72页。

说，雅典的法律中有韵律的部分也会被谱曲以供儿童吟唱。竞技教练教授儿童角力、拳击、掷铁饼、投标枪等其他各种操练。这些内容都在荷马史诗中被广泛提及。

荷马史诗在青年人的教育中占据了重要的地位。《伊利亚特》与《奥德赛》中的大部分内容是要求儿童背诵的。希腊人普遍认为，为了使儿童成为一个好人，就必须背诵荷马所有作品，不论你从事何种职业，都可以去学习荷马史诗。"俄耳斐乌斯被用来学习礼仪和避免杀戮；慕塞俄斯被用来学习医药和领悟神谕；赫西俄德被用来学习土地耕作，以懂得春华秋实，"[1] 赫西俄德对伯塞斯提出的道德要求，也成为希腊教师教学的范本。在雅典，几乎每天都能听到诵读《荷马史诗》的朗朗之声。"希腊人从不让他们的伟大诗人受到忽视，或者让他们沉寂较长一段时间之后再'复活'。荷马在人们的心目中是无所不能的教师，尤其擅长教授勇气与道德。"[2] 戏剧家阿里斯托芬指出，荷马赢得荣誉和声望是因为他教授了军队如何操练，提高了军队的战斗力和鼓舞了战士的勇气。

三 体育竞技的德性升华

（一）荣誉与和平

何谓体育精神？体育精神与个人意识之间的关系是什么？回答了这两个问题，就可以参透古希腊神话与体育之间的内在关联。

首先，体育精神彰显生命价值。正如为了艺术而艺术，古希腊时代体育价值的体现就在体育本身。自荷马时代以来，重视各种体操训练活动成为希腊人的传统，希腊人将体育训练视为保持身体"处于良好状态"的重要手段。对于古希腊人而言，每天早晨都有可能被应召参战，任何人都不可拒绝。赫西俄德吟唱道，"汗水是

---

[1] ［英］肯尼思·约翰·弗里曼：《希腊的学校》，朱镜人译，山东教育出版社2009年版，第75页。

[2] ［英］肯尼思·约翰·弗里曼：《希腊的学校》，朱镜人译，山东教育出版社2009年版，第73页。

男子汉美德的台阶"。古希腊神话中的英雄，个个都是竞技的好手。一个身体强壮的人不一定是英雄，但一个英雄必然是一个身体矫健的人。伴随着希腊化时期的到来，体育训练才逐渐呈现出以促进人身体匀称和健康、发展人的速度与力量，以强身健体为目标向体育竞技本身为目标的转变过程。古希腊人认为，一个人的身体强健与否，与其道德、理智的关系十分密切。身体状况良好，被看作一个人成为合格公民、好思想家的基本条件。因此，体育竞技成为希腊人教化民众的直接手段。

正如本书第四章所论，"同形同性"神祇的出现，与人类自我意识与自我高贵性的认知紧密地结合在一起。没有自我的认知，体育就无法体现出自我的价值。体育不是为了娱乐某人，也不是为了讨取主人的欢心，更不是为了娱乐大众。自由人的竞技，才能体现出体育的精神。体育是一个自由人自由精神的体现。在古希腊城邦，奴隶被允许从事财务或管理的工作，却没有资格参加体育和音乐赛会，因为这是自由的希腊公民才具备的权利。体育已然成为希腊公民自由身份的标签。如果一个人坐着，那表明这个人是奴隶，因为运动是一个自由人必要的活动。人之为人是为了实现人作为人的价值，其他别无追求。体育如果无法彰显自我价值，也就不再是体育本身，而成为生活的附属品。因此，在古希腊时代，体育不是供人娱乐消遣的手段，体育本身的价值就是人之为人的价值，人自我生命力的彰显手段之一即体育竞技。

其次，在希腊人的意识中一直保有一种难以磨灭的价值观——"阿瑞忒"（Agon）的贵族精神，即卓越的勇力精神。这是一种不妥协、追求完美和卓越的精神，其本质就是一种竞争精神。体育竞技传承了古希腊追求卓越的精神——推崇个体，不求永存，但求崇高。一匹赛马的"阿瑞忒"在于它的速度，一匹拉车的马的"阿瑞忒"在于其力量。古希腊神话中的信使赫尔墨斯，被视为青年教育的先导者。他是速度最快的运动员，是最灵敏的掷铁饼者和拳击手，他成为人类所追求的最终极的能力。人类在体育竞技中通过突破自身体能的局限性展现了人的卓越，展现了人的高贵的存在。古希腊神话中的英雄成为希腊人接近神、接近卓越与高贵的表征。

体育竞技培养了希腊人强烈的荣辱观。这与神话中的荣辱观不谋而合。诗人品达曾经在他的运动员赞美诗中，着重强调了荣誉之于参赛者的重要性。赞美诗所歌颂的并不是体育运动本身的价值，更不是物质的奖励，而是体育竞赛中获胜者所表现出来的优秀品质及对荣誉的追求。同时，古希腊人认为，正义的荣耀必须通过正当的竞争手段获得，否则就是对祭祀神祇的神圣事业的亵渎。有资料显示，一位拳击选手在第98届奥林匹亚竞技会上以不正当手段买通其他对手，最终夺得冠军。参与其中的四人均受到重罚，罚金用于雕刻四尊宙斯像。

对古希腊社会民众而言，这个世界上没有什么比奥林匹克竞技赛的胜利桂冠更美好的东西了，它是个人成就的最高峰与巨大幸福。现实生活中的古希腊公民认为竞技中运动员的身份就是希腊神话中英雄的化身。他们一次次地超越人类能力的界限，无限地接近神，甚至神的形象就是他们矫健身躯的原型。毫不夸张地说，任何一项突破自我、超越极限的活动，都是人类突破生命有限性的崇高追求。古希腊人对"阿瑞忒"精神的追求，鼓舞着古希腊人，使他们不畏惧竞争。只有竞争才能体现个人的自由与城邦的自由。"竞赛是一种激发和展示人类'阿瑞忒'的手段，同时这也是一种对神的有价值的供奉。"① 体育承载了古希腊人对生命意志、生命活力追求的欲望。

再次，体育竞技比赛是希腊公民追求荣誉、追求自我价值的平台。阿里斯托芬将这种教育称为"美好的老式教育时代"。体育竞技的胜利者会得到一定的物质奖励，例如银钱和金物等，但在竞技比赛中获得的荣誉，才是参赛者最注重的收获。竞技的成败不在于奖惩的物质，而是集中表现了古希腊公民对荣耀的追求。荣誉已然

---

① [英]基托：《希腊人》，徐卫祥、黄韬译，上海人民出版社1998年版，第224页。

是希腊城邦公民对自我最大的肯定，是其人生最大的福祉所在。克塞诺芬尼曾经说过，一人在奥林匹亚竞赛中获得胜利就在公民中成为了荣誉的代表，并获得了与之相匹配的荣耀地位。获得珍宝、获得赞誉都成为彰显荣誉的现实表现。

或许，我们还可以借由古希腊城邦中的公民与奴隶的区别，来解释体育竞技的重要价值。古希腊城邦的公民是自由民，他们可参与城邦的事务决策、参加各种竞技会，而奴隶的活动仅限定在技术类工作中。在古希腊时期，只有自由的、独立的、完整的一个人才具备参加比赛的资格，仅有一种特殊运动技能而没有自由的奴隶是没有参赛资格的。"像高尔夫或撞球这类现代比赛项目的冠军们，他们所显示出来的技巧，希腊人一定会热切地赞赏，并且会认为在一个奴隶身上，这种技巧是一件值得赞赏的事情，假如这个奴隶除了训练他掌握这种技巧之外，没有其他更好的用途。"①

最后，体育竞技为希腊各城邦提供了和平的契机。以每四年举办一次的奥林匹亚竞技比赛为例。各个城邦之间规定，在赛会期间必须履行"神圣休战"协议，停止一切战事。这一规定为希腊各城邦带来了一段时间的和平，也使希腊民众获得休养生息的时光。希腊城邦虽然政治体制不同，但它们在文化上依旧保持一定的联系。同根同源的属性具有一样的传承，这为城邦间的和平创造了条件。历经千年的漫长历程，希腊人几乎从未间断过奥林匹亚竞技赛，这也体现出希腊各城邦之间在战争的洗礼中对和平的向往。在竞技会期间，各希腊城邦严格遵守休战协议，休战的规定无疑将和平与友谊的概念嵌入希腊城邦的道德诉求之中。即使两城邦正在交战，也不能以任何理由拒绝对方城邦的运动员、观众进入本城邦参加竞技会。

毋庸置疑，希腊各城邦公民还没有幼稚地相信这种和平的长

---

① ［英］基托：《希腊人》，徐卫翔、黄韬译，上海人民出版社1998年版，第224—225页。

久性，但至少使他们在某一段时间内将战争搁置一边，全身心地投入到享受这片刻和平所带来的美妙时光。因此，"泛希腊集会的创办者应当受到称赞，因为他们给我们传下这样的一种风俗，使我们停战议和，化除现有的仇恨，聚集在同一个地方；使我们在共同祈祷、共同献祭的时候，想起彼此间的血族关系，感到在未来的时间里我们会更加亲善，重温旧日的友谊缔结新生的关系；使我们这些普普通通的人以及具有特殊才能的人不至于虚度岁月"①。

（二）祭神的奥林匹亚竞技会

"进行竞技比赛项目最初的目的是将之作为一种服务于战争的训练方式。"② 6世纪，竞技比赛发展成四个泛希腊盛会——祭祀天神宙斯的奥林匹亚竞技会、祭祀大力神赫拉克勒斯的尼米亚竞技会、祭祀海神波塞冬的地峡竞技会和祭祀太阳神阿波罗的皮提翁竞技会。专门为祭祀天神宙斯而举办的奥林匹亚竞技会每四年举行一次，奥林匹亚竞技会不仅是一场体育的盛会，更是希腊民众文化思想传播的场地。

首先，体育竞赛前的文艺比赛强调人文精神的体现及各类技能的比拼，参加比赛的多是诗人、作家、艺术家、演说家等。诗人、演说家公开宣讲他们的观点，人们还会背诵荷马史诗。首届文艺比赛的桂冠就颁给了杰出的历史学家、演说家希罗多德。希罗多德歌颂了希腊将士大败波斯军队的马拉松战役。古希腊"三哲"（苏格拉底、柏拉图、亚里士多德）亦曾在奥林匹亚竞技会上获得过文艺比赛的冠军。古希腊城邦的杰出人物，通常会通过各种活动为希腊青年提供教化的机会。

其次，参加体育竞技的运动员崇尚体格健美，彰显出古希腊人对人体美、勇力及自身超越自然力量的自信态度。古希腊人崇拜人

---

① 《罗念生全集》（第六卷），上海人民出版社2007年版，第234页。

② Peter Connolly and Hazel Dodge, *The Ancient City: Life in Classical Athens and Rome*, Oxford University Press, 1998, pp. 80 – 81.

体之美正是他们崇拜人性的体现。"庄严但有人性，这是希腊真正的特点。没有像埃及那样的超人力量；没有像印度那样奇异的超自然的形象；帕台农神殿是人性的家园。"① 为展现运动员身体的美，他们全身都被涂上橄榄油，不仅有利于运动比赛，还符合希腊人对人体美的审美。

最后，以古希腊神话为媒介，古希腊人的体育竞技会成为一项神圣的运动。与会者都可享受非比常人的待遇。据说，古希腊人会为连续三届获得竞技会冠军的运动员制作雕像并献祭给神祇，以此表明这名运动员是神的后代。体育竞技会由此成为一项纯粹的精神献祭而受到希腊民众的尊崇，古希腊的年轻人正是以此希腊神话英雄为范本，力求自我的实现。奥林匹亚竞技会在推崇致臻的体育精神的同时，也在教化希腊年轻人要关注审美的艺术追求。

总之，正是体育竞技的"无用性"，凸显出其所具有的精神价值。换言之，体育竞技的实用价值恰恰体现在其"无用性"之中，体育竞技成为希腊卓越精神的完美体现。

四 酒会中"寓"教于"乐"

古希腊酒会形式的起源可以追溯到荷马时代贵族武士的宴会，这是古希腊贵族显赫身份的象征形式之一，同时也是希腊贵族的一种奢侈活动。在荷马时代，酒会是统治贵族阶层商讨城邦事务、社交活动的场所。这种贵族武士的酒会仪式一直延续至希腊古风时代。酒会一词源自古希腊文"symposion"。《柏拉图对话录》的译文将这一词译为"会饮篇"。英文中的含义可译为"专题学术讨论会"。从其中英文的译文形式不难看出，symposion 同饮酒和讨论两层含义相关，正如文艺复兴时期流行于欧洲的沙龙

---

① ［美］伊迪丝·汉密尔顿：《希腊精神》，葛海滨译，辽宁教育出版社2003年版，第37页。

一般。酒会并不是晚宴,多是在晚饭之后的聚会;与会人员皆是彼时社会中的重要人士,贵族、智者、知名人士、城邦管理者多位列其中。苏格拉底就是古风时代雅典城邦各个酒会的座上宾。酒会一般在某个与会者的家中举行。与会者到达主人家后,首先会被洒上香水、戴上花冠,因为酒是神的恩赐物,只有这样才能表达对酒神的敬重。酒会开始之后,会有祭酒仪式,众人齐声合唱两首英雄赞歌和三首宙斯赞歌。祭酒仪式之后,酒会主人通常会指定一个论题,与会者可以自由发表论点。通过柏拉图《会饮篇》可以对酒会的教化功能窥探一二。酒会主人给出了爱神的议题,与会者们一一为爱神颂唱颂歌。首先斐德若颂扬爱神的各种美德——最古老的、最有尊严的、最能引起人类德行和幸福的神祇;其后阿伽通又列举出爱神具有正义、节制、勇敢的德性品质。可以看出,贵族酒会成为人们宣扬政见、教化民众的重要场所,同时亦是社会生活和文化生活的中心。

很多贵族子弟自小便参加各种酒宴,在酒宴的熏陶中,他们开始了解城邦的行为准则,倾听城邦中有识之士的政见,接受城邦中神话英雄的道德行为选择。因此,古希腊的酒宴承担着城邦贵族子弟教育的重要职责。酒会是一种希腊男人私人性的娱乐方式,与会者只能是当时具有较高社会地位或威望的自由男性,有身份的女性几乎不出现在公共酒会之上,除女性表演者、女奴或妓女之外。在酒会上,借助酒的魔力解放了人的天性,与会者畅所欲言,既可以延续诗歌史诗的发展,又可以通过学术问题的争辩与探讨发展古希腊的思想。大家各抒己见,处处彰显言论自由、学术自由的氛围。此间,雅典城邦的民主政治原则得到充分的展现。

在酒会中,还有一些娱乐方式:斗酒、kottabos 游戏、音乐舞蹈、杂技与诗歌竞赛等。娱乐手段主要有两个方面的功效:其一,增加酒会的娱乐性,调节宴会的气氛,使与会者能够有放松的情绪,便于大家畅所欲言,政治家、智者、哲人都可各抒己见,使酒会成为一个政治、思想交融的重要场合。"酒会的讨论议题从严肃的哲学论调到醉酒狂欢，包含着各种各样的内容，当然这也要依据参加酒会的是哪些人"①。其二，在娱乐节目的刺激之下，激发与会者道德的、政治的、情感的等深层次问题的探讨欲望。与会者积极阐释对城邦政事、公民行为的见解。公开性的讨论不仅推动并激发贵族子弟参与政事的热情，也为他们提供倾听各类最新见解的机会。色诺芬在《会饮篇》中描写了音乐舞蹈表演的场景。吹笛少女、跳舞女孩与拉琴男孩的表演引人入胜，激发了与会者的参与精神；酒会中惊险的杂技表演，激发了与会者对勇敢、勇力话题的讨论；诗歌竞赛的主题内容涉及的论题较为广泛，政治、军事、道德、情感、社会等领域都可以纳入主题。据传说，斯巴达人在彻底摧毁雅典城邦的前夜，举行了盛大的庆功酒会，有人朗诵了欧里庇德斯的一首诗，跌宕起伏，扣人心弦，竟使斯巴达人放弃了摧毁雅典城邦的想法。传说的真实性有待考证，但不难看出，诗歌对于希腊人而言，具有重要的教化与规训的功用。此外，酒会不仅是希腊人学习的重要场合，也是检验一个人品质的场合。这或许与中国的"酒后吐真言"具有相同的验证效果。据说，西居昂的僭主克里斯剃尼通过酒会来为女儿甄选女婿，雅典最富有、最英俊的贵族希波克来德在酒会中的不得当行为引发了克里斯剃尼的不满，拒绝了这位可能最理想的佳婿。在贵族的生活方式中，酒会也是贵族在众人面前展现自我美德的重要平台。一个人在酒会中的行为举止，直接关乎这个人道德品质的优劣。

英雄是彼时原始社会中的统治贵族阶层，主要承担管理与统治社会、统领军队、保卫部族或征战等职责。这些社会职责对英雄们提出了相应的德性要求，如战争已然成为彼时社会的需要，那么这种职责赋予了英雄们不同于一般希腊民众的、符合身份特征的社会价值。

---

① Lesley Adkins and Roy A. Adkins, *Handbook to Life in Ancient Greece*, Facts on File, 1997, p. 456.

第六节　本章小结

　　古希腊神话中虽尚未系统提供彼时社会的道德意识观念，但每一个古希腊神话中所包含的道德训诫都是古希腊社会道德意识的表现。

　　在荷马的英雄世界中，自我与社会之间尚未分化。个人与集体之间是相互信赖、相互包容的动态平衡关系。英雄们具有社会化的德行诉求，但他们缺乏主体性观念，更难以抵达内隐深处的心灵境界。为了弥补这一缺憾，荷马将英雄们的性格叙述成具有鲜明的同一性与总体性的特征。英雄们的所作所为并不是基于社会规范的外在约束，而是源自个体道德意识的油然表现。英雄们对于德行的追求完全表现为一种个人主义的诉求，而这种个体诉求恰恰也是"英雄社会"普遍接受的，或者说，个人的即为社会的。"在《希腊早期诗歌与哲学》中，德国学者赫尔曼·弗兰克尔对此进行了进一步引申，指出希腊社会的有机性特征为荷马史诗赋予了文化传统与思维广度上的向心力，《伊利亚特》在本质上是荷马个人才能与古希腊文化传统的有机融合。"[1] 英雄们作为凡人的道德"范本"，与世俗凡人生活在同一种社会体系中，英雄们遵循的道德即为世俗凡人的道德典范——道德意识与现实的社会秩序。古希腊神话的影响力一方面源自其旺盛的生命力与传播力，另一方面则因为其一个个有血有肉、生动鲜活的、真实的道德个体的冲击力。可以说，史诗英雄的个体化色彩与生命活动的道德意义，成就了古希腊神话的道德灵魂。

---

[1]　http：//kyc.blcu.edu.cn/art/2016/5/12/art_10052_1110768.html.

第六章

正义之德的衍变

正义一词有广义与狭义之分。广义而言,正义谓之宇宙大法,天地之道,是万事万物合序、合规的依据,是万民幸福的来源;狭义而言,正义谓之社会与人类的道德理念,是柏拉图的"四主德"之一。古希腊神话中洋溢着古希腊人最初的正义观念。与现代意义的"正义"不同,在古希腊时代,"正义"是"行"和"法",而非现代理解的"论"。在"法"与"行"的正义框架之下,人类社会的各种道德、法律、政治等,都可以在正义中讨论。

第一节 由外而内的利益驱使

一 个体正义的象征——忒弥斯正义女神

不可否认,在古希腊时期尚未出现学理层面关于正义的讨论,但不能就此否定彼时希腊民众对正义的探寻。恰恰相反,荷马史诗与赫西俄德的作品也许比近现代意义上的学理讨论更为生动与鲜活。美国学者米尔曼·帕里(Milman Parry,1902—1935)的研究表明,荷马英雄神话的"道德"被陈述为由荷马生活中相应的一系列社会关系所强加的一系列责任。这些责任因普遍的行为规则而得到规制。这种"道德观念"首先被认为是某人渴望的一系列原则,而后才是对普遍规制——它为战绩强加了"责任"以及赋予了

"奖励"——的一种实用性的反映。如果我们要在荷马那里寻找一些最初被认为是"正义"的原型，它可能就在那里。① 古希腊英雄的德行主旨是追求个人的德行，这是涉及个体行为的道德诉求或生存范本。那么，这种关于个人的伦理与涉及他人关系的伦理——正义是如何融合的呢？这一问题在希腊神话中是一个递进的发展历程。古希腊人对正义德行的认知，经历了从"外在利益的满足"到"内在利益的相关"的转变过程。

古希腊神话中，真正具有人格化的正义之神在《神谱》中出现。《荷马史诗》中的"正义"尚未出现具体的神祇。当赫西俄德在神圣的赫利孔山上牧羊之际，缪斯女神交给他一首光荣之歌——《神谱》。据《神谱》描述，代表正义的神祇有两位女神：忒弥斯（Θεμις，Themis）与狄刻（Δικη，Dikê）。

> 宙斯娶了容光照人的忒弥斯为妻，生下了荷赖（时序三女神），即欧诺弥亚（秩序女神）、狄刻（正义女神）和鲜花怒放的厄瑞涅（和平女神）。这些女神关心凡人的工作。②

忒弥斯是乌拉诺斯和盖亚的后代，是提坦神族的十二神之一。忒弥斯是宙斯的姑妈与第二任妻子。忒弥斯正义即"法"是一个如此尊贵的女神，"法"孕育了时序、秩序与正义。忒弥斯通常以身着白袍、头戴金冠、左手提秤、右手举剑的蒙眼女神的形象出现。依照现代像章学的解释：白袍——道德无瑕、刚直不阿；金冠——正义尊贵、荣耀第一；秤——裁量公平，在正义面前人人皆得所值；剑——制裁严厉，决不姑息；蒙眼——理智，摒弃多变的感官印象。狄刻的形象为手持棒槌、

---

① [英]哈夫洛克：《希腊人的正义观》，邹丽、何为等译，华夏出版社2016年版，第11页。

② [古希腊]赫西俄德：《工作与时日·神谱》，张竹明、蒋平译，商务印书馆1991年版，第52页。

表情严肃的女子。① 作为宙斯的第二任妻子，忒弥斯协助宙斯打败了二代主神克洛诺斯，并一直陪伴着宙斯在奥林匹斯山上统治着宇宙。宙斯正是以忒弥斯的品质——正直、公平、正义——统治着天地，以正义与统一的秩序确定了一个完整的世界秩序。

德国学者鲁道尔夫·冯·耶林（Rudolf von Jhering，1818—1892）这样描述其含意："正义之神一手提着天平，用它衡量法；另一只手提着剑，用它维护法。剑如果不带着天平，就是赤裸裸的暴力，天平如果不带着剑，就意味着软弱无力。两者是相辅相成的"②。宙斯与忒弥斯结合的象征性意义主要表现在：正义的力量可以确保秩序的和谐，即自由个体之间的民主。彼时，忒弥斯正义主要表现为社会习俗和惯例，"这种社会规则对一个原始群体来说是模糊的、不成熟的，然而它具有绝对的约束力。后来，这种规则变成了固定的惯例，部落的习俗；最后，到了城邦时代它就以法律和公正的形式出现"③。正如法谚所说，"正义不仅应得到实现，而且要以人们看得见的方式加以实现"④。这就是所谓的"狄刻正义"。

二 群体正义的象征——狄刻正义女神

德性的实践有赖于城邦共同体作为根基。希腊德性伦理的产生根植于一个共同体之中，失去共同体，德性伦理即失去了生存的土壤。因此，当古老的女神忒弥斯"法"遭遇到权力——宙斯——的玷污与蹂躏之后，新一代正义女神狄刻（Dike）就成为了正义权力的化身。"我们是否仍然同意，我们

---

① 黄进：《社会主义核心价值观的"内省"与"外化"》，江苏人民出版社2015年版，第122页。

② 戴镏龄主编：《世界名言大辞典》，广西人民出版社1996年版，第1035页。

③ [英] 简·艾伦·赫丽生：《古希腊宗教的社会起源》，谢世坚译，广西师范大学出版社2004年版，第480页。

④ Justice must not only be done, but must be seen to be done.

应当予以最高评价的不仅仅是生活,而是生活得好?……并且我们是否仍然同意生活得好、生活得美妙与生活得公正是一码事?"① 希腊人的德行与城邦共同体是密不可分的双生体。

狄刻是宙斯与法律女神忒弥斯的女儿,具有"神性"的力量。通常,狄刻的形象是容貌严峻、手持棍杖的女性。较之忒弥斯的强力外表,狄刻更多是以惩戒者的形象出现。狄刻女神是神圣的象征。公正审判、辨别善恶、驱逐暴力、实现和平是狄刻的主要职能。法庭、公民大会、议会成为狄刻主要出现的场所。狄刻代替宙斯监视着人间的生活,"只要有谁用狡诈的辱骂伤害她"②,她定向宙斯报告不公平的事情。狄刻主管着人间的是非善恶的裁判,行使着惩戒与权力的功能。正义女神是宙斯赐予人类最为珍贵的礼物,正如赫西俄德在《神谱》中劝导民众:

> 倾听正义,完全忘掉暴力。因为克洛诺斯之子已将此法则交给了人类。由于鱼、兽和有翅膀的鸟类之间没有正义,因此它们相互吞食。但是宙斯已把正义这个最好的礼物送给了人类。因为任何人只要知道正义并且讲正义,无所不见的宙斯就会给他幸福。但是,任何人如果考虑在作证时说假话、设伪誓伤害正义,或犯下不可饶恕的罪行,他这一代人此后会渐趋微贱。如果他设誓说真话,他这一代人以后便兴旺昌盛。③

在柏拉图的《理想国》中,三个社会阶层的从属关系就是正义德行的体现。希腊人的正义生活即是最愉悦与最幸福的生活。生存

---

① [美]特伦斯·欧文:《古典思想》,覃方明译,辽宁教育出版社1998年版,第97页。
② [古希腊]赫西俄德:《工作与时日·神谱》,张竹明、蒋平译,商务印书馆1991年版,第9页。
③ [古希腊]赫西俄德:《工作与时日·神谱》,张竹明、蒋平译,商务印书馆1991年版,第9页。

范围的拓展要求希腊人更为关注与他人关系的"利他主义"的合作,"因为独居的个人将目标限制在他自身从而不能达到这样一种生活"① ——自给自足、完满的生活。从忒弥斯正义到狄刻正义的演进历程,构成了古风时期希腊民众对正义含义逐步深入的理解。关乎自我德行伦理的天道正义转向关乎他人德行伦理的人道正义——社会德行。可以说,社会德行是关乎自我美德的深层探索。

第二节 天道正义

一 自然秩序的僭越与惩戒

(一) 融合于神谱的自然秩序

1."无序"的神谱

赫西俄德在《神谱》中讲述了诸神渐进的演变过程。第一代天神乌拉诺斯完全呈现出宇宙的自然属性。乌拉诺斯仅受原始的、欲望的支配,除去性活动,没有任何的道德意识。他禁锢着地神盖亚及子女,看不见比盖亚怀抱更遥远的地方。最终,乌拉诺斯被最小的儿子克洛诺斯以暴力的方式推翻统治,这一方式也是自然暴力的。第二代天神克洛诺斯的自然属性有所减弱。克洛诺斯不像他的父亲一样沉溺于性,他是一个残暴、狡诈、多疑且永远保持高度警惕性的神。克洛诺斯开辟了时空,宇宙不再一片混沌,万物开始出现秩序。作为一个有所变化的、等级化的宇宙统治者,他关注的是他最高的统治权力。克洛诺斯将自己孕育的子女吞进肚子中,以防止自己的统治地位被孩子取代。不幸的是,最终克洛诺斯还是被小儿子宙斯取代,为自己的弑父行为付出了代价。第三代天神宙斯的统治开创了宇宙的新秩序。

彼时宇宙之混沌无序,意味着一切皆有可能。在古希腊神话中,关于宇宙初始混沌的原始想象之中,并不具有个体人或人类的

---

① [美] 特伦斯·欧文:《古典思想》,覃方明译,辽宁教育出版社1998年版,第97页。

特征，更没有任何定义性的描述特征。没有人类、没有神、没有自然界，一切都在混沌黑暗之中。在绝对的黑暗与深渊之中，找不到可以识别的事物，只有模糊不清的存在。因此，可以将这一时期的宇宙视为全然的"无序"，一切都是流变不息、混乱无序的。诚然，"有序"是事物或要素之间的规则与秩序的排列组合，及其运动变化的状态。例如，一盘散沙为物质的无序状态，如果散沙被堆砌成某种形状，则可视为物质的有序状态。正如中国神话之盘古于混沌中开天辟地一般，亦如《易传·系辞》所示，"是故易有太极，是生两仪，两仪生四象，四象生八卦"[①]。无序，意味着万般皆有可能。

2. 自然秩序建立

第一代主神乌拉诺斯与盖亚的神话，体现了人类关于自然进化的形而上的思考。伴随着人类的不断进化，认识、开拓以及利用自然并进而改造自然，就成为人类体现自主性的初始追求。此时此刻，万事万物开始诞生，同时具备了自己的专属名字，宇宙开始从绝对的"无序"日渐过渡到可以识别的具体事物。但是，此时诸神的名字最多可以视为自然力量的代名词，并不是具有身心特征的个体存在。世界的演变历程要求诸神应该更具文化特征，而非纯粹的自然特征。诸神演进的下一步轨迹，则是更具思考性、自我意识的存在个体。简言之，即希腊诸神逐渐具备人格化的特征。

3. 时空秩序诞生

第一代天神乌拉诺斯对性的嗜迷，妨碍了他与盖亚孩子的出生，进而导致时空停止，宇宙凝结。第二代主神克洛诺斯用铁质镰刀阉割的叙述，具有"宇宙性"的意义——时空的诞生。首先，空间诞生。被阉割的乌拉诺斯痛苦地飞向天空，最终悬停在苍穹之顶；至此，宇宙出现了天空与大地的广袤空间。其次，时间的诞生。乌拉诺斯的飞离，使被他囚禁的孩子提坦神得以从大地之中现

---

① 南怀瑾：《易经系列别传》，复旦大学出版社2016年版，第222页。

身出来，这是未来时间的开启。时间意味着"无尽永前"的生灭顺序，空间意味着"无界永在"的生灭范围。至此，哲学意蕴中的空间与时间成为人类认识自我与自然关系的重要宇宙性维度。周易之"乾坤"、道家之"道"以及孔孟之道，可视为此等时空智慧之集大成者。

第二代天神克洛诺斯虽然开辟了时空，但他为了保障自己宇宙之神的统治地位，对他与盖亚孕育的后代采取了"政治"的制裁手段：

> 每个孩子一出世，伟大的克洛诺斯便将之吞食，以防其他某一骄傲的天空之神成为众神之王；因为克洛诺斯从群星点缀的乌拉诺斯和地神盖亚那里得知，尽管他很强大，但注定要为自己的一个儿子所推翻。①

4. 自然秩序与正义秩序

自此，宇宙起源论的故事被权力接替的神话替代，宇宙自然开始步入秩序建立与权力更替的时代，这是第三代天神宙斯的时代。第三代主神宙斯击败了克洛诺斯与提坦神的威胁，赢得了胜利，亦随之获得了宇宙的统治权。战争之初，宙斯就承诺，战后将保护跟随他出战的提坦神族诸神祇的职务与权力。战后，宙斯公正地、智慧地与海神波塞冬、冥神哈迪斯三分世界权力：宙斯掌管天空，他同时给予每一位帮助他获得战争胜利的神祇以专属特权、角色、责任与荣耀。第三代主神宙斯最终的目的是：消除混沌，重新规划宇宙，确立一种新的秩序。抑或说，人类要构建一个正义的、秩序的世界。至此，宇宙进入全新的、以奥林匹斯诸神为首的新秩序：最强大、最智慧、最公正、最无私的新秩序。

---

① ［古希腊］赫西俄德：《工作与时日·神谱》，张竹明、蒋平译，商务印书馆1997年版，第40页。

总体而言，古希腊神话中宇宙的起源与神谱的诞生，两者合二为一。最初，混沌支配着宇宙；一代主神乌拉诺斯时代是一个缺乏智慧、充满仇恨与残暴的时代；二代主神克洛诺斯开启了时间与空间，建立了一个初始的自然秩序；三代主神宙斯最终确立了宇宙秩序，从而为人类的出现提供了正义与秩序的规范。从混沌之初无形的、抽象的形态，发展到奥林匹斯神智慧的、有意识的形态，宇宙开始远离原始而趋向理智。即使自然仍旧具有支配神的行为的能力，但"心理因素和一种文化秩序在神的行为中开始占据更大的位置"①。自然，从原始本质的自然，走向了秩序的自然。"宇宙历史是演进的，从乌拉诺斯到克洛诺斯至宙斯，诸神愈发地像人，越来越多地失去了先前的自然性。从乌拉诺斯身上我们得知，自然性乃是暴虐的力量，因而乌拉诺斯——克洛诺斯——宙斯所代表的神的世系使宇宙秩序形成的'巧手'从自然暴力逐渐变为道德力量。易言之，宇宙秩序的形成与维持愈来愈仰赖于道德力量，于是我们穿越了一个物理的宇宙而进入了一个道德的宇宙。宇宙历史以混沌和暴力开始，而以和平的因素之增长结束，在那里暴力的因素不断隐去而道德的力量迅速成长。"②

赫西俄德宇宙论的一个显著的倾向是，世界秩序的组织力量正在变得和平而道德。随着三代宇宙之神的建立，宇宙起源论神话的中心问题发生了移位。宇宙自然历经了两个过程：由原始的物质实体自然向心灵的秩序自然的转移；由混乱与秩序之间关系向秩序与权力关系的转移。在宇宙秩序构建的历程中并未有凡人的出现，那是一场永生的诸神之间的战争。神话的设计者们——人类——又将如何在这一宏伟结构中融入自己的位置？

（二）僭越与惩戒

与传统中国神话中呈现为"不食人间烟火"、毫无道德瑕疵且

---

① ［法］吕克·费希：《神话的智慧》，曹明译，华东师范大学出版社2017年版，第33页。
② Frierich Solmsen, *Hesiod and Aeschylus*, Cornell University Press, 1949, pp. 64–65.

勇于献身精神的诸神不同，希腊诸神与世俗凡人之间上演的则是钩心斗角、睚眦必报的"后宫式"剧情。在此剧情中，人类与诸神无一例外地将为自己的"僭越"行为受到惩戒。

宙斯创立的秩序逐渐确立起来——有了神族的正义秩序，人间的正义秩序才会有本有源。正如公元前8世纪的希腊诗人赫西俄德在《神谱》中告知世人，"诸神与人类有同一个起源。"[①] 主神宙斯创造了黄金时代、白银时代、青铜时代、英雄时代和黑铁时代这五代人类。世俗凡人的不安分，必将受到自然神灵的惩戒。"幼年期"的黄金人类如"神仙"般地生活，一切皆仰仗诸神的赐予。他们衣食无忧，生活纯净幸福，死后无痛无忧。然而好景不长，步入"青少年期"的白银与青铜人类开始不敬神，冒犯自然，妄图支配自然。作为不节制的"僭越"行为的惩罚，人类不再衣食无忧。他们变成了"食五谷杂粮"的凡俗世人，劳作成为人类生存的必需手段，死后化作"孤魂野鬼"被人遗忘。然而，这其中仍旧有一些人如"黄金时代"的人类那样，对自然抱有敬重之情。他们成为古希腊神话中的"英雄世代"；他们在世为英雄，死后享有荣誉。延续至今的黑铁人类的生活最为悲惨，辛苦劳作才能换取仅能果腹的食物，人与人之间充斥着痛苦、倾轧与绝望，终究难逃一死的宿命。从古希腊神话的描述中，世俗凡人的生存境况并未随着技术与能力的提高，而步入更为幸福的生活。与之相反，他们的生活日渐困顿与不幸，生存环境未能得到改善，而这一切皆来自自然神灵对人类"不敬神"行为的惩戒。

赫西俄德笔下普罗米修斯的故事，恰恰处于神族秩序与人间秩序之关系的连接点。不仅人类受到自然神灵的惩戒，即便是神祇自身也会因"僭越"行为而受到惩戒。僭越的原初模型，来自提坦神普罗米修斯提供的示例。众所周知，普罗米修斯自以为是地"欺

---

① ［古希腊］赫西俄德：《工作与时日·神谱》，张明竹、蒋平译，商务印书馆1991年版，第4页。

骗"了宙斯两次：其一，在人神分家之时，普罗米修斯代表人类争夺权益，宙斯让他将一整只牛分割成两堆，普罗米修斯用一堆仅仅覆盖一层薄牛肉的牛骨蒙骗了宙斯的双眼，从而为人间赢得了肥美的食物。其二，为了惩戒人类，宙斯拒绝给人类完成文明所需的最后一物——火，而普罗米修斯将火种藏于木本茴香中，带到了人间。神灵的冒犯行为也必须受到惩戒。作为对欺骗主神的惩罚，普罗米修斯被一条永远挣不断的铁链缚在高加索山陡峭的悬崖上，永远不能入睡，双膝也不能弯曲，胸脯上还钉着一颗金刚石的钉子，忍受着饥饿、风吹和日晒。此外，宙斯还派一只鹫鹰，每天啄食普罗米修斯的肝脏，白天肝脏被吃完，夜晚肝脏会重新长出来，普罗米修斯日复一日、年复一年地承受着巨大的痛苦。

在古希腊神话中，诸神是自然世界的化身，每一位神灵都具有排他性的、专属的自然属性职权，其他神灵和人类均不得冒犯与僭越，即便是主神宙斯也要严格、公正地对待每一位神灵的职权。不遵从自然秩序的一切行为，必将受到与之罪孽相对等的惩戒。世俗凡人，亦必须本分地恪守敬重自然神灵。五代人类生存状态的日趋艰辛，可以视为人类僭越自然秩序与规则而得到的自然惩戒。

二 天道的自然正义

从人类起源神话中梳理出神与人的关系问题，也就是自然与人的关系问题。在自然、秩序、正义名义下生活的人与傲慢、僭越名义下生活的人之间，存在着一种根本性的联系——僭越与正义的关系。何谓正义？古希腊神话一再告诫人类，人类生活境况的日渐艰辛告诉世人，"不可僭越"的自然秩序即为正义——宇宙的秩序是协调一致的。

宇宙秩序建立的关键性要素，即"宙斯"的自然秩序最终战胜了混沌的无序，同时人类与人类社会被引入了这个秩序王国，"以及时间被整合至一种持续的平衡中"[1]。"自然而然"的人类是宇宙

---

[1] ［法］吕克·费希：《神话的智慧》，曹明译，华东师范大学出版社2017年版，第82页。

自然演化史中不可分割的一部分，"天人合一"与"天人相分"仅仅体现出人类"源于自然—认识自然—利用自然—融入自然"的矛盾转化过程。无论诸神抑或凡人，必须遵守历经提坦之战后建立的世界秩序与划分。越界之神或人，必将被"带回正轨"，或者说被"自然之神"施以惩戒或矫正。自然秩序强制人类服从它、服从它的规律。正如恩格斯在《劳动在从猿到人转变过程中的作用》中所说："动物仅仅利用外部自然界，单纯地以自己的存在来使自然界改变；而人则通过他所做出的改变来使自然界为自己的目的服务，来支配自然界。……但是我们不要过分陶醉于我们对自然界的胜利。对于每一次这样的胜利，自然界都报复了我们。……我们对自然界的整个统治，是在于我们比其他一切动物强，能够认识和正确运用自然规律。"①

正如哲学家罗素在《西方哲学史》中对古希腊人的正义观的描述："在哲学开始以前，希腊人就对宇宙有了一种理论，或者说感情，这种理论或感情可以称为宗教的或伦理的。按照这种理论，每个人或每件事物都有着他的或它的规定地位与规定职务。但这并不是取决于宙斯的谕令，因为宙斯本人也要服从这种统御着万物的法令。……凡是有生气的地方，便有一种趋势要突破正义的界限，因此就产生了斗争。有一种非人世的、超奥林匹克的法则在惩罚着放肆，并且不断地在恢复着侵犯者所想要破坏的那种永恒的秩序"②。正义女神狄克（Dike）作为宙斯和忒弥斯（Themis）的女儿，帮助其父确保宇宙根本秩序的实现。《理想国》中柏拉图所推崇的生活方式，恰可概括为"与神共存"。"正义"有赖于"神"的存在和属性，神的存在使得正义有了某种潜在的正当性和强制性，并证明了正义的不可侵犯性。于是，对神的崇拜和敬畏居于正义之上，服从正义只不过是服从神性的秩序，神规定了正义，无神则无正义，

---

① ［德］恩格斯：《自然辩证法》，中共中央马克思恩格斯列宁斯大林著作编译局编译，人民出版社 2014 年版，第 313—314 页。
② ［英］罗素：《西方哲学史》（上下卷），李约瑟译，商务印书馆 1963 年版，第 154 页。

正义具有神义。人类的生活一直处于宙斯的监管之下，并且要服从宙斯的目标。

《神谱》不仅描述了宙斯强大的力量，同时呈现了一种类似于选举的合法过程，宙斯的位置是具有权威性的。当宙斯吞食了第一任妻子墨提斯，他获得了统治权的善与智慧性。第二任妻子忒弥斯的出现，意味着宙斯的统治依据着正义与秩序。宙斯统治权力的正义性是神人共同遵守的原则。无论神与人，皆不可破坏正义的规范，违者必将受到宙斯的惩戒。正义规范以及宙斯的最高统治权，标志着宇宙秩序具备政治属性——道德秩序，即人道正义。诚然，形而上的"宇宙正义观"的规定性要对世人产生影响，必然要"回到"人间，在人类社会构建起"属人"的正义观。因此，正义就必将由"天道正义"转向"人道正义"的领域。

第三节 人道正义

一 《奥德赛》的原则正义

（一）矛盾冲突与解决

荷马笔下的众神与英雄时常做出理性的决断，例如，奥德修斯的返乡历程就是人类智慧旅程的完美展现，奥德修斯的理性展现与决断，不亚于解决一个复杂的分析决策程序。《奥德赛》的故事通常被视为，奥德修斯在特洛伊战争取胜后，率领同伴历经艰辛返回故乡的冒险旅程。但是从整部史诗看，奥德修斯及其家人与求婚者之间的矛盾才是其主要脉络。在奥德修斯历经各种艰难险阻誓死返乡的历程中，他的坚毅与同伴的随波逐流，为返乡之程平添各种艰辛。而与此同时，奥德修斯故乡的宫殿内正在上演一幕幕求婚者的暴行。奥德修斯的妻儿坚信他依旧活在人世，然而城中的其他贵族觊觎奥德修斯的家业与地位来到他的宫殿，向奥德修斯的妻子佩涅罗佩求婚，企图鸠占鹊巢，侵占奥德修斯的财产。史诗的冲突主要表现为：奥德修斯及其支持者与求婚者的矛盾。史诗开篇即勾画出大英雄奥德修斯的优点，他善于远航，善于观察、照顾同伴，正如妻子佩涅罗佩一出场时所选的歌词：

念想一颗如此心爱的头颅，每当我思盼丈夫，
他的声名在整个赫拉斯和阿耳戈斯的腹地传扬。①
佩涅罗佩在指责伊塔卡人的求婚者时，赞扬自己的丈夫：
他从未在国度里做过或说过什么，
有失公平，虽说此乃神圣王者的作为，
憎恨某人，喜好另一乡邻，
但奥德修斯从不胡来，不会错待国民。②

奥德修斯的牧猪奴在回忆主人时，也悲叹自己的伤心，他回想起奥德修斯对他仁慈的、慈父般的保护，"称他为敬爱的主人"③。与之形成鲜明对照的求婚者，则是暴行的代表者，奥德修斯的儿子特勒马科斯请求求婚者各自回家时所说：

向我母亲求婚的人们狂妄无礼（Hubris）。④

可见，"无理智"且"不正义""狂傲而傲慢""无法无天"，成为求婚者不良德行的写照。在奥林匹斯山上的首次集会上，雅典娜提到求婚者时，说他们是"无耻"的；诗人则说他们是"傲慢自负"的。这些词在史诗中反复出现，并成为惯例。

在《奥德赛》中，大部分的情节都是超出了法律权限的。从这个意义上看，在希腊早期社会中，解决冲突的途径表现为一种更为原始的手段——家庭间的报复行为。矛盾的双方在道德上更多地表

---

① ［古希腊］荷马：《奥德赛》，陈中梅译，译林出版社2012年版，第19页。
② ［古希腊］荷马：《奥德赛》，陈中梅译，译林出版社2012年版，第109页。
③ ［古希腊］荷马：《奥德赛》，陈中梅译，译林出版社2012年版，第363页。
④ ［古希腊］荷马：《奥德赛》，陈中梅译，译林出版社2012年版，第110页。

现为对立状态：道德的两极分化——奥德修斯及其支持者与求婚者之间的善恶对立。求婚者不仅是敌人，更是恶人。雅典娜在建议特勒马科斯驱逐或杀掉求婚者时，也是将他们视为奥德修斯的敌人，而非罪犯。在史诗的最后，奥德修斯将求婚者全部杀掉。杀戮结束后，奥德修斯对奶妈欧律克勒亚说道：

> 老奶妈，别叫，冷静。
> 此举亵渎神圣，对着被杀的死人吹擂。
> 他们已被摧毁，被神定的命运和自己放肆的行为，
> 这帮人不尊重世间的来者，
> 找见他们，不管优劣，无论是谁。
> 他们招致可耻的死亡，由于自己的恣睢。①

这段话明显地显露出史诗强调的遵守礼节的要求。求婚者的"恶事"为他们带来了今天的结果，"从善远比作恶多端可行"②，这正是诗人要向希腊民众传递的道德价值信息。

（二）正义即行为原则

史诗中通过奥德修斯与求婚者之间的道德两极化——正义与暴力——阐述了正义（Dike）的观念。道德对比并非非此即彼的二选一：遵循道德原则即为对，不遵守道德原则即为错。道德对比是指两者之间的道德差异，这种差异表现为：遵循法则行事的意愿与无视法则行事的鲁莽之间的差异。因此，在《奥德赛》的行文中，"过度的""过分的""令人震惊的"等形容词的使用，并没有一个客观标准作为参考。分析个人行为是正义的还是不正义的标准，依据的是是否超越了可允许的限度；而限度的确定是借由文化中的惯例或重复出现的行为模式而决定的。

---

① ［古希腊］荷马：《奥德赛》，陈中梅译，译林出版社2012年版，第611—612页。
② ［古希腊］荷马：《奥德赛》，陈中梅译，译林出版社2012年版，第609页。

《奥德赛》的道德观没有将保守、得体性等视为单纯的好事，将过度、傲慢等视为坏事。正义（Dike）的观念通常用来指某一行为或者某个人的特征性的习惯，"正义和人间公正合理的举动"[1]，才是诸神赞赏的行为，即矫正冤屈和调节主张的法律程序。神明们、家奴、奥德修斯及其妻儿的正义表明的是一种被遵守的道德标准：人应该做什么、应该感受到什么。这正是几个世纪之后，哲学家柏拉图提出的"各做其事"——对正义的原则性定义。而在荷马时代，正义仍旧保持着得体性的仪式，即行为是否合法。它象征着"在特定情况中的特定任务可以'有权利'期许着什么，以期期待着什么才是'正义的'"[2]。求婚者的行为被描绘为"不正义"的行为，并非这些人在道德上的对错，而是他们的行为方式触犯了法则、规则，即文化中重复的行为模式。起源于口语叙事的史诗，在荷马社会时代已不再是口头的即兴创造了，而成为社会习俗与个人习俗的文本。古希腊诗人通过讲述神话，一步步将这些习俗阐述出来。在古希腊社会，个人完全脱离社会而存在是不可想象的。因此，社会之中的习俗与惯例便是法则，法则具有约束性，而道德并不能被定义，只有与习俗具有一致性时，道德才可以被视为法则，即法律—道德。

二 《伊利亚特》的程序正义

（一）冲突心理与矛盾解决

与《奥德赛》相似的矛盾结构同样出现在《伊利亚特》的行文结构中。《伊利亚特》开篇讲述了科吕塞伊思的女子以非法形式占有的故事，这也是一个正义被推翻与建立的故事。

希腊联军统帅阿伽门农率领军队突袭邻近城邦大获全胜。依照习俗，虏获的胜利品将在军中论功分配，被俘获的女子科吕塞伊思

---

[1] ［古希腊］荷马：《奥德赛》，陈中梅译，译林出版社2012年版，第360页。
[2] ［英］哈夫洛克：《希腊人的正义观》，邹丽、何为等译，华夏出版社2016年版，第222页。

是一位祭司的女儿，她被分配给了阿伽门农。女子的父亲为了救回女儿到集会上抗议，并得到集会民众的支持。阿伽门农不听从众意，愤怒地反驳道：

> 我不会交换姑娘；在此之前，岁月会把她磨得人老珠黄，
> 在远离故乡的阿尔戈斯，我的房居，
> 她将往返穿梭，和布机做伴，随我同床！①

在众人的共同努力之下，科吕塞伊思最终还是被送回家中。然而，阿伽门农利用统帅权力在大英雄阿喀琉斯处谋求利益以弥补他的损失，带走了阿喀琉斯身边的侍女。阿伽门农很快就后悔了，并决定解决这一"争吵与冲突"。阿伽门农承担责任："现在，我愿弥补过失，拿出难以估价的偿礼。"② 后来，由于阿喀琉斯的固执己见，矛盾冲突仍未解决。在冲突最后解决之际，阿伽门农再次忏悔：

> 但是，既然我已受了迷骗，被宙斯夺走了心智，
> 我愿弥补过失，拿出难以估价的偿礼。③

阿喀琉斯同样因为自己的偏见受到了嘲弄，当阿伽门农代请阿喀琉斯的导师福尼克斯进行调节时，阿喀琉斯断然拒绝，福尼克斯严肃地对他说：

> 祈求是强有力的宙斯之女，她们
> 瘸着腿，满脸皱纹，睁着斜视的眼睛，
> 艰难地迈着步子，远远地跟行在毁灭的后头。

---

① ［古希腊］荷马：《伊利亚特》，陈中梅译，华夏出版社2007年版，第2页。
② ［古希腊］荷马：《伊利亚特》，陈中梅译，华夏出版社2007年版，第175页。
③ ［古希腊］荷马：《伊利亚特》，陈中梅译，华夏出版社2007年版，第407页。

毁灭腿脚强健、迅捷，超赶过
每一位祈求，抢先行至各地，使人们
失足难受。祈求跟在后面，医治她们带来的伤愁。
当宙斯的女儿走近，如果有人尊敬她们，
她们便会给他带来莫大的好处，聆听他的求告；
但是，倘若有人离弃她们，用粗暴的言辞一味拒绝，
她们就会走向宙斯，克洛诺斯之子，求他
嘱令毁灭，追拿此人，使他遭难，吃罪受惩。①

福尼克斯的预言实现了，阿喀琉斯受到了惩罚，他失去了自己最好的朋友——普特勒克洛斯。阿喀琉斯誓言要为朋友复仇，大声呼喊道：

但愿争斗从神和人的生活里消失，
连同驱使哪怕是最明智的人撒野的暴怒，
这苦味的胆汁，比垂滴的蜂蜜还要甜香，
涌聚在人的胸间，似一团迷雾，迷惘着我们的心窍。②

两位强者之间的矛盾与争吵被世人永远牢记。整部史诗的情节被冲突与仇恨、骄傲与愤怒、荣誉与无知、违抗与忏悔的情绪支配着。为了解决两者之间的矛盾与冲突，接下来的程序即是找到解决矛盾的方法。

召开集会成为史诗中解决矛盾的重要手段。例如《伊利亚特》中科吕塞伊思的父亲为了救女儿在集会上抗议；阿伽门农为解决与阿喀琉斯的矛盾召开集会；阿喀琉斯决定为挚友复仇重返战场之际，他母亲劝解他必须要召开公民大会声明：

---

① ［古希腊］荷马：《伊利亚特》，陈中梅译，华夏出版社2007年版，第186—187页。
② ［古希腊］荷马：《伊利亚特》，陈中梅译，华夏出版社2007年版，第385页。

> 去吧，把阿开亚勇士催喊招聚，
> 消弃你对兵士的牧者阿伽门农的愤恨，
> 振发你的勇力，马上披甲战斗！①

阿喀琉斯正式召开了公民大会。在公民大会上，阿喀琉斯与阿伽门农分别发表演说。阿喀琉斯表明，自己对阿伽门农已没有怨恨，与会者鼓掌欢迎。阿伽门农发表了长篇的道歉致辞。最后，承诺说他可以随时赔偿已经准备好的丰厚礼物。大战在即，敌人威胁在即，假如阿喀琉斯愿意，等等，可以将礼物带至你的面前，当面过目。阿喀琉斯礼貌地说，他已经迫不及待地想要上战场了。紧接着，奥德修斯作为得体性的角色劝解两人应该解散军队了，开始享用早餐，准备参战了。

> 解散你的队伍，让他们整备
> 食餐。至于偿礼，让民众的王者阿伽门农
> 差员送到人群之中，以便让所有的阿卡亚人
> 都能亲眼目睹，亦能愉慰你阿喀琉斯的心胸。②

"对于公共事务的处理和重要决定的信息而言，议会都是至关重要的。"③ 两个强者之间的矛盾，通过公民大会得到了仪式性的解决。阿喀琉斯与阿伽门农两位英雄起身并宣誓，布里塞伊斯会被毫发无损地归还给阿喀琉斯，阿伽门农还要宴请阿喀琉斯以示和解。奥德修斯对两位英雄说道：

> 松解你的心结，使你得到理应收取的一切。

---

① [古希腊] 荷马：《伊利亚特》，陈中梅译，华夏出版社2007年版，第404页。
② [古希腊] 荷马：《伊利亚特》，陈中梅译，华夏出版社2007年版，第408页。
③ [英] 哈夫洛克：《希腊人的正义观》，邹丽、何为等译，华夏出版社2016年版，第155页。

> 从今后，阿特柔斯之子，你要更公正地对待
> 别人。王者首先盛怒伤人，其后出面平抚
> 感情的痕隙，如此追补，无可厚非。①

最后，阿伽门农和解的礼物被带到了阿喀琉斯面前，阿伽门农同时献出一头祭祀的公牛，并庄严宣誓。阿喀琉斯通过这一简短且正式的形式，解散公民大会。两位英雄的矛盾得到了适当的解决。

（二）正义即法的程序

双方的矛盾冲突促使了公民大会的召开，正义只有在公民大会中才可以被运用。公民大会成为一个讨论的场合，在大会中矛盾双方均可申辩，最后获得审判。在申辩过程中，还涉及物质与德行的重新分配。因此，申辩与审判具备了一种功能：正义的完成必须由申辩与审判完成。这也就形成了早期城邦中实施的法律程序的范式。在《伊利亚特》中，正义是一种程序，而非原则。

其一，为了达成正义，矛盾冲突双方谈判申辩的过程是集中的表现形式。正义作为一种解决争端的办法存在着，并且在公民大众的庇护下就以谈判申辩的形式代替了身体的冲突。正如麦金太尔指出的，《伊利亚特》的"狄刻正义"是一种参与者提出的主张。在《伊利亚特》中，正义是源于司法之中的，但它还只是一种特殊的道德诉求，并非一种普遍的认知。掌握正义程序的人是一群记忆能力很强的人，即麦金太尔所说的判官。他们精通"公正和法规"，他们的司法职责主要体现为：主持审判、倾听陈述、发表演说、达成共识。"司法职责就在专家之间被分享或者被散播开来"②，由此验证了"程序是正义的蒙眼布"的法谚。程序是司法正义自我绑缚的蒙眼布，是"刻意选择"的与当事人及外界权势保持距离的伦理

---

① ［古希腊］荷马：《伊利亚特》，陈中梅译，华夏出版社2007年版，第409页。
② ［英］哈夫洛克：《希腊人的正义观》，邹丽、何为等译，华夏出版社2016年版，第167页。

"姿态"——"法律面前人人平等"。判官们在辩论的过程中指导双方，管理说话者的秩序，同时认真倾听双方的诉说。诉讼双方的当事人自行辩护"正义性"，最终的决议是由"解释正义最公正的人"宣布。法庭程序或公民大会程序是由口头的言辞或口头的定罪达成的一种象征或者是一种程序。"可是这个法律不是出于不朽的神之手。而且，我知道法律不分现在和过去，它们能够永远有效。尽管无人明白其中的出典，然而这是凡人不能逾越的规矩，否则众神就会迁怒于他们。"[1]

其二，审判官判决的依据是宇宙秩序论。正如之前提到的第三代主神宙斯建立宇宙秩序过程一般，宙斯三兄弟划分宇宙各自的管辖范围及划分后形成的管理，成为审判官的判决依据。宇宙权利的划分是以抓阄的方式确定下来的，这显然是一种习惯的方式；三分天下之后，各司其职，互不干涉，这也是一种习惯的方式。不难看出，荷马时代的希腊民众对习惯存有敬畏之心。正义女神忒弥斯在希腊语中除了具有"正义"之意，还可译为"习俗""法律"的意思。因此，忒弥斯不仅是正义女神，还是预言女神、秩序女神，她用布蒙住双眼，手持天平，公正裁判。"忒弥斯正义"是一种依靠传统和惯例维持的神圣秩序，这标志着荷马时代的习惯法。希腊社会尚未制定律法之前，民众之间发生纠纷，由审判官通过审判（Themistes）时得到的灵感进行判决。伴随着类似案件的增多，统一案件的审判几近相似，这也就具有了一定的习惯。相似案件总是采用相似的判决方法，这一习惯即被人们称为正义。直至法律制度的逐渐健全和发展，"正义"逐渐取代了"天理"的地位，神祇的光辉逐渐消隐在习惯之中。

其三，程序是在公共场所（Agora）举行。在文盲社会，公众在公共场所的记忆成为历史事件被记住的唯一证明。记忆的属性从

---

[1] ［德］古斯塔夫·施瓦布：《希腊古典神话》，曹乃云译，译林出版社2003年版，第292页。

精准性来看较为薄弱，但是在早期的希腊城邦社会中成为保护"法律与秩序"最有效的手段。公众记忆具有群体性的属性，这对于早期人类社会个体离散性属性具有有效的克制作用，更是成为法律或道德的必要补充。Agroa 一词是 history（历史）的词源，即公共场所承载着一个宗族部落的历史文化。Agora 是一个公民聚集的公共场合。在希腊文明之初，各个宗族、每个家庭中都有一个属于自己的公共场所。家庭的公共场所要小于宗族的公共场所，宗族的公共场所一般是用来进行祭祀、交易、庆典活动、公告发布等。这样的场所虽没有被冠以法庭的称谓，但是明显具有审判场所的意味。在冲突发生时，宗族长老或者审判者在公共场所进行判决。久而久之，部族成员在审判的公共场所中累积起对审判者的认知、信任，进而上升为对神祇的虔敬。因此，公共场所成为部族的"法庭"审判空间，同时也在审判中完成了部族民众的教化。"可是这个法律不是出于不朽的神之手。而且，我知道法律不分现在和过去，它们能够永远有效。尽管无人明白其中的出典，然而这是凡人不能逾越的规矩，否则众神就会迁怒于他们。"①

值得关注的是，这种程序正义并不存在于城邦之间。正义可以被视为一种权利，这种权利不具有普适性。城邦之间不存在共同的公民大会得以让程序运作。正如特洛伊远征一般，两个城邦之间的结局只能是"要么和平，要么战争"②。从希腊英雄阿喀琉斯身穿盔甲重返战场的那一刻起，正义就隐退了。程序正义的再次出现，必须要依靠新一轮集会或公民大会的辩论审判才出现。城邦间正义或者说具有现代意义的正义观念是在较晚出现的《工作与时日》神话中才得以体现。

---

① ［德］古斯塔夫·施瓦布：《希腊古典神话》，曹乃云译，译林出版社 2003 年版，第 292 页。
② ［英］哈夫洛克：《希腊人的正义观》，邹丽、何为等译，华夏出版社 2016 年版，第 168 页。

三 《工作与时日》的城邦正义

(一) 暴行强权

《工作与时日》是一首约 800 行的诗歌。整首诗的结构看似不够严密，其中有一部分诗 100 行左右，集中讨论一个独立的主题——正义。

公元前 8 世纪，赫西俄德时代的希腊社会已经具有阶级分化，人际关系日渐复杂。原始先民过去认为幸福快乐生活的获得要通过勤劳勇敢的劳作——唯一正当的获得财富的途径。随着人类社会的发展与社会分工的细化，人际关系复杂，人们遭遇的社会道德问题更加频繁与复杂，幸福快乐生活的获得不仅要依靠辛勤劳作，同时还必须学会处理各种各样人与人之间的关系，更不可轻慢自然力化身的诸神。整部诗作可以看作是一部"宙斯之诗"。因此，同荷马史诗一样，赫西俄德的正义也根植于神义之中。"神谱"中赋予了 Dikē（正义）鲜明的人格性的特征——正义女神。

赫西俄德用鹞鹰与夜莺的寓言，告知人类正义是具有神性且不可侵犯的。

> 一只鹞鹰用利爪生擒了一只脖颈密布斑点的夜莺，高高飞翔到云层之中，夜莺因鹰爪的刺戳而痛苦地呻吟着。这时，鹞鹰轻蔑地对她说道：不幸的人啊，你干吗呻吟呢？喏，你现在落入了比你强得多的人之手，你得去我带你去的任何地方，尽管你是一个歌手。我只要高兴，可以你为餐，也可放你远走高飞。与强者抗争是傻瓜，因为他不能获胜，凌辱之外还要遭受痛苦。①

---

① [古希腊] 赫西俄德：《工作与时日·神谱》，张明竹、蒋平译，商务印书馆 1991 年版，第 7 页。

不同于现代法学意义上的理性程序，古风时代的希腊人将"正义"视为神对人的恩赐物。狄刻女神是宙斯之女，是宙斯赐予人间最珍贵的礼物。赫西俄德认为，正义是宙斯"为人类安排下的法律"，即"秩序"。人类无须费时费力地设计、探索、追寻何谓正义，人类只要虔敬、倾听神的旨意，即为正义。人与其他动物的本质区别在于，人类社会存在正义这一恩赐物，正义是人类行事的准则。如果人们不遵守神赐的正义，就是对神祇的不敬；对神祇的不虔敬，神祇自会惩戒人类的错误。正如赫西俄德《神谱》中第五代黑铁人类一般，正是人类的不敬畏神明，才导致他们永远无法摆脱劳累之苦，遭受到饥困与辛劳的惩罚，善恶混杂。

赫西俄德形成了词汇"正义"与"暴行"，以此来分别代替阿伽门农、阿喀琉斯以及奥德修斯。暴行（Hubris）是正义的对立面。暴行意味着冒犯、破坏宙斯的秩序。暴行者认为，力量即正义，任意施暴。不尊敬父母、颂扬恶者即恶行、失信、撒谎、嫉妒成为恶行之人的选择，他们拒绝行善为正。而这些皆是宙斯反对的行为，因此秩序的创造者宙斯执行了他惩戒的权利。

宙斯啊，请你往下界看看，侧耳听听，了解真情，伸张正义，使判断公正。[1]

狄刻作为宙斯的监督与执行者，监视人间不义的行径，"直至他们遭受报应"。"做出决断之人"和"那些正直司法之人"都将受到奖赏。何种地方或者说何种方式才能获得这样乌托邦的奖赏呢？正如赫西俄德所说：

人们如果对任何外来人和本城邦人都予以公正审判，丝毫

---

[1] ［古希腊］赫西俄德：《工作与时日・神谱》，张明竹、蒋平译，商务印书馆1991年版，第1页。

不背离正义，他们的城市就繁荣，人民就富庶，他们的城邦就会呈现出一派爱护儿童、安居乐业的和平景象。无所不见的宙斯也从不唆使对他们发动残酷的战争。饥荒从不侵袭审判公正的人，厄运也是如此。他们快乐地做自己想干的活计，土地为他们出产丰足的食物。山上橡树的枝头长出橡实，蜜蜂盘旋采蜜于橡树之中；绵羊身上长出厚厚的绒毛；妇女生养很多外貌酷似父母的婴儿。他们源源不断地拥有许多好东西，他们不需要驾船出海，因为丰产的土地为他们出产果实。①

"对任何外来人和本城邦人都予以公正审判"②，即为城邦中的行为规则。在对乌托邦描述之后，赫西俄德紧接着描述了暴行获得的厄运，将宙斯刻画成惩罚不义之人的实施者。

> 无论谁强暴行凶，克洛诺斯之子，千里眼宙斯都将予以惩罚。往往有甚至因一个坏人作恶和犯罪而使整个城市遭受惩罚的，克洛诺斯之子把巨大的苦恼——饥饿和瘟疫一同带给他们。因此，他们渐渐灭绝，妻子不生育孩子，房屋被奥林匹斯山上的宙斯毁坏而变少。宙斯接着又消灭他们的庞大军队，毁坏他们的城墙，沉没他们海上的船舰。③

无论是谁实施了暴行，宙斯都将对之施以惩罚。即便只有一个人犯罪，也会惩罚整个城邦。对于蔑视神灵的骄傲自大之人具有专门的称呼：hubriss（暴行）。在希腊神话中，这些暴行之人无一例外地遭到神祇致命性的报复。饥荒与瘟疫降临人间，女性不能生

---

① ［古希腊］赫西俄德：《工作与时日·神谱》，张明竹、蒋平译，商务印书馆1991年版，第8页。
② ［古希腊］赫西俄德：《工作与时日·神谱》，张明竹、蒋平译，商务印书馆1991年版，第8页。
③ ［古希腊］赫西俄德：《工作与时日·神谱》，张明竹、蒋平译，商务印书馆1991年版，第8页。

育，房屋被毁，军队与船只被毁。荷马史诗中描述宙斯的愤怒时：由于正义被逐出广场，宙斯震怒至极，因而降下一场大洪水毁掉了人类的劳作成果。在赫西俄德的《劳作与时日》中，宙斯的愤怒被转化为一种神灵对人类有意的惩罚，此种惩罚不仅涉及不正义之人，同时也会降临到他们的子孙后代的头上。赫西俄德提道：

  佩尔塞斯，你要倾听正义，不要希求暴力，因为暴力无益于贫穷者，甚至家财万贯的富人也不容易承受暴力，一旦碰上厄运，就永远翻不了身。①

"举头三尺有神明。"无论是王侯抑或是平民，无一例外地、时时刻刻地受到宙斯的审视与监管。赫西俄德提醒"王侯们"要好好考虑到宙斯给予的惩罚。

宙斯将一座城邦的"正义"限定出来。正义将会引领着城邦，城邦将会从正义之举中受益，从不正义的行为中获得悲伤。非正义的城邦会受到宙斯施以的惩罚。对于城邦的命运来说，赫西俄德秉持的是悲观论。赫西俄德提醒王侯们注意：

  永生神灵就在人类中间……宽广的大地上宙斯有三万个神灵……监视着人间的审判和邪恶行为。②

正义女神控诉人类的不义思想，控诉那些因为王侯们的不义行为而遭受痛苦的但滥用正义的平民。

  宙斯的眼睛能看见一切，明瞭一切，……如要他愿意这

---

① ［古希腊］赫西俄德：《工作与时日·神谱》，张明竹、蒋平译，商务印书馆1991年版，第7页。
② ［古希腊］赫西俄德：《工作与时日·神谱》，张明竹、蒋平译，商务印书馆1991年版，第8页。

样，他不会看不出我们城市所拥有的是哪一种正义。①

施暴违法之人将会受到惩罚，甚至会因此祸及整个城邦。赫西俄德在创造"正义"诗歌时，从《伊利亚特》与《奥德赛》中寻找着对正义的描写素材。要为那些"实施暴行的人"寻找出的范例是：《奥德赛》中那一群求婚者的暴行；《伊利亚特》中的阿伽门农或潘达努斯或俄狄浦斯的形象。赫西俄德将正义作为一个专门的论题进行讨论，但并未对正义做出程序性的描述。正义应该具备何种特征，正义的内涵是什么，赫西俄德并未做出明确的概括，直到柏拉图，正义才成为一个概念。

（二）正义即城邦秩序

1. 城邦正义

不同于荷马式人物的积极乐观的态度，赫西俄德的作品与思想更多的是对荷马人物的伦理思想的反思。赫西俄德的正义不同于荷马式人物的个体权利的凸显，而是代表着城邦中的群体，特别是弱势群体的权利。赫西俄德通过自己的诗歌表达了城邦普通民众的愿望，他的思想是平民的意识。宙斯正义代表了城邦的公正与法度——维护弱者的权利。古希腊人认为法律正义源自神而非人，"你们有何权可以创新法或改旧法？你们既无占人，又在会议不行祭礼。法律是一神物。你们与宗教及神物有何关系？"② 因此，赫西俄德的正义是城邦的正义，神赐予的正义——一种分配方式、一种为人的德行。古希腊的立法者源自自身的宗教信仰，正义是神圣的。后来，尽管承认了个人或群体的立法权利，但仍需请示神祇，获得神祇的认同。古代法律不需要解释、不需要说明缘由。神令其如此，方便如此。他不必聚讼，因为他只能如此。人因信他，故而

---

① ［古希腊］赫西俄德：《工作与时日·神谱》，张明竹、蒋平译，商务印书馆1991年版，第9页。

② ［法］古郎士：《希腊罗马古代社会研究》，李玄伯译，中国政法大学出版社2005年版，第154页。

服从之。

2. 强权非正义

正如阿伽门农以权力侵占阿喀琉斯象征着荣誉的战利品一般，荷马时代更加强调个人荣耀的重要性，"英雄不问出处"成为暴行强权的合理理由。因此，在荷马社会里的英雄，为了个人的荣耀可以不顾他人死活、不讲人伦情理、不要颜面尊严，行为正义与否并非英雄考量的问题，是否获得荣誉才是英雄的情怀。在赫西俄德时代，作为农民的城邦公民，日常生活的富足才是最为关注的事情。赫西俄德告诫民众，"要倾听正义，不要希求暴力"。暴力与人而言没有益处，特别是对贫穷者，即便一个"家财万贯"的富人也经受不住暴力的侵害，因为一旦受到暴力的"厄运"，任何人都永远也翻不了身了。而放弃暴力追求正义才是每一个人的"明智之举"——正义终将战胜暴力。赫西俄德认为，两位不和女神——挑起争端的不和女神与刺激懒惰者女神——一起掌管着正义。挑起争端的不和女神天性残忍，战争使人忘却了劳作，混乱的人们总是热衷于诉讼；刺激懒惰者女神让懒惰者看到别人因为辛勤劳作而致富，就会产生羡慕的情绪，从而变得勤劳热爱劳作。"邻里间相互攀比，争先富裕。这种不和女神有益于人类。"[①] 辛勤劳作，丰衣足食，获得每个人应得的"份额"，这对城邦的稳固与发展是至关重要的基础，更是赫西俄德渴求的正义——个人的道德品质。城邦的发展离不开个人的道德发展，获得个人赢得的份额不能依靠强权，而应该依靠辛勤劳作。

3. 勤劳致富

荷马英雄的财富获得依靠战争与掠夺，无所谓义或不义。而赫西俄德认为，财富不是通过暴力攫取的，财富的获得必须依据自己的辛勤劳作，这才是正义的手段。劳动获得的羊群与财富，才能受

[①] ［古希腊］赫西俄德：《工作与时日·神谱》，张明竹、蒋平译，商务印书馆1991年版，第1—2页。

到永生神灵的眷爱，否则财富将"在他手里瞬即消失"。"生活在这样的信仰之中，神的赐福取决于勤奋和辛劳。"① 对城邦的普通公民来讲，"恶的羞耻心是穷人的伴侣"②。凭借正义的手段获得财富，才可勤劳致富。劳作的手段是宙斯赐予人类的能力与权利，利用这一权利，即为正义。"人类只有通过劳动才能增加羊群，而且也只有从事劳动才能备受永生的神灵的眷爱。劳动不是耻辱，耻辱是懒惰。"③ 如果你心里想要财富，"劳动，劳动，再劳动"。

4. 避免不义

正义是宙斯赐予人世最珍贵的礼物，但并非人人皆可轻而易举地获得"正义"。"人之初性本恶"的性恶论，或许可以解释赫西俄德对人类获得正义的艰难性的提示。"永生神灵在善德和我们之间放置了汗水，通向它的道路既遥远又陡峭，出发处路面且崎岖不平；可是一旦到达其最高处，那以后的路就会容易走过，尽管还会遇到困难。"④ 人类极易受到邪恶的诱惑，邪恶之路比正义之路更为平坦与便捷。所以，人类获得正义的前提就是要克服"恶"的本性，避免堕落。

其一，不可贪赃枉法。"贪图贿赂、用欺骗的审判裁决案件的人，无论在哪儿强拉正义女神，都能听到争吵声。"⑤ 不义之财不可得，即使获得也很快会失去。因为这不受正义女神的保护。而且苦难厄运将如影随形，这皆是咎由自取，怨不得他人。其二，不可作伪证。"任何人如果考虑在佐证时说假话，设伪誓伤害正义，或犯下不饶恕的罪行，他这一代人此后会渐趋微贱。如果他设誓说真

---

① ［德］策勒尔：《古希腊哲学史纲》，翁绍军译，山东人民出版社1996年版，第12页。
② ［古希腊］赫西俄德：《工作与时日·神谱》，张明竹、蒋平译，商务印书馆1991年版，第10页。
③ ［古希腊］赫西俄德：《工作与时日·神谱》，张明竹、蒋平译，商务印书馆1991年版，第10页。
④ ［古希腊］赫西俄德：《工作与时日·神谱》，张明竹、蒋平译，商务印书馆1991年版，第9—10页。
⑤ ［古希腊］赫西俄德：《工作与时日·神谱》，张明竹、蒋平译，商务印书馆1991年版，第8页。

话，他这一代人此后便兴旺昌盛。"①

第四节 城邦生活的正义秩序

一 正义的城邦共同体及正义教育

"神性世界"为希腊城邦的民主自治提供了"神圣性"的基础。第三代以宙斯为主神的神系社会，是一种"有序但不专制"的社会民主结构。黑格尔认为，"宙斯手操统治神和人的大权，但不能因此就在本质上损害到其他神们的自由独立性。他是最高神，他的权力却没有吞并其他神们的权力。他固然和天空、雷电以及自然界的繁殖生命力有联系，但是更多地要符合本质地代表国家的权力、事物的法律秩序、契约、信誓和主宾情谊之类的约束力量，总之人类的实践的和伦理的实体性的约束力量，乃至知识和理智的威力。"② 因此，宙斯是社会秩序的维护者，而不是制度的缔造者。这种共同体的社会组织形式正是希腊城邦独立个性的体现。

古希腊人将城邦视为一种理想的或者说最合适的国家组织形式。不同于现代意义的国家，古希腊各城邦更多体现为一种自给自足的政治共同体。城邦成为一种精神共同体。"古希腊人不匍匐在神的脚下卑躬屈膝、诚惶诚恐、顶礼膜拜；也不一步一磕头，千里迢迢去拜见神明，以示自己的卑微和虔诚；也不以为自己的自然欲望是罪恶而去做苦行僧；也不戕害自己的肉体以取悦于神。他们认为，讨取神的好感，莫过于把自己变成最接近神的人——更完美、更崇高。"③ 因此，希腊人从不会跪拜神祇，而是像个人一样站着祈祷。"小国寡民"的希腊城邦使公民极易产生认同感与亲近感，公

---

① [古希腊]赫西俄德：《工作与时日·神谱》，张明竹、蒋平译，商务印书馆1991年版，第9页。

② 刘成林：《祭坛与竞技场——艺术王国里的华夏与古希腊》，社会科学文献出版社2001年版，第33页。

③ 刘成林：《祭坛与竞技场——艺术王国里的华夏与古希腊》，社会科学文献出版社2001年版，第39页。

民对城邦具有强烈的归属感与认同感。因此，公民与团体的和谐问题是古希腊人探讨的头等大事，"希腊所取得的全部成就都打上了这种平衡的烙印"①。

"宙斯的神界"折射出古希腊城邦、平等民主社会共同体的原型。古希腊人经由神的象征从而神圣地拒绝了任何形式和借口的专制与独裁，从而大张旗鼓地追求着自由与平等。正如《工作与时日》所描述的，在城市国家的和平时期，巴西琉斯（Basileus）② 主要负责城邦的司法审判，裁决各种民事案件，例如买卖纠纷，遗产争端等。此时还未形成成文法，依据的是习惯法，审判的地点就地设在市场中。在《奥德赛》与《伊利亚特》中，都可以探寻到对人类事务及程序观念的原型。例如，在《奥德赛》中，一个公正之人如何以一种公平合理的方式对待陌生人、乞讨者以及穷人，是证明其"公正"身份和品质的重要佐证。这种对正义的界定，在梭伦执政时期更是以政策的方式落实到实际的城邦生活中。《奥德赛》中的航海者可以在大海上航行，因为大海是"公正"的，假如没有风暴的干扰，大海可以为航海者提公平与平静。梭伦在其《大海的正义》中指出，阿尔基洛科斯③借用"城邦之船"的比喻，城邦就是一艘航行在海面上的船只，风暴是干扰大海风平浪静的原因，而城邦中公民意见不合就像风暴一样会干扰城邦正义。当然，在正常情况下，船员不会因为一时的意见相左就发生冲突而自我毁灭，城邦公民在不受干扰的情况下也是正义的。对所有人而言，城邦是殷勤好客的港湾。

城邦的道德教育要确保尽量减少城邦公民意见相左情况的出现，从而使城邦是一个正义的城邦。人们生活在这样一个政治共同

---

① ［美］伊迪丝·汉密尔顿：《希腊方式——通向西方文明的源流》，徐齐平译，浙江人民出版社1988年版，第290页。

② Basileus is a Greek term and title that has signified various types of monarchs in history. In English-speaking world, it is perhaps most widely understood to mean "king" or "emperor". "巴西琉斯"是古希腊历史上多种君主头衔的一种表述。在英语国家中，多被解释为"国王"或"皇帝"。

③ 阿尔基洛科斯，公元前7世纪希腊抒情和讽刺诗人。

体中，应当维护社会的各种准则，而实现它的方式只能通过相互恭谦有礼，道德教育在此根基上就有了立足之地。《伊利亚特》《奥德赛》以及赫西俄德等人的诗歌，实质上反映了上古时代的政治结构、法律习俗、军事艺术、民俗民风、日常生活以及道德情感等——尽管只是"文学"性而非"教育"性的呈现。古希腊神话从各个方面记录了原始先祖的智慧与初民的情态，更是积淀了先民对世界、城邦与人生的态度，其中蕴藏了丰富的古希腊社会道德教育的内涵。政治、战争、生命、情爱、勇敢等至今鲜活如新。荷马史诗本身就为荷马时代以及后荷马社会提供了大量的范例，这些范例一直被视作祖先道德甚至是实用智慧的宝库。

二 哲学家的正义之思

"宇宙是在众神的参与和努力下井然有序的，世间秩序不过是世界的、宇宙的一部分。"[①] 古希腊社会的"人道正义"是"法"与"行"。在此框架之下，人类社会的各种伦理道德和政治法律，才具有了讨论的平台。荷马的两部史诗及赫西俄德的《劳作与时日》都论述了"正义"的主题。《伊利亚特》讲述了"正义"如何惨遭破坏又得以恢复，行使正义的方式与途径是什么。《奥德赛》中讲述了残暴之人与公正正义之人的对立，两者在特定的危险境遇中分别有什么不同的表现。在《劳作与时日》中，赫西俄德将《奥德赛》与《伊利亚特》中两种对正义的描述结合起来。冲突的问题以及审判和正义的问题是史诗的核心问题。

在对古希腊神话正义观进行梳理的过程中，不难发现，正义就像一张"普洛修斯"似的脸庞，变化多端。按照神话正义理论与现实生活的结合程度，可以将神话正义分为两个阶段：天道正义时期与人道正义时期。前者主要包含着神话语境的正义思想，后者则是对神话语境下的正义进行的一种反思与再认识。荷马史诗中并没有

[①] [苏] 涅尔谢相茨：《古希腊政治学说史》，蔡拓译，商务印书馆1991年版，第13页。

文明意识中的概念化的正义。我们能够发现的是对正义之人和不义之人的行为的描述，以及正义之事是如何运行的。讲述史诗的过程就是这一过程的展现——做事和说话的人远远优于概念。

现代文明中普遍习惯于将概念存在于措辞或句法中提炼保存下来，但这在口语史诗中是不可能的事情。早期的希腊人只记不读的习惯，使史诗文本具有一定的调整性，或者说是易变性。在政治、法律观念尚未独立分化之时，人类认识世界的还是"神话"式的观点，世间秩序与神的出现及宇宙起源具有统一性。两者的不可分割性，为人类提供了解释学领域的认识手段。人世生活、城邦法律制度、神人关系以及人与人的关系，都可以在神话中寻找到合理的阐释。正义从天道转向人道的历程，正是人类认识宇宙深化的结果。在古希腊的神话语境中，孕育着自然主义的忒弥斯正义与人为约定的狄刻正义两种体系。这也被视为西方自然正义与契约正义的启蒙，并成为后来诺齐克的"作为权利的正义"与罗尔斯的"作为公平的正义"的先河。

对古希腊人而言，正义是来自神明的，是神圣的，并受到神明的监管。如果不重视正义，尽管某些"流俗"的意见在哲学家看来是不入流的，但对于政治家而言，这种"流俗"的意见却是至关重要的。因为古典政治哲学更加看重普通人的普通需要和普通想法，这才是政治的关注点。假如我们忽视或抛弃正义与德行，将如荷马所说：

> 乌黑的大地，宙斯降下滂沱的暴雨，来势凶猛，
> 痛恨凡人的作为，使他勃然震怒，
> 在喧嚷的集会上，他们做出歪逆的决断，
> 抛弃公正，全然不忌神的惩治。①

---

① ［古希腊］荷马：《伊利亚特》，陈中梅译，华夏出版社2007年版，第341页。

在前苏格拉底时期,"正义"一词指向一种超越自然的力量。这一自然力量用来维持和谐宇宙的秩序——安分守己不逾越,"和谐、均衡与秩序"是其根本性的观念。随着哲学关注的焦点由自然界转向人类思想自身,正义的话题也随之成为一个伦理与政治问题:是否存在唯一正确的正义观念?或者说,在诸多各异的风俗习惯中,是否存在普遍有效的伦理、道德及政治准则?于是,以智者派为代表的思想逐步转向了相对主义和怀疑论。"强权即正义""人是万物的尺度"等正义观念喷薄而出,普遍的伦理政治秩序被摒弃了。

第五节　本章小结

在荷马与赫西俄德的诗歌中,都尚未以这种柏拉图式的形式来表述正义的内涵。作为口述式的诗歌,诗歌更多地为我们展现出,作为一个正义之人做了什么,人们对正义之人做了什么,但未曾定义出"正义是什么"的一种表述。在巴门尼德及其门徒将正义应用于人类价值观领域后,正义才从古希腊文学作品的主题或话题中分离出来。作为一种概念性正义的出现,我们能够参见的主要是赫西俄德的《劳作与时日·神谱》以及柏拉图的《王制》两部原始文献。直到柏拉图在《普罗泰戈拉》中直接关注的是正义在社会中的角色,而在《王制》中首次尝试对正义做出了系统的定义。柏拉图式的问题"正义是不是真理?"一直被视为《王制》论证的开头。这个问题简洁明了地表明了在"正义"与"真理"两者之间存在一种"稳定的"关系。

从根本上看,民主城邦的管理离不开城邦公民参与管理的积极性与能力,希腊城邦的公民以极大的热情投入城邦的管理之中。城邦的未来发展、城邦的命运、城邦的地位等未来性的规划,都成为城邦公民热切关注的问题。这同时也对城邦公民自身的情操、素养、德行提出了更高的要求。

第七章

古希腊神话的德育镜鉴

古希腊神话对于整个西方文化的意义，不仅表现在它完整而富于想象力的艺术性上，同时也体现为神话具有广泛的精神性价值。在人类宗教、艺术、哲学分化之前，古希腊神话是作为西方意识形态的母体范本而存在的，这是任何现代语言与概念都无法消融的最原始的人类意象。古希腊神话不仅是彼时原始先民对未知世界的认识凝结，更成为希腊城邦教化公民的重要内容及手段。直至今日，无论是学术界抑或是世俗生活中，古希腊神话仍旧不失为一种解决现代问题的有效手段。

第一节 古希腊神话的道德哲学之思

希腊神话作为西方文明的源头，不仅为人类带来了"家园感"，更为现代人的内心深处注入了一剂强心剂。在原始社会，神话承担着引导人类认识和生活的哲学导向功能。人们正是在古希腊的创世神话及诸神传说中汲取养分，由此孕育出最初的西方哲学与伦理学。人类的纠结与矛盾在古希腊神话艺术之中得到了释放与满足，也为未来的人类提供了最初的价值诉求与标尺。

一 神话即原始先民之哲学

假如将神话的象征性思维排除在外，那么，神话就是一种原始时期的哲学。原始先民具有思辨的能力，神话是彼时民众思维的产物。荷马、赫西俄德等人是彼时科学思想、哲学思想与宗教思想的集中代表。德国哲学家卡西尔认为，神话作为人类精神文化的源头之一，可以在其中找到人类哲学、理性与道德的源头。从荷马到巴门尼德（Parmenides of Elea，公元前515—前5世纪中叶）到柏拉图，希腊人一直借助诗歌形式表达他们的哲学思想。卡西尔在《神话思维》中提道，"对神话意识的内容作哲学性探讨以及对它做理论解释的尝试，要追溯到科学性哲学的开端"[①]。同类的学术研究成果也体现在国内学者叶舒宪的《中国神话哲学》中。可见，中外学者都将神话与道德、哲学的研究融合在一起。

依照汪子嵩在《希腊哲学史》中的分析，亚里士多德在解释泰勒斯"水是万物的本原"这一命题时指明，泰勒斯认为水是万物的本原与希腊神话中十二提坦神之首的大洋河之神俄刻阿诺斯与其妻大海女神忒堤斯为其他所有神的始祖[②]这两个命题具有相同的含义，但两者又有着质上的飞跃。泰勒斯用理性思维的方式提出了"宇宙本原"的概念，这也正是亚里士多德的"第一因"，从而将神话变成了哲学、伦理学。

原始先民是"作为哲人的原始人"。神话不是"胡话"，神话可以被称为"前哲学"阶段。不同于现代人哲学的、抽象的、批判的、无情的哲学性思维，彼时先民的思维是神话的、具体的、不加批判的，诉诸是感情的表达。应该讲，大多数的原始人不知哲学为何物，但是任何一个社会中总会有普通人与杰出人士的区别，保罗·雷丁将前者称为"行动者"，后者称为"思想家"。外在世界

[①] [德] 恩斯特·卡西尔：《神话思维》，黄龙保、周振选译，中国社会科学出版社1992年版，第1页。

[②] 在最原始的荷马史诗里，俄刻阿诺斯是原始神之一，与其妻忒堤斯一起为其他所有神的始祖，而后来在赫西俄德的神话体系中把他归为第二代神系，为地母盖亚与天神乌拉诺斯之子。按照赫西俄德，俄刻阿诺斯的妻子是他的妹妹忒堤斯，两人生下了3000个儿子和3000个女儿，这就是世界各地的河神与大洋神女（"俄刻阿尼得斯"）。

之于原始先民而言，不是"它"，而是"你"。[①]"我—你的关系范式是爱"[②]，我—你之间不再是冷酷的主客体，而是一种表达、一种对生活在这个世界上的"感觉"的表达。"神话的真正目的并非呈现一幅关于世界的客观图景，而是表达人类在其生活的这个世界上对自我的理解。因此，神话不应从宇宙论的角度来阐释，而应从人类学的角度——或者更进一步，从存在主义的角度——来阐述。"[③]神话就是社会中杰出人士的产物，因为神话原本就是讲给社会贵族们的故事。"对前者（即行动者）来说，只要世界存在，各种事件不断发生，他就感到了满足。至于解释，那是次要的事。他乐于接受轻易获得的第一种解释。说到底，这对他来说完全无关紧要。但是，他对某一类型的解释表现出明显的偏向：他偏好那种特别强调一系列事件之间纯机械联系的解释。他的心智节奏——如果我可以使用这一说法的话——希望看到的是同一事件无穷无尽地重复，或者充其量是大体处于同一层面的事件无穷无尽地重复。……思想家的心智节奏则大不相同。仅仅假定事件之间存在一种机械的联系对他们来说是远远不够的。他坚持要说明从一到多、从简单到复杂的逐渐进步和进化，或是事件之间的因果关系。"[④]

　　克里特文明时期与迈锡尼文明时期是希腊神话形成完整体系的重要时期。正是在这段时期，人类对自然和未知持有深切的敬畏和恐惧心。而这种古老的恐惧，与其说是害怕并未认识到的东西，不如说是对尚不熟悉的东西的害怕。因为尚不熟悉的东西总是"不可道"和"不可名"之物；这些"不可道"和"不可名"之物是不能被感官所认识的，也是不能被呼唤，不能被亲近的。可见，对于

[①] "它"与"你"的两个术语出自犹太哲学家马丁·布贝尔。
[②] ［美］罗伯特·A. 西格尔：《神话理论》，刘象愚译，外语教学与研究出版社2008年版，第207页。
[③] ［英］罗伯特·A. 西格尔：《神话密钥（百科通识文库）》，刘象愚译，外语教学与研究出版社2015年版，第82页。
[④] ［美］罗伯特·A. 西格尔：《神话理论》，刘象愚译，外语教学与研究出版社2008年版，第203页。

古希腊先民而言，恐惧就是最高层次的可怕之物。其实，最不可靠的认知世界的方式不是别的，正是为无名之物找到名称。只有以此方式，文明才可以讲述一个关于无名的故事。随着农耕时代尤其是"轴心时代"的到来，古希腊先民的理性思维逐步趋于发达，原来的"天上神话"被"人间哲学"所取代。荷马时代的英雄史诗，可谓人间道德哲学的真实写照。

古希腊神话具有理性的色彩，一个重要的原因就是我们今天看到的希腊神话是历经原始先民长期整理与润色的结果。人类社会产生哲学之前的"神话阶段"也被称为哲学的"史前史"阶段。与现代人尊重历史的态度不同，古希腊人认为，诗作代表着永恒，远高于代表着变化多端的历史学。神话不仅在理性认知中是超越历史的代表，在古希腊人的生活中也占据着首要的地位。于希腊人而言，全部世界及其世界的秩序皆源自诸神的创造，神不是存在于人的意识之中，神就在古希腊每一个凡人的周围，它规定了社会的秩序，规范着凡人的德行。史诗就是真实的代表，是人类精神认知的无限升华，更是人类生命力的奔放不羁。在遥远的古希腊时期，在荷马史诗之中，人们能够看到浪漫主义情结、理想主义情绪，却独缺现实主义色彩。因此，古希腊人的诗作和英雄主义密不可分。正是古希腊人对史诗"真实性"的坚持，使希腊的"荷马时代"变成"英雄时代"。此后，这一"真实"的历史成为苏格拉底和柏拉图坚持的信仰；成为"荷马时代"到"波里克利时代"雅典人相信的哲学。古希腊创世神话体现了原始先民关于世界整体的表象认识。正是在此基础之上，出现了以对世界整体形成概念为产生标志的古希腊哲学。

二 神话构建道德价值标尺

任何道德价值体系构建都离不开社会发展的影响。道德个体与道德价值密切相关。现代心理学认为，道德价值（Moral Value）是一种道德意义的参照标准，是人们评价自身和他人行为的道德判断标准。换言之，道德标准亦是一种道德信念，是人们判定客观事物对个体重要与否的标准。道德价值反映了人类的社会认知。

在荷马的英雄世界中，自我与社会之间尚未分化。个人与集体之间是相互信赖、相互包容的动态平衡关系。英雄们具有社会化的德行诉求，但他们缺乏主体性观念，更难以抵达内隐深处的心灵境界。为了弥补这一缺憾，荷马将英雄们的性格叙述成具有鲜明的同一性与总体性的特征。英雄们的所作所为并不是基于社会规范的外在约束，而是源自个体道德意识的自然表现。英雄们对于德行的追求完全表现为一种个人主义的诉求，而这种个体诉求恰恰也是"英雄社会"普遍接受的，或者说，个人的即为社会的。希腊史诗不仅是故事，同时也是社会习俗和个人习俗的纲要，这些纲要在神话中得到阐述。个人"远离"社会是不可能的，更是不可想象的。希腊人的生活处处离不开神话提供的世界模型，希腊人自然而然地认为理应顺应史诗神话所传递的价值感和道德理念，理应选择一种荷马式的社会生活。个人英雄主义的代入感为城邦公民的道德教育提供了生动的范本。当阿喀琉斯的女奴被掠夺，他也会像普通人一样谩骂诅咒；当好友战死沙场的消息传到阿喀琉斯营地，他也如普通人一般伤心欲绝。这一英雄特性的情绪反应，并非因为民族大义的情怀，而是因为个人的利益受到侵犯、自我的尊严受到践踏。

古希腊神话保持着持久影响力主要有两方面的原因：一方面源自其旺盛的生命力与传播力；另一方面则因为神话中一个个有血有肉、真实的道德个体具备的冲击力。可以说，史诗英雄的个体化色彩与生命活动的道德意义，成就了古希腊神话的道德灵魂。"在《希腊早期诗歌与哲学》中，德国学者赫尔曼·弗兰克尔对此进行了进一步引申，指出希腊社会的有机性特征为荷马史诗赋予了文化传统与思维广度上的向心力，《伊利亚特》在本质上是荷马个人才能与古希腊文化传统的有机融合。"[①] 英雄们作为凡人的道德"范

---

① http://kyc.blcu.edu.cn/art/2016/5/12/art_10052_1110768.html.

本",与世俗凡人生活在同一种社会体系中,英雄们遵循的道德是世俗凡人的道德典范——个人的道德意识与现实的社会秩序。

古希腊英雄们是有血有肉的、有着与正常普通人同样情欲的世俗个体,而非圣洁的、毫无道德瑕疵的中国式"圣人"。正如布洛所说,"心理距离"是一种距离极限,审美的可能性只存在于心理距离之内。心理距离的获得,首先是要将审美的对象置于一种脱离实践性、实际性的假象之中,审美对象是"一种使它同我们个人的需要和目的无关"[①]——无利害、非功利性的"观照"。古希腊神话中的英雄对于希腊世人而言,恰恰处于这样一种距离极限与心理距离之间。英雄是血肉身躯与希腊人自身具有极大的相似性,或者说正是世俗希腊凡人的追求。这种相似性或目标性,使希腊民众在聆听诗人讲述英雄故事之时轻而易举地产生了一种代入感。希腊民众与英雄人物之间成为命运的共同体,同呼吸共命运的认同感,使希腊民众接受史诗教化成为可能。英雄追求的德行或奉行的行为规则,自然而然地浸入希腊民众的意识之中,并成为日常生活的行动"标尺"。

第二节 古希腊神话的隐喻之德

任何文明共同体形成具有本民族特色的道德秩序,都有其"何以为是"的根源性问题。"对于一个民族来说,它初次爱恋上的文化或事物,正像个人生活史的'初恋'——是震撼人心的,对一个民族将有'永恒的魅力',将顽固地保留在它心灵的深处和意识的底层。"[②] 时间、空间、地理环境、民族文化及社会组织形式等因素与神话文本隐喻的道德价值秩序的构建之间必定存在千丝万缕的联系。笔者试图从两者之间关系变化为出发点来分析古希腊神话蕴藏

[①] [英]布洛:《作为艺术的一个要素与美学原理的"心理距离"》,载《缪灵珠:缪灵珠美学译文集》第4卷,缪朗山译,中国人民大学出版社1998年版,第375页。

[②] 谢选骏:《神话与民族精神》,山东文艺出版社1986年版,第281页。

的道德秩序。

一 公平的契约精神

世界各大文明的萌芽时期，它与自然环境之间的相处之道，必在各个文明的成熟历程中留下深刻的"精神胎记"。"地理因素在希腊历史的演进中发挥了重要作用。"[1] 与世界其他文明古国——古埃及、古巴比伦、古印度、古中国——发源于内陆大河流域的"农耕文明"不同，古希腊文明的策源地在爱琴海沿岸，属于典型的"海洋文明"。

从地缘关系来看，古希腊半岛具备良好的航海地理条件以及航海业与商业发展的优势。古希腊半岛内陆表面的陆地—海洋—岛屿的结构，带给古希腊民族优先发展海洋业的地理优势。古希腊半岛内陆呈现三面临海一面临山的格局，蔓延的海岸线为古希腊航海业的发展提供了得天独厚的自然条件。同时，古希腊半岛的岛屿星罗棋布，是地中海众多海岛中拥有岛屿最多的半岛。例如希腊半岛与小亚细亚半岛之间，零零星星地分散着数以千计的大小岛屿，这就为两地之间的海上交流提供了有力的落脚点。古希腊内陆地少山多，无数的山脉和丘陵将希腊半岛分割成不同的地区，这一内陆环境严重地制约着希腊半岛农业的发展。一方面是地缘结构的沟壑纵横，被山脉丘陵分割的相对独立的各个平原地带相对零散，这意味着单一的耕地板块很难产出大量的农作物。古希腊先民缺乏赖以生存的粮食。另一方面是岛内典型的山地地貌、崎岖山路使希腊半岛内陆缺乏同其他地区进行交流的内陆交通条件。这导致古希腊难以像我国那样形成大一统的局面，而是形成了诸多城邦小国密布毗邻的格局。古希腊人必须充分利用优质海港的自然条件、利用航海业与商业的便利条件来解决粮食短缺的问题。古希腊在造船、酿酒和

---

[1] ［美］杰克逊·J. 斯皮瓦格尔：《西方文明简史》，董仲瑜、施展、韩炯译，北京大学出版社2010年版，第56页。

手工业等方面累积的实力必将引发大规模的海上贸易。考古学的发现业已证明，古希腊神话初创的迈锡尼文明晚期，希腊民族发达的航海业早已为其打开了世界的大门。希腊人已经形成了依赖海洋与驾驭海洋的生活方式，由此形成了典型的"海洋文明"。古希腊文明具有典型的海洋文明的特征，其文明程度与其在商业贸易体系中的地位密切相关。

发达的航海业扩大了希腊先民商业贸易的发展优势。商业贸易必须秉持着契约、公平的精神。物质文明的提高及航海业的发展，使原本相对独立的大陆板块能够通过海路建立起联系。希腊半岛作为东地中海地缘中枢的商业区位价值日渐凸显出来——商业贸易发展。大海的凶险与神秘，塑造了古希腊人独特的精神——冒险的勇气与探索的精神。早在迈锡尼文明时期，频繁的贸易往来促进了古希腊社会商业的快速发展。在与其他民族进行交易的过程中，古希腊先民必须秉持着公平交易的基本商业要求。这易于养成希腊民族的某种契约规则——商贸契约及公平交易。

由此可知，"一个民族在迈入文明门槛的'童年时代'所处的地缘环境及其生活样式，对其日后的定势发展路径及其道德秩序的建构具有规定性的惯性作用"①。地缘环境对古希腊道德秩序的形成具有重要的导向作用。古希腊人借由优良的地理优势，形成了发达的海上运输业及商业贸易。为了保证商业贸易与航海业的发展，贸易双方必须签订公平、公正的契约，以保证交易的顺利进行，为贸易往来提供一个安全公平的外在环境。这种商业上的公平契约精神日渐融入希腊先民的社会生活常态。它成为希腊先民在处理人与人、人与社会关系问题中秉持的一项重要原则。人与人的社会交往包含着签订契约的精神，这成为后世亚里士多德的契约精神主张，进而形成亚里士多德的公平正义观。公平的契约精神成为希腊先民

---

① 于洪波：《古希腊与古中国道德谱系溯源及比较——"地缘文明"的视角》，《教育研究》2013 年第 2 期。

道德秩序之一。

"海洋文明"的显著特点包括：善于交流与借鉴；崇尚力与智的价值；商业贸易发达；重视贸易契约精神；强烈的公民意识与契约精神；等等。

二 包容的多元价值

古希腊文明的起源远远晚于古埃及和古巴比伦文明，但在便利的交通条件与地理位置的推动之下，古希腊文明较便利地借鉴了古埃及与古巴比伦的文明成果。古希腊文明最早的发源地——克里特岛——独特的地理位置亦为古希腊文明、古埃及文明及古巴比伦文明之间的交流提供了天然的地缘优势。同时，在历经民族大融合的历史变迁之后，希腊先民在借鉴外来的生产技术与语言文字等多重因素的共同推动之下形成了多文明融合的特征，并逐步形成了"复合文明"的发展模式。古希腊的"复合文明"具有相当的开放性和包容性。

考古资料表明，早期生活在爱琴海地区的"前希腊人"是来自西亚或埃及的移民，他们先进的语言、文字、农具和手工业技术等促使古希腊的经济文化得以捷径式发展。大约在公元前2000年，一支印欧语系的"阿卡亚人"进入希腊，创造了"迈锡尼文明"。公元前1190年迈锡尼文明被较为发达的文明毁坏，迈锡尼和其城市也因为迈锡尼末期发生的特洛伊战争而遭到严重的破坏。大约在公元前1100年，希腊历史进入所谓的"黑暗时代"，被称为"荷马社会"（公元前1100—前900）。荷马时代已经开始使用铁器，土地公有，畜牧业、农业和手工业得以初步发展。古希腊民族正是一个由多族群融合而成的"复合文明"民族，这造就了古希腊先民开放包容的民族特性。

就古希腊早期神话来看，"仁义礼智信"等东方式的伦理道德，在古希腊并未占有重要的地位，而个人的英雄主义却得到一再的推崇。"海上生活常能刺激独立不羁和追求自由的精神。在海上，勇敢的航海海员们都会充分地感到自己存在的力量,他们是依凭自己的勇敢、智慧、经验和技术而不是仰仗他人。"① 海洋文明中的族群,似乎天然地具有冒险、开拓、开放等精神特质。要在不断的拓边、殖民、贸易甚至冲突中获得更有利的生存空间,人们更需要具备相当的勇气、智慧、韧性甚或正义等道德品质。而一直生活在封闭狭小局促空间中的早期内陆国家与民族,是无法体会海洋民族博大胸襟与开放包容的民族特征的。

在多民族入侵、融合与迁移的民族发展历史中,希腊先民形成了善于借鉴、敢于突破的文明发展态势,同时造就了希腊文明开放包容的文明特质。公元前9世纪,伴随着古希腊航海业、商业经济的发展,古希腊步入人类文明时期,社会结构发生极大的变化。"直到公元前9—前8世纪,希腊人从腓尼基人那里学来了字母,加以改造,才有后人多看到的希腊文字。"② 公元前800年左右,希腊本土步入阶级社会,逐渐建立起希腊诸城市国家(城邦),荷马时代亦随之告以终结。古希腊正是在数次的外族入侵和自身海外殖民的过程中,逐渐完成了"王政统治—贵族统治—民主政治"的政治转变历程。

历史上,希腊世界的两次扩张均源自希腊人两次移民迁徙。第一次移民是北部多利安人对希腊人的入侵,其结果是半岛人口激增,原希腊人不得不外逃至小亚细亚的伊奥尼亚以拓展生活空间。此后,外逃的希腊人重返希腊本土经商,为希腊人带回了亚洲文明。这一次移民迁徙并非自发的,而是逃难性质的。第二次移民是在公元前8世纪—前6世纪,希腊人为扩大海外贸易或疏散多余人口或扩张势力等缘由,在海外建立了殖民新城邦。在短短的两百年中,希腊人共建立了多达数百个海外城邦。这一次移民既非迁徙性的,也非逃难性的,而是出于政治体制的发展需要。两次移民带来的最大的后果,就是较先进的文化与制度得到广泛传播,奠定了希

---

① 谢选骏:《神话与民族精神》,山东文艺出版社1986年版,第268—269页。
② 汪子嵩等:《希腊哲学史》第1卷,人民出版社2004年版,第21页。

腊文化的世界性、国际性的地位。希腊文明正是在一次次外族入侵、一次次政权转变、一次次和平阶段发展，才孕育出古希腊人或古希腊社会的开放、融合、包容的习俗制度与道德秩序。"商业文明"造就了"迁徙移民"的生活特点，迁徙被视为经商获利的重要途径；多文明的交融有利于希腊人以多元的视角自我发展。

"复合文明"的显著特点包括：善于交流与借鉴；价值与信仰的多元化；开放包容的观念；崇尚力与智的价值；等等。

三　协商的公民意识

"小国寡民"的城邦制度造就了希腊统治阶层重视城邦道德秩序的建构以及城邦公民的道德养成。古希腊神话的三代神系呈现出三种不同的宇宙自然的建构秩序以及神祇世界的统治模式，这三种模式正是希腊城邦国家社会组织模式的发展变化轨迹。希腊城邦国家是在一定历史条件下，以一个城市[①]为中心、统辖周围一些村落的公民群体。古希腊城邦最早出现在公元前11世纪—前8世纪的迈锡尼文明末期。希腊内陆大大小小数以百计的城邦国家，是由各种规模不同的氏族部落结合而成。城邦内的各个氏族以通婚、经济贸易等各种形式为媒介，融合而成统一的生活共同体。历经特洛伊海外远征之后，尽管迈锡尼城邦获得胜利，但元气大伤，加之迈锡尼地区连年干旱少雨的自然灾害，农作物连年歉收，最终在另一个骁勇善战的希腊多利安人部落的进攻中，迈锡尼王权崩溃、集权制消失。多利安人早已广泛地使用铁器，随着生产技术的提高，大片土地得以开垦，剩余产品不断积累，私有制产生，人口密度不断提高，希腊城邦国家日渐增多。在公元前8世纪—前6世纪，在希腊境内先后出现了两百多个城邦，各个城邦相对独立发展，自给自足，衍生出各自不同的生活模式。此后历经三百余年黑暗"荷马时代"的沉寂，希腊历史又步入了一个进步文明的时期。

---

① 所谓城市，主要指一个军事上易于防守、筑有防卫城墙的政治、经济与宗教中心。

海洋地域带来了大规模的海外移民，不仅培养了希腊人开拓疆域的进取心和适应异域文化的包容开放精神，同时也进一步消解了以血缘身份划分城邦内部居民政治身份的传统。发达的生产力与航海业，削弱了血缘纽带对社会道德的影响力。古希腊人的精神家园是"民族性"的，维系家族的社会纽带是"地缘"，古希腊人已然超越了"血缘"对文明的限制。正如历史学家汤恩比所说："跨海移民的一个显著特点是不同宗族体系的大混合，因为必须抛弃的第一个社会组织是原始社会里的血缘关系。"[①] 希腊城邦的发展轨迹中日渐淡化了血缘的社会印记，更强调道德秩序对社会的影响力。"小国寡民"的城邦制度，为希腊人生活带来以下几方面的改变。

其一是珍视地方自治的价值及崇尚武力的精神。大规模的海外移民运动，造就了希腊人不同的政治民主制度。各大氏族的融合使原始以血缘为纽带的氏族成员关系发生改变。为了调和各个氏族内部不同的价值信仰，城邦采取多元信仰与价值折中的调节手段：不同氏族成员即城邦公民运用广泛协商式的城邦民主政治。然而，相对独立的、为数众多的城邦个体均是以人少地小的自治形式管理。城邦是一个公民集体，其最高统治权必定寄托于公民团体之中。公民是国家的主人，通过定期举行的公民大会来直接参与国家的管理。各个城邦之间，存在土地、权利、物资等引发的众多纷争与角逐。因此，古希腊城邦都极为重视各自的管理权力。古希腊人意识到，珍视共同体即珍视本邦的独立自由。就希腊各城邦本身而言，他们并不热衷于扩张，因为扩张意味着共同生活的改变。古希腊城邦联盟也呈现出一种为战时需要而形成的、较为松散的军事联盟，和平时代的各城邦均保持各自的独立性，战时则结合成为统一的同盟。因此，古希腊各城邦之间实则存在较强的竞争意识。这正是古希腊神话中凸显的"阿瑞忒"勇力精神。"阿瑞忒"的德行追求，

---

① ［美］阿诺德·汤因比：《历史研究》，刘北城、郭小凌译，上海人民出版社2000年版，第130页。

成为城邦公民至高的追求。荣誉、勇力、智慧等德行品质，成为城邦公民最自我的属性要求。正如马匹应具备的速度一般，理想的人、理想的城邦都应该具有相应的德行品质，这是公民与城邦的属性，而非附加的要求。

其二是构建以知识和德行为标准的、公平公正的人才选拔制度。海外移民不仅为希腊人带来了大量的土地，解决了希腊城邦境内经济社会的危机，也促进了希腊人的对外交流，有利于培养希腊人冒险和探索精神，也激发了其追求知识的欲望。社会生产技能的提高带来劳动分工的细化，进而形成了希腊社会以知识和德行作为人才选拔制度的标准。这一标准使希腊民众工作态度更加敬业勤恳，社会经济迅速发展，民众普遍重视技能的培养与道德的养成。这些变化都为城邦教育的发展提供了有力的支撑。希腊民众普遍受到良好的培养与教育，养成了希腊人较为公平的素养。希腊人普遍重视公正与公平在日常生活或政治生活中的重要性。城邦实行法治，几乎所有城邦都有成文法典，政治领袖必须严格在法律许可的范围内行事。在精神层面，古希腊人对民族宗教的诉求体现为"本原与和平"，这成为希腊人主要的人文关怀和思维方式。不同于古老中国追求"人"的本原，古希腊人将"世界本原"作为其追求的根基。因此，希腊人将哲人、"宙斯"视为拥有最高价值和精神追求的象征。这一点在古希腊神话也有反映。

分析古希腊神话可以发现，神话中所蕴藏的道德个体既非救苦救难的民族英雄，更谈不上无瑕疵的道德圣人。希腊先民更崇尚能够力挽狂澜的"大力神"或"征服者"。"希腊的基本精神要素是对'力'的崇拜和追求。这一崇拜很快导致了对某种能够解释'力'之神秘的'知识'的深刻好奇，对某种长于把握并支配'力'的'知识'的不倦探究。"[①] 这一道德诉求一直延续至苏格拉底提出"知识即美德"（knowledge is virtue）的道德命题，直至近

---

① 谢选骏：《神话与民族精神》，山东文艺出版社1986年版，第219页。

代科学时代培根"知识就是力量"（knowledge is power）的命题，都是延续了古希腊崇尚知识与德行的道德诉求。

"城邦文明"的显著特点包括：崇尚力与智的价值；价值与信仰的多元化；重视公民道德秩序的养成；等等。

天然的地缘优势使古希腊人南面可以吸收古埃及文化的精髓，东面可以接受古巴比伦文化的精华；加之古希腊民族特有的优良海上生活方式所带来的发达的原初想象力，为古希腊人创造发达的古希腊文化提供了最大的可能性。古希腊神话中蕴藏的道德秩序构建原型主要表现出以下特点：探索的勇气与求知求新的欲望；多元文化并存的开放包容心态；协商与公平的契约精神；"小国寡民"的城邦自治；"法治"与多元信仰的公民精神；"个人本位"的法权伦理。在此后的希腊城邦生活中，上述道德品质逐渐衍生为柏拉图的"四玄德"：正义—智慧—勇敢—节制。古希腊人最初所创造的神话对此后文化的发展命运起着至关重要的作用。希腊社会是一个善于讲故事的社会，各种神话就是希腊人讲给年轻人的故事。正如柏拉图所说，荷马教育了整个希腊。但"他是为了军事贵族这个特定的听众而创造了史诗的"①。希腊神话包含着希腊民族童年时代的各种意识形态。希腊民族选择和创造的神话也在某种程度上决定了此后希腊文化发展的趋势与特征。从综合地理环境、文化融合以及社会生活态势三方面因素来看，古希腊神话蕴藏的道德意蕴主要呈现为以下几种特点（见表5）。

表5　　　　　　　　古希腊神话道德秩序

影响因素	社会及生活状态	道德诉求
海洋文明	充满神秘的海洋探险；海洋国际贸易；海外移民	征服的勇力；公平契约精神；开放与包容的精神

---

① ［日］大林太良：《神化学入门》，林相泰、贾福水译，中国民间文艺出版社1989年版，第117页。

续表

影响因素	社会及生活状态	道德诉求
民族融合	多民族交融；生产技术与语言的交流与借鉴	淡化血缘关系的公民意识；崇尚知识与力量
城邦文化	社会分工及阶级化；知识与能力作为选拔标准	地方自治；尚武精神；维护个人及阶级利益

第三节 古希腊神话的德育价值

在西方，一个人对希腊神话的了解程度，甚至可以作为衡量其受教育程度的标准。古希腊的英雄除去具有超出一般人的德行之外，他们具有真诚的人性。《荷马史诗》作为古希腊人的"圣经"，承载着希腊教育的重要职责。认知生命的价值、珍惜有限生命、构建理想的道德谱系、维护人类社会稳定与发展的正义秩序，等等。现代社会所面临的诸多问题，或可从原始先民的认识结晶中得到启示。

一 迎合生命教育的英雄主义

"对人来说，什么是最好最妙的东西？"① 这一问题一直困扰着芸芸众生。或许，古希腊神话给出了一个答案。正如德国哲学家尼采（Friedrich Wilhelm Nietzsche，1844—1900）所说："可怜的浮生啊，无常与苦难之子，你为什么逼我说出你最好不要听到的话呢？那最好的东西是你根本得不到的，这就是不要降生，不要存在，成为虚无。不过对于你还有次好的东西——立刻就死"②。这个回答成为人类永恒的痛。如果说这仅仅是尼采的虚无主义倾向使他有如此悲观的感受，似乎并不尽然如此。那么生命的价值到底何在？如尼

---

① ［德］弗里德里希·尼采：《尼采读本》，周国平译，作家出版社2012年版，第8页。
② ［德］弗里德里希·尼采：《尼采读本》，周国平译，作家出版社2012年版，第8页。

采在《悲剧的诞生》中所言，古希腊精神的最高价值，就在于肯定了生命的价值与高扬了生命意志的蓬勃。人应当敬畏生命，但人的生命历程却应当由人自己决定，超越困境，实现人短暂生命但辉煌的生命价值。

在漫长的时间长河之中，人类生命的终极目的意志是哲学探究的核心问题之一。在古希腊神话构建的世界中，神祇与凡人生活在一起，两者均以各自不同的方式共同诠释着生命的价值。对于古希腊人而言，奥林匹斯神界与凡人世界之间的界限，首先在于永生与必死之间的终极结果。占据核心地位的死亡观念始终贯穿于神界与人界的诸方面。与"道德无瑕疵"的中国圣人截然不同，希腊诸神也会如凡人一般受到命运的捉弄，感受到凡人的爱恨情仇，更会撒谎行骗，然而这一切"卑劣"的行为与痛苦不幸都不足以撼动诸神在时空的地位。诸神永生的根本特征决定了时间与事件的无意义性——没有什么是不可改变的，没有什么是不可补救的。因此，诸神永远高高在上地注视着人类的悲欢离合。凡人是必死的，这是不可挽回的人类终极结果。

公元前6世纪，作为哲学母体的古希腊神话，在西方历史中第一次勾勒出一幅充满"死亡智慧"的世俗精神的世界画卷。在这幅画卷中，没有"超越的存在"救赎，没有永恒的终极，人类必须明晰知天命的终极结果——克服必将到来的对死亡的恐惧。那么，我们现在只需要沉浸于神话的虚幻，全身心地感受古希腊人借由神话体现出的充满活力之生命的原始律动。生命是美好的，生命是有价值的，这种价值并非物质的体现，而是一种人类生生不息、顽强斗争的动人画卷。被铭记历史的凡人英雄更是需要丰功伟业傍身，这并非易事。例如，最勇敢的希腊人——阿喀琉斯；勇敢、聪明、智慧的、特洛伊战争的希腊英雄奥德修斯；等等。避免毁灭，保卫正义——这成为英雄们的主要职责。

凡人中的英雄主义无不体现在反抗混沌的古老力量、确保宇宙秩序的存在之中，阿喀琉斯、奥德修斯、伊阿宋等诸多英雄坚持不懈地完成了普通人无法想象的伟大壮举，并由此获得了传世的荣耀，这对普通凡人而言是不可想象的成就。"他们贡献了他们的生命给国家和我们全体；至于他们自己，他们获得了永远长青的赞美，最光辉灿烂的坟墓——不是他们的遗体所安葬的坟墓，而是他们的光荣永远留在人心的地方；每到适当的时机，永远激励他人的言论或行动的地方。"[1] 必死的古希腊英雄获得的荣耀帮助其成为一部史诗或者历史中的主角，并在某种程度上超越了他们自身必死的终极结果，英雄及其荣耀成为人类集体记忆的核心内容。"希腊英雄的生活往往以悲剧告终：他们是开拓者，测试着人类可能性的危险极限。而这也是他们的同胞如此敬仰他们的原因。"[2] 英雄的神话或者说主题保证了英雄成为永久的存在。被神话讲述者或者历史学家白纸黑字地记录在案，这一事实表明英雄已然超越了普通的凡人。凡人的命运终将被死亡这一不争的结果冲刷殆尽，使他们籍籍无名；而英雄的命运不再是消亡的，他们以其独特的方式永远存在，死亡或许带走了英雄的生命，但却被历史铭记在册，直至永垂不朽。

生命本身就是价值。人类似乎首先是从认识死亡开始认识生命的。在人类发展的初期，人类尚未意识到死亡的真正含义是什么。对原始先民而言，同伴的离开只是去了另一个更加美好的地方。英国学者泰勒曾提出"万物有灵观"来解释这一时期对死亡的认识。原始阶段的人类普遍认为，一切生物皆有灵魂，灵魂"在肉体死亡或消失之后能够继续存在"[3]。伴随着人类认知能力的发展，人类对死亡才具有更为准确的认知。死亡是不可逆的过程：人不会像神一般永生，死亡不可逆转，从未有人从冥府之中返回过。这一认识打

---

[1] ［古希腊］修昔底德：《伯罗奔尼撒战争史》（上册），谢德风译，商务印书馆1960年版，第135页。

[2] ［美］斯蒂芬·伯特曼：《奥林匹斯山之巅：破译古希腊神话故事》，韩松译，复旦大学出版社2005年版，第42页。

[3] ［英］爱德华·泰勒：《原始文化》，蔡江农译，浙江大学出版社1988年版，第56页。

破了原始神话中勾勒出的灵魂世界的美好与幻想，死亡变成了恐惧的来源。正是死亡的存在，人们开始对生命产生了无以复加的眷恋，人类开始寻求战胜恐惧的办法，或者说解脱的方法。

选择如何死亡是人类自由的体现。死亡是人类不可逃脱的终极结局。死亡是恐怖的，然而生又何尝不存在痛苦呢？生不如死时，死亡也是人类自由解脱的一种选择，也是一种解脱。然而，死亡不是某人贸然的选择，希腊神话将死亡视为一个人证明自己纯洁的选择。例如，俄狄浦斯母亲获得弑父娶母的真相后，选择了上吊自杀以证清白；背叛美狄亚的伊阿宋惨遭报复，最终自刎结束生命；等等，大凡皆属于此。这些故事都将死亡看作人类证明自己、解脱自己的手段。与生者而言，死者"绝不是一个无足轻重的人，而是怜悯、恐惧、尊敬以及复杂多样的情感的对象"①。

史诗在理性与感性二者完美的平衡中描述了人的发展、生命的价值与生命的完满。灵魂与肉体的和谐才是完满。在《蒂迈欧篇》中，柏拉图阐述了人体的构造的和谐关系：灵魂与肉体的比例被恰当地视为人的和谐。柏拉图认为，肉体强大于灵魂，则灵魂易怒，带来肉体上的疾病；灵魂强大于肉体，则肉体羸弱，失去生活的品质。因此，两者必须同时协调发展才能健康，这才是人类走向永生的终极途径。在古希腊神话中，两者之间的平衡成就了最高的范本。但此后的中世纪、文艺复兴、浪漫主义文学却均失去了这种平衡。文学或者践踏蔑视人的感性，或者高扬理性的大旗，无不厚此薄彼。生命的实质是在不断地战胜感性与理性矛盾中实现对于精神的无限追求，"生理—精神"整体的动态平衡状态方能最好地体现出生命的价值，在动态的平衡中方能最好地彰显出生命的无限活力与创造力。在希腊神话中，英雄们在理性与感性间的穿梭，既能充分享受个体生命的欢愉，又可将人类导向更为崇高的理想目标，这成为希腊人的理想，更是后世之人永远的理想。

---

① [法]列维·布留尔：《原始思维》，丁由译，商务印书馆1981年版，第300页。

二　嵌入日常生活的道德熏陶

从哲学发展的角度来看，史前史的古希腊神话并不是以抽象辩证的方式进行教化，而是借助于世俗智慧的形式对宇宙演变与人类生活做出回应。希腊宗教是由诗人、艺术家和哲学家发展而来，这些创造者不是脱离世事的宗教"超人"，他们都是身处尘世的平凡希腊人。因此，在古希腊神话中展现出了古希腊城邦及公民的无神论取向。

在古希腊城邦的教育事业之中，古希腊神话承担着重要角色。在一个有文字的社会中，习俗和惯例就是法则，道德不易被定义，除非它与习俗一致。儿童是在自己家中开始接触神话，把神话中包含的观念、象征含义和价值判断纳入儿童正在形成的世界观体系。希腊人的神是荷马描述的奥林匹斯山上的众神，他们或许品行不端，或许孩子气，或许狡诈多变，但他们却拥有特定的教化作用。希腊妇女借用这些神祇与英雄故事的目的，往往是为了控制性格顽劣的儿童。

在古风时期和古典时期希腊城邦的许多活动中，讲述故事都是一项重要的、带有竞争意味的事情。在政治辩论中，发言者也可以通过讲述历史往事来劝导听众。法庭上也如此，双方就同一事件做出不同的陈述，且合情合理，即便是生死攸关的事情，只要能自圆其说，就可以"说服"陪审团。

故事有真有假，由赫西俄德、荷马等古希腊诗人所讲述的故事都具有教导性。美国学者伊迪斯·汉密尔顿认为，"在荷马笔下，他们都很令人愉快，但谈不上任何教化作用"[1]。这句话未免武断，任何民族都无法做到对道德行为处之漠然。古希腊埃斯库罗斯与欧里庇德斯认为，所有诗歌都具有教导性和功利性的特征，并且诗歌的成功与否也是以此作为衡量标准的。柏拉图在《国家篇》强调人

---

[1] [美] 伊迪斯·汉密尔顿：《希腊精神》，葛海滨译，华夏出版社2003年版，第212页。

们应该重新审查古希腊诗歌的教育价值。"这个教育究竟是什么呢？似乎确实很难找到比我们早已发现的那种教育更好的了。这种教育就是用体操来训练身体，用音乐来陶冶心灵。"①

在人类漫长的文盲社会历史中，史诗神话能够存活或者被记住，不仅因为它是古希腊人自我调整的历史文化记载，更为重要的原因在于史诗神话中具备的矛盾张力。《伊利亚特》中的人物角色众多，例如，奥德修斯、涅斯托尔、萨尔佩冬、埃涅阿斯等他们均是"正面"的、"规范"的或者"正常"的人物角色。一部作品仅有这些正面的角色是不够的，文盲社会中的听众更想要从诗人口中听到充满冲突的、激情的、兴奋的甚至是血腥的故事。当习俗、习惯被挑战或取消时，矛盾产生，斗争不可避免。冲突矛盾激发了听众的兴趣，听众洗耳恭听，史诗神话借此完成了教化功能。荷马与赫西俄德就是古希腊最早的导师。他们的教导性并非体现在文学或美学领域，而是其在社会学与教育学范畴中的价值。因此，人们将诗人的价值更多地设定为希腊的教导者和教师，而非一名文学艺术家。正如哲学家色诺芬尼所说，"所有人因荷马而得到教导"，并将荷马与赫西俄德共同设定为无神论的教师。"文而化之，化而文之，人之文明，无文象不生；人之文明，无文脉不传。"②

古希腊神话讲述的人物或英雄在某段时间是某一家族或城邦的祖先或象征，他们的故事通过叙述和特定的仪式被后世人一再记起。古希腊时期的音乐与诗歌密不可分。在古希腊，音乐与诗歌一样是整个民族的感受表达，是生活共同体的体现，因此，必须满足全城邦公民的需要。古希腊的音乐包含的领域较广：诗歌、戏剧与舞蹈等，可谓音乐、舞蹈与诗歌三位一体的合集。诗歌、戏剧、舞蹈是希腊初等教育的重要内容，不仅面向有教养的上流社会，而且是面向全部希腊公民传授的。在古希腊人看来，音乐与人类追求真

---

① ［古希腊］柏拉图：《理想国》第 2 卷，张竹明译，译林出版社 2015 年版，第 53 页。
② 陇菲：《文经》，中华书局（香港）有限公司 2011 年版，原载兰州《甘肃日报》1994 年 8 月 13 日第 8 版。

和美的活动密切相关。古希腊人认为，一个人的气质、德行、修养等方面的差异，主要是由人们在音乐层面的差距体现出来。苏格拉底认为，诗（音乐、神话）在儿童教育中具有重要的地位，"精通诗歌是男孩教育中最为重要的部分。"[①] 儿童将诗歌熟记于心，甚至可以表演，宛如自己就是诗歌中的人物一般。诗人们作为教育者的地位理应得到认可。

正是因为整个希腊人都在艺术形式中接受道德教化，因此古希腊的艺术形式提倡共同性发展，而非个性化的发展。例如，巴台农神庙墙壁上的图案中有许多姿态各异的武士，他们不是某一个人的形象，而是整个希腊社会对武士的界定形象，武士的道德价值形象被直观地表达出来。"成教化，助人伦"，是古希腊社会各种艺术形式教化功能的体现。希腊人的音乐、诗歌、戏剧等艺术形式，都具有主动的道德教育目的。与现代艺术家拒绝将艺术形式作为"道德的附庸"的态度不同，古希腊时代的艺术形式正是社会教化的重要手段。以文化娱乐为形式载体的希腊神话，生动鲜活地展现着城邦对公民的道德要求，将古希腊人的道德观念"活生生"地呈现在世人眼前。按照亚里士多德的认识，每一种艺术形式都应当包含着浅显易懂的道德教育的价值。柏拉图与亚里士多德均认为，在儿童成长过程中，无论多么微不足道的事物，都必须遵守艺术最佳的原则，因为这对儿童道德的影响力是强大而深刻的。

因此，我们必须密切关注音乐人与艺术家的作品，只有在高格调的作品熏陶中，我们的儿童才会在健康的环境中成长。假如音乐或艺术水平下降，会影响民众的艺术欣赏水平，更会导致民众道德水平下降。

三 构建和谐世界的原初探索

希腊神祇世界充满人性化，希腊英雄世代表现出自由奔放、热

[①] ［英］肯尼思·约翰·弗里曼：《希腊的学校》，朱镜人译，山东教育出版社2009年版，第131页。

情洋溢与感性丰沛的点点滴滴,都为现代人贫乏苍白的内心世界带来曙光。珍视生命、热爱自由、勇于担当、尊重秩序、崇尚智慧等,无不体现出人性的根本特征,更是人类欲望的隐喻表现。神话艺术"恰恰为现代的畸形与片面化提供了最好的补偿"[①]。

在苏格拉底以前,"宇宙的本原""世界的构成"等成为哲学研究的主题。在历经原始神话与起源于米利都的自然哲学之后,苏格拉底将哲学从天上拉到了人间。古典时代的苏格拉底认为,自然本原问题对拯救城邦并不具有现实意义,因此哲学应该关心城邦与民众自身,即研究人类自身——人类的伦理问题,例如,正义是什么,幸福是什么,美德是什么,等等。铭刻在德尔菲神庙墙上的箴言"认识你自己"(know yourself),可谓人类认识自然和敬畏自然最为珍视的行为准则。苏格拉底将"无知"视为人类唯一的所有;因此认识世界与自我的开端,必然是自知无知。尼采在《论道德的系谱》中解释道:"我们对自己必定仍然是陌生的,我们不理解自己,我们想必是混淆了自己,我们的永恒定理是'每个人都最不了解自己'——对于我自己来说,我们不是认知者。"[②] 遗憾的是,人类并没有完全认识到"自知无知"的真谛,僭越与异化构成了人类近现代历史的主旋律。人类僭越自然的行为是对客观自然秩序的挑战,更是妄自尊大、毫无节制的贪欲之举。宇宙自然与人类在时空的"经纬巨制"中皆具有既定的位置,僭越这一既定位置,是一项"针对宇宙本身的犯罪",属于不义之举。

自19世纪后半叶开始,哲学研究的主要问题再次发生改变。哲学脱离了生活世界,脱离了自然与人,转而投向了生活之外的天地。19世纪以后,当科学成为人类认知的唯一手段之后,强调文学和艺术价值的人认为,艺术同样具有认知方式,不同于科学的实

[①] 荣格:《西方文艺理论名著选编》(上下册),胡经之主编,北京大学出版社1994年版,第376—377页。

[②] [德] 尼采:《论道德的谱系》,周宏译,生活·读书·新知三联书店2017年版,第3—4页。

证性认知，文学的认知功能是感性的认知。作为感性的个体人，文学的认知更甚于科学的认知。文学是生活的，是活生生的、具体的人性的作品，而不像科学那样只是获得抽象的原则。但是受实证主义的影响，整个人类哲学的发展呈现出唯科学主义的特征。似乎只有科学才可以帮助人们认识自然、认识秩序，科学为人类提供生存的价值与意义，科学即"形而上学"式的人类终极信仰。

科学将人类与自然的天然纽带割裂开来，自然不再是先于人类存在的生活场景，而成为人类改造的对象。正如海德格尔所说，"哲学转变为关于人的经验科学，转变为关于一切能够成为人的技术的经验对象的东西的经验科学；而人则通过技术以多种多样的制作和塑造方式来加工世界，人因此把自身确立在世界中。所有这一切的实现在任何地方都是以科学对具体存在者领域的开拓为基础和尺度的。"[1] 科学之于存在者的关系是认识论的问题，而哲学之于存在的探究是本体论的问题。"科学化"的哲学对存在者的关注，取代了对存在的关注，这一转变客观而又深刻地影响着人的生活方式。在哲学科学化的认识论体系中，"生命"不再被视为源于自然的本原现象，而变成笛卡尔新世界观的机理过程与心理过程的综合特征。同机器的运作原理相似，人类由一系列精密构造的零件组成，对人的认识，就是对构成人的零件的认识。人类生命不再具有独立的价值，对人的认识等同于对物的认识，锻炼肌体的方式同样适用于培养灵魂与心灵。自然秩序不再具有不可侵犯的"神圣性"，科学的原则与方法剔除了自然世界的"活性"，自然被科学符号化。所以，"科学化"的哲学告知人类，自然不是神圣的，自然可以被改造。人类获得了科学的尚方宝剑，开始了僭越自然的近代人类历史。

人类僭越自然之事例比比皆是，而自然亦无不予以激烈地反攻，并随时给人类以致命的一击。美索不达米亚、希腊、小亚细亚

---

[1] [德]海德格尔：《海德格尔存在哲学》，孙周兴译，九州出版社2004年版，第136页。

的居民开垦耕地、毁灭森林，最终将这些地方变成了荒芜的不毛之地，其文明的式微和衰落也与此不无关系。我国西北楼兰古国和中美洲玛雅人的灭亡，更是自然对人类施以报复的重大悲剧。在科技革命之始，机械化大生产代替了手工劳作，人类不断地攫取自然资源，大肆地挥霍自然环境，全然忘却了大自然与人类曾经相伴相生的"亲密关系"。

今时人类成为机器的衍生物，"阿尔法智能机器人"击败了九段围棋高手的现实，将人类推向了无以复加的迷失境地——人类的命运究竟掌握在谁的手中？谁将是地球未来的主宰？人类如何面对人工智能的崛起？在以工具理性和知识论哲学为基础的近现代发展史中，人类在探索自然和改造自然领域中获得了长足的进步，然而缺乏对精神的追求与对自然的敬畏而导致的精神空虚使人类沦为科学的附庸，失去了人对于存在价值与意义的执念。因此，在人的生存困境随着工业化的进程越发突出的今天，"认识你自己"的使命和命题在现代社会依然没有终结。

古希腊神话中的"正义之序"是对人类生活合目的性的维护，而非法律意义上的约定正义。追求正确生活可能实现的基础之一是自然秩序的存在，且长久性的存在。缺乏了"秩序"，宇宙或人类追求的生活意义与智慧就会坍塌。"认识你自己"是界定宇宙秩序中人类"自然位置"的最佳诠释，进而确立人的理性或精神本质。以现代科学视角解释希腊神话中显而易见的虚幻，这是徒劳无益的工作。一方面，科学带来日新月异的生活面貌，科学将宇宙自然更加透彻地展示在人类的面前；另一方面，现代科学造成的人类异化现象日趋严重，科学摧垮了理性的堤坝，人性趋于兽性。在巨大的矛盾旋涡之中，人类如何自救？探求这一困境的解决之道时，我们或许可以从古希腊神话中窥探一二。

第一，像先人一般重新确认人与自然具有一体性的认知。人类和自然环境在人文生态系统中是相互依存、相互制约的两项基本要素。人是自然的产物，亦始终归属于、依存于自然的属性。"我们越来越有可能学会认识并因而控制那些至少是由我们的最常见的生产行为所引起的较远的自然后果。但是这种事情发生得越多，人们就越是不仅再次感觉到，而且也认识到自身和自然界的一体性，而那种关于精神和物质、人类和自然、灵魂和肉体之间的对立的、荒谬的、反自然的观点，也就越不可能成立了。"自然秩序与人类自身的发展秩序，两者并行不悖。

第二，力求澄清"科学化"哲学的虚假性。科学以研究事物、社会或人的结构和一般运动规律为己任，而"自然或社会何以为是"的解释，则是由哲学来完成的。科学告知人类"知其然"，而哲学启发人类"知其所以然"的追求。"科学化"的哲学只会呈现出工具化与碎片化的知识，终将止步于宇宙的鸿篇巨制的边缘，沦为科学的臣仆。

第三，正视先人正义观从"天道正义"到"人道正义"的转变价值。不同于现代法律的约定正义观，自然正义观即宇宙正义观的基本观点是关于必然性或自然秩序永远校正的平衡变化。这种平衡变化就是一种争斗，但斗争必须符合一定的限度分寸，否则就会打破万物之间的和谐平衡。宇宙正义观就是一种超自然的力量维持平衡、和谐的力量。当这一理论降临至城邦生活，正义就实现了从天道到人事的转变——支配人行为的伦理原则。生态环境对人类的惩戒就是因为人类超越了宇宙的、规定性的地位与职责，侵犯了其他物种地位和自然的秩序，从而破坏了宇宙正义。宇宙正义观与人事的融合，表明人类认知自然的深化。

第四，像先人一般顺应自然秩序才能解决自然的挑战。顺应自然秩序，即认识人类的界限。人类改造自然获得成就的自豪感，不能抵消人类对自然秩序破坏产生的严重后果。在漫长的人类历史中，客观的自然秩序终将为人类先辈的错误惩罚其后世子孙。因此，敬畏自然，保护环境，才可福泽今朝后世。现代人需时刻地"反躬自省"，从而照见遗落在心灵上的灰尘；换言之，需要"时时勤拂拭"，使我们认识真实的自己，认识人类的时空位置。我们需要一种"虔诚"的态度对待自然，自然也必将回报人类一片"和谐美好"的净土家园。

第四节　本章小结

　　时至今日，古希腊神话虽然历经鼎盛、质疑、退隐、重现的历史演进历程，但其从未真正离开过人类的精神世界。一个民族，一个国家，只有具有"靶向"的英雄道德典范，方能导引民族"源头"的道德诉求与价值升华。时代变迁中，英雄精神彰显出的永恒的价值足以让人震撼，足以激发整个民族向善的力量。英雄精神与英雄道德承担着构建人类终极精神诉求与民族坐标的重要使命。任何民族、国家与人民的终极愿望都是对幸福的追求。"幸福是最高的善。"然则，幸福并不是形而上学的想象，幸福是社会进程中人的行为符合道德诉求与民族坐标的实实在在的"活动"。因此，道德言论从来不是空洞的道德说教，而是一个个有血有肉的、真实的道德个体。西方文明中有以希腊神话英雄世代为道德典范的生动个体，中华文明中有以献身国家、勇于担当、忠诚爱国为道德诉求的英雄个体。英雄是弘扬民族道德意识与社会价值秩序的璀璨之星。英雄事迹具有旺盛的生命力与传播力，他们是一个个有血有肉的、生动鲜活的、真实的道德个体。

　　可以说，英雄精神成为民族国家的道德底蕴。英雄是社会秩序的道德范本。在浩瀚的历史长河中，个人的生命历程稍纵即逝。如何在短暂的生命历程中彰显生命的价值？如何在历史长河中留存生命的意义？英雄价值与英雄精神为这一恒久的哲学探索提供了重要的线索。

余　　论

在人类宗教、艺术、哲学分化之前，古希腊神话是作为西方意识形态的母体范本而存在的，这是任何现代语言与概念都无法消融的最原始的人类意象。于古代先民而言，古希腊神话是城邦教化公民的重要内容及手段；于当代社会，古希腊神话不失为一种解决现代问题的有效手段。

其一，古希腊神话终极性地蕴藏着人类原始的真理性语言。希腊神话作为西方人类文明的源头，不仅为人类带来了"家园感"，更为现代人的内心深处注入了一剂强心剂。希腊神祇世界的人性化，希腊英雄世代的自由奔放、热情洋溢、感性丰沛的点点滴滴，亦为现代人贫乏苍白的内心世界带来了曙光。珍视生命、热爱自由、勇于担当、尊重秩序、崇尚智慧等，无不体现出人性的根本特征，更是人类欲望的隐喻表现。神话艺术"恰恰为现代的畸形与片面化提供了最好的补偿"[1]。人类的纠结与矛盾在古希腊神话艺术之中得到了释放与满足，也为人类的未来提供了最初的价值诉求与标尺。

其二，在漫长的时间长河之中，人类生命的终极目的何在是哲学探究的核心问题之一。在古希腊神话构建的世界中，神祇与凡人

---

[1] 荣格：《西方文艺理论名著选编》（上下册），胡经之主编，北京大学出版社1994年版，第376—377页。

生活在一起，两者均以各自不同的方式共同诠释着生命的价值。诸神永生的根本特征决定了时间与事件的无意义性——没有什么是不可改变的，没有什么是不可补救的。因此，诸神永远高高在上地注视着人类的悲欢离合。凡人是必死的，这是不可挽回的人类终极结果。公元前6世纪，作为哲学母体的古希腊神话，在西方历史中第一次勾勒出一幅充满"死亡智慧"的世俗精神的世界画卷。在这幅画卷中，没有"超越的存在"救赎，没有永恒的终极，人类必须明晰知天命的终极结果——克服必将到来的对死亡的恐惧。那么，我们现在只需要沉浸于神话的虚幻，全身心地感受古希腊人借由神话体现出的充满活力之生命的原始律动。生命是美好的，生命是有价值的，这种价值并非物质的体现，而是一种人类生生不息、顽强斗争的动人画卷。生命本身就是价值。

其三，古希腊神话承担着希腊城邦公民道德教育之重任，抑或可为现代人类解决各种社会矛盾提供有效的道德镜鉴。从哲学发展的角度来看，史前史的古希腊神话并不是以抽象辩证的方式进行教化，而是借助于世俗智慧的形式对宇宙演变与人类生活做出回应。希腊宗教是由诗人、艺术家和哲学家发展而来，这些创造者不是脱离世事的宗教"超人"，他们都是身处尘世的平凡希腊人。因此，在古希腊神话中展现出了古希腊城邦及公民的无神论取向。"希腊人没有权威的圣经宝典，没有教规，没有十诫，没有教条。他们根本不知道正统教义是什么东西。"[1] 在亚里士多德看来，借助希腊史诗中的想象，天体神—人性神—理性神的演进过程逐步地呈现出希腊神话的教化功能，进而影响着希腊民众的日常生活与劳作。现代人在历经信神—无神—科学—探求信仰的意识转变过程中，逐渐地认识到古希腊神话中隐喻的道德价值无疑具有经久不衰的现代性意义。认知生命的价值、珍惜有限生命、构建理想的道德谱系、维护人类社会稳定与发展的正义秩序，等等。现代社会所面临的诸多问

---

[1] ［美］汉密尔顿：《希腊精神》，葛海滨译，辽宁教育出版社2003年版，第213页。

题，或可从原始先民的认识结晶中得到启示。

其四，伴随着宗教改革、文艺复兴及启蒙运动，开启了人类理性发展的时代。人类已不再祈求神祇的力量和权威为自己的一切"正名"，他们似乎单凭借自身的理性便可以达到自我认知的目的。从此，人类获得了前所未有的自由。毫无疑问，古希腊神话世界是一个充满魅力却又虚幻的世界，同现代的科学世界相去甚远。科学的出现使人类在相当长的一段时间内漠视神话的存在，将之视为虚幻、迷信、怪力乱神的代名词。科学技术的突飞猛进，使本就"懵懂"的人类更加轻浮。人们想当然地认为整个宇宙是按照公式、定理的方式运作的，因此，人及人的生活亦都应当遵循着某些理性的秩序来进行。地球围绕太阳旋转的定理，被牵强附会地套用到了人类的世界与生活。科学与人道主义这两位曾经为整个人类答疑解惑、冲破黑暗、解除蒙昧的精神与生活导师，日渐凸显出它们的"软肋"。"只有当我们被迫进行思考，而且发现我们的思考没有什么结果的时候，我们才接近于产生悲剧。"① 在人类狂热地推崇科学与人道精神之际，在这兴奋表现之下总会出现一些不和谐的因素：20世纪30年代至40年代，法西斯主义猖獗，反犹太主义犯下了种种令人发指的罪行，第二次世界大战爆发，等等。两次世界大战将"被彻底启蒙的世界却笼罩在一片因胜利而招致的灾难之中"②。至此，人类开始走向反思与纠结的矛盾之中。

总之，古希腊神话可谓人类早期文明遗留至今的精神"活化石"，其中隐含着西方文明的先祖们幽远玄妙的文明和德性密码。关于世界起源及人类起源的问题，通过古希腊神话的三代神谱，可梳理出人类及人类社会独立于客观自然的艰辛历程。即"神人合一"的梦想——主客体分离的二元价值。再者，人类对生命价值的辩证认知；抑或说，生命短暂且不可超越的悲剧性——因为短暂而

---

① 朱光潜：《悲剧心理学》，人民文学出版社1983年版，第279页。
② 张亮：《西方马克思主义哲学原著选读》，南京大学出版社2016年版，第174页。

崇高的奋斗价值。关于人类个体道德诉求的问题，古希腊神话从英雄为范本构建出了一个适应于原始社会末期至希腊城邦时期的道德价值谱系：处于"道德顶峰"的"荣誉"——披挂"道德旗帜"的"勇力"——走下"道德神坛"的"技艺性智慧"。关于人类群体道德诉求的问题，古希腊神话以诸神在解决人类社会问题时所主张的正义之德行诉求，逐渐演变为希腊人最高的城邦正义框架。即由"外在价值"的天道正义演变为"内在价值"的人道正义。古希腊神话不仅以文本的方式承载着人类道德价值构建的演变历程，同时在社会组织形式的教育层面也具有举足轻重的地位。时至今日，古希腊神话虽然历经鼎盛、质疑、退隐、重现的历史演进历程，但其从未真正离开过人类的精神世界。

附　录

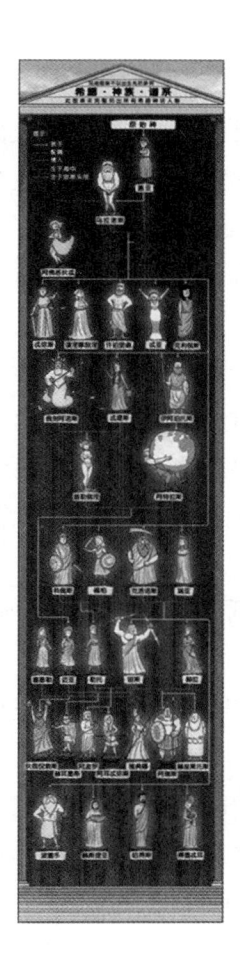

古希腊神话谱系图

参考文献

一 中文著作

程志敏：《荷马史诗导读》，华东师范大学出版社 2007 年版。
楚金波：《希腊神话研究》，黑龙江人民出版社 2007 年版。
崔延强：《正义与逻各斯》，泰山出版社 1998 年版。
戴镏龄主编：《世界名言大辞典》，广西人民出版社 1996 年版。
方汉奇：《中国新闻事业通史》第 2 卷，中国人民大学 1996 年版。
高宣扬：《当代社会理论》，人民大学出版社 2005 年版。
顾颉刚：《古史辨自序》，河北教育出版社 2000 年版。
顾准：《希腊城邦制度》，中国社会科学出版社 1982 年版。
黄进：《社会主义核心价值观的"内省"与"外化"》，江苏人民出版社 2015 年版。
冷德熙：《超越神话——纬书政治神话研究》，东方出版社 1996 年版。
李咏吟：《原初智慧形态》，上海人民出版社 1999 年版。
李泽厚：《美的历程》，天津社会科学出版社 2002 年版。
廖申白：《尼各马可伦理学导读》，四川教育出版社 2005 年版。
刘成林：《祭坛与竞技场——艺术王国里的华夏与古希腊》，社会科学文献出版社 2001 年版。
刘啸虎：《天生王者亚历山大》，陕西人民出版社 2016 年版。

陇菲：《文经》，中华书局（香港）有限公司 2011 年版，原载兰州《甘肃日报》1994 年 8 月 13 日第 8 版。

鲁迅：《中国小说史略（鲁迅全集，第九卷）》，人民文学出版社 1981 年版。

罗念生：《罗念生全集》，上海人民出版社 2004 年版。

茅盾：《神话研究》，百花文艺出版社 1981 年版。

苗力田主编：《亚里士多德全集·论诗》，中国人民大学出版社 1997 年版。

冉乃彦：《生命教育课——探索教育的根本之道》，同心出版社 2008 年版。

荣格、胡经之主编：《西方文艺理论名著选编》（上下册），北京大学出版社 1994 年版。

沈之兴、张幼香著：《西方文化史》，中山大学出版社 1991 年版。

束定芳：《隐喻学研究》，上海外语教育出版社 2000 年版。

司马迁：《史记·五帝本纪》，中华书局 1959 年版。

隋竹丽：《古希腊神话研究》，黑龙江人民出版社 2005 年版。

雪霞：《比较视野中的〈庄子〉神话研究》，暨南大学出版社 2011 年版。

孙周兴：《未来哲学序曲：尼采与后形而上学》，上海人民出版社 2016 年版。

汪子嵩等：《希腊哲学史》，人民出版社 2003 年版。

王湘云：《中国希腊古代神话对比研究》，山东大学出版社 2000 年版。

王钟陵：《二十世纪中国文学史论文精粹·古代·神话卷》，河北教育出版社 2000 年版。

王佐良、金立群：《英国诗选》，上海译文出版社 1993 年版。

文心工作室编著：《宋词——最美国学》，中央编译出版社 2014 年版。

吴晓群：《希腊思想与文化》，上海社会科学院出版社 2009 年版。

肖厚国：《自由与人为：人类自由的古典意义——古希腊神话、悲剧及哲学》，华东师范大学出版社 2006 年版。

谢六逸：《神话学 ABC》，上海书店 1990 年版。

谢选骏：《神话与民族精神》，山东文艺出版社 1986 年版。

雅斯贝尔斯：《历史的起源与目标》，华夏出版社 1989 年版。

杨丽娟：《世界神话与原始文化》，上海社会科学出版社 2004 年版。

杨群章、何汝泉主编：《中外文化俯瞰》，西南师范大学出版社 1996 年版。

杨忻葆：《杨忻葆论文集》，安徽文艺出版社 2001 年版。

余祖政、刘佳、刘世洁：《古罗马神话故事》，北京联合出版社 2016 年版。

苑利：《二十世纪中国民俗学经典》（神话卷），社会科学文献出版社 2002 年版。

张光直：《中国青铜时代》，生活·读书·新知三联书店 1983 年版。

张广智：《世界文化史：古代卷》，浙江人民出版社 1999 年版。

张亮：《西方马克思主义哲学原著选读》，南京大学出版社 2016 年版。

中共中央马克思恩格斯列宁斯大林著作编译局：《〈政治经济学批判〉导言》，载《马克思恩格斯选集》第 2 卷，人民出版社 1972 年版。

中共中央马克思恩格斯列宁斯大林著作编译局：《马克思恩格斯选集》，人民出版社 1995 年版。

中国作家协会、中国编译局：《马克思恩格斯列宁斯大林论文艺》，作家出版社 2010 年版。

朱光潜：《悲剧心理学》，人民文学出版社 1983 年版。

朱光潜：《朱光潜全集》，安徽教育出版社1990年版。

祝宏俊：《古希腊节制思想》，社会科学文献出版社2009年版。

刘小枫、陈少明主编：《荷马笔下的伦理》，华夏出版社2010年版。

茅盾：《神话研究》，百花文艺出版社1981年版。

肖厚国：《自由与人为：人类自由的古典意义——古希腊神话、悲剧及哲学》，华东师范大学出版社2006年版。

二 外文译著

［德］奥托·泽曼：《希腊罗马神话》，周惠译，上海人民出版社2005年版。

［德］策勒尔：《古希腊哲学史纲》，翁绍军译，山东人民出版社1996年版。

［俄］车尔尼雪夫斯基：《车尔尼雪夫斯基论文学（中卷）》，辛未艾译，上海译文出版社1979年版。

［英］凯伦·阿姆斯特朗：《神话简史》，胡亚豳译，重庆出版社2005年版。

［德］恩斯特·卡西尔：《神话思维》，黄龙保、周振选译，中国社会科学出版社1992年版。

［奥地利］弗洛伊德：《释梦》，孙名之译，商务印书馆2006年版。

［英］弗雷泽：《金枝精要：巫术与宗教之研究》，刘魁立编译，上海文艺出版社2001年版。

［德］弗里德里希·尼采：《尼采读本》，周国平译，作家出版社2012年版。

［英］麦克斯·缪勒：《比较神话学》，金泽译，上海译文出版社1989年版。

［德］古斯塔夫·施瓦布：《希腊古典神话》，曹乃云译，译林出版社2003年版。

［德］黑格尔：《历史哲学》，王造时译，上海书店出版社2001年版。

［德］海德格尔：《海德格尔存在哲学》，孙周兴译，九州出版社2004年版。

［德］汉斯·布鲁门伯格：《神话研究》，胡继华译，上海人民出版社2014年版。

［德］霍克海默、阿多诺：《启蒙辩证法》，梁敬东译，上海人民出版社2006年版。

［德］卡尔·雅斯贝尔斯：《历史的起源与目标》，魏楚雄、俞新天译，华夏出版社1989年版。

［德］卡西尔：《人论》，甘阳译，上海译文出版社1985年版。

［德］利奇德：《古希腊风化史》，杜之、常鸣译，辽宁教育出版社2000年版。

［德］列维·施特劳斯：《神话的结构研究》，《结构主义神话学》，叶舒宪译，陕西师范大学出版社1989年版。

［德］尼采：《尼采著作全集》，孙周兴译，商务印书馆2012年版。

［德］尼采：《论道德的谱系》，周宏译，生活·读书·新知三联书店2017年版。

［德］尼采：《悲剧的诞生》，刘崎译，哈尔滨出版社2015年版。

［德］施瓦布：《古希腊罗马故事神话和传说》，光明译，湖南文艺出版社2011年版。

［德］席勒：《论悲剧题材产生快感的原因》，古典文艺理论译丛编辑委员会编，人民文学出版社1963年版。

［德］古斯塔夫·施瓦布：《希腊古典神话》，曹乃云译，译林出版社2003年版。

［俄］古谢伊诺夫：《西方伦理学简史》，刘献州等译，中国人民大学出版社1992年版。

［法］爱弥尔·涂尔干：《宗教生活的基本形式》，渠东、汲喆译，上海人民出版社 2006 年版。

［法］古郎士：《希腊罗马古代社会研究》，李玄伯译，中国政法大学出版社 2005 年版。

［法］克琳娜·库蕾：《古希腊的交流》，邓丽丹译，广西师范大学出版社 2005 年版。

［法］列维·斯特劳斯：《野性的思维》，李幼蒸译，中国人民大学出版社 2006 年版。

［法］列维·斯特劳斯：《结构人类学》，张祖建译，中国人民大学出版社 2009 年版。

［法］列维·布留尔：《原始思维》，丁由译，商务出版社 1981 年版。

［法］罗兰·巴尔特：《神话：大众文化诠释》，许蔷蔷、许绮玲译，上海：上海人民出版社，1999 年版。

［法］吕克·费希：《神话的智慧》，曹明译，华东师范大学出版社，2017 年版。

［法］让·皮埃尔·韦尔南：《神话与政治之间》，余中先译，生活·读书·新知三联书店 2005 年版。

［古罗马］奥古斯丁：《忏悔录》，周世良译，商务印书馆 2011 年版。

［古罗马］朗吉弩斯：《论崇高》，载吴蠡甫、胡经之主编《西方文艺理论名著选编》，上海文艺出版社 1979 年版。

［古罗马］西塞罗：《论至善和至恶》，石敏敏译，中国社会科学出版社 2005 年版。

［古希腊］赫西俄德：《工作与时日·神谱》，张明竹、蒋平译，商务印书馆 1991 年版。

［古希腊］阿里斯托芬：《地母节妇女·蛙》，罗念生译，上海人民出版社 2006 年版。

［古希腊］柏拉图：《理想国》，郭斌和、张竹明译，商务印书

馆 1984 年版。

［古希腊］柏拉图：《柏拉图全集》，王晓超译，人民出版社 2003 年版。

［古希腊］柏拉图：《斐德罗》，王晓朝译，人民出版社 2003 年版。

［古希腊］柏拉图：《柏拉图文艺对话集》，朱光潜译，安徽教育出版社 2007 年版。

［古希腊］荷马：《伊利亚特》，陈中梅译，华夏出版社 2007 年版。

［古希腊］荷马：《伊利亚特》，罗念生、王焕生译，人民文学出版社 1994 年版。

［古希腊］荷马：《奥德赛》，陈中梅译，译林出版社 2012 年版。

［古希腊］荷马：《伊利亚德》，陈中梅译，译林出版社 2012 年版。

［古希腊］荷马：《荷马史诗·伊利亚特》，罗念生、王焕生译，人民文学出版社 1994 年版。

［古希腊］荷马：《奥德修纪》，杨宪益译，上海译文出版社 1979 年版。

［古希腊］赫西俄德：《工作与时日·神谱》，张明竹、蒋平译，商务印书馆 1991 年版。

［古希腊］色诺芬：《会饮》，沈默译，华夏出版社 2005 年版。

［古希腊］希罗多德：《历史》，王以铸译，商务印书馆 1959 年版。

［古希腊］修昔底德：《伯罗奔尼撒战争史（上册）》，谢德风译，商务印书馆 1985 年版。

［瑞］雅各布·布克哈特：《希腊人和希腊文明》，王大庆译，上海人民出版社 2012 年版。

［古希腊］亚里士多德：《尼各马可伦理》，廖申白译，商务印

书馆 2003 年版。

［古希腊］亚里士多德：《形而上学》，吴寿彭译，商务印书馆 1983 年版。

［加］弗莱：《批判的解剖》，朱国华译，上海外语教育出版社 2009 年版。

［美］约翰·卡德威尔·卡尔霍恩：《卡尔霍恩文集》，林国荣译，广西师范大学出版社 2015 年版。

［美］D. L. 卡莫迪：《妇女与世界宗教》，徐钧尧、宋立道译，四川人民出版社 1995 年版。

［美］阿兰·邓迪思：《西方神话学论文选》，朝戈金等译，上海文艺出版社 1994 年版。

［美］阿诺德·汤因比：《历史研究》，刘北城、郭小凌译，上海人民出版社 2000 年版。

［美］包尔丹：《宗教的七种理论》，陶飞亚、刘义、钮圣妮译，上海古籍出版社 2005 年版。

［美］汉密尔顿：《希腊精神》，葛海滨译，辽宁教育出版社 2003 年版。

［美］杰克逊·J. 斯皮瓦格尔：《西方文明简史》，董仲瑜、施展、韩炯译，北京大学出版社 2010 年版。

［美］路易斯·亨利·摩尔根：《古代社会》，杨东莼等译，商务印书馆 1977 年版。

［美］罗伯特·A. 西格尔：《神话理论》，刘象愚译，外语教学与研究出版社 2008 年版。

［美］麦金太尔：《追寻美德》，宋继杰译，译林出版社 2006 年版。

［美］麦金太尔：《谁之正义？何种合理性?》，万俊人等译，当代中国出版社 1996 年版。

［美］麦金太尔：《伦理性简史》，龚群译，商务印书馆 2003 年版。

［美］斯蒂·汤普森：《世界民间故事分类学》，郑海、郑凡、刘薇琳等译，上海文艺出版社 1991 年版。

［美］斯蒂芬·伯特曼：《奥林匹斯山之巅：破译古希腊神话故事》，韩松译，复旦大学出版社 2005 年版。

［美］斯塔夫里阿诺斯：《全球通史——1500 年以前的世界》，吴象婴、梁赤民译，上海社会科学院出版社 1988 年版。

［美］特伦斯·欧文：《古典思想》，覃方明译，辽宁出版社，牛津大学出版社 1998 年版。

［美］特伦斯·欧文：《古典思想》，覃方明译，辽宁出版社，牛津大学出版社 1998 年版。

［美］威廉·巴斯科姆：《民间文学形式：散文叙事》，阿兰·邓迪斯、朝戈金等译，《西方神话学读本》，广西师范大学出版社 1994 年版。

［美］伊迪丝·汉密尔顿：《希腊精神——西方文明的源泉》，葛海滨译，辽宁教育出版社 2003 年版。

［美］伊迪丝·汉密尔顿：《希腊方式——通向西方文明的源流》，徐齐平译，浙江人民出版社 1988 年版。

［日本］大林太良著：《神化学入门》，林相泰、贾福水译，中国民间文艺出版社 1989 年版。

［苏］A. 古谢伊诺夫、Г. 伊尔利特茨：《西方伦理学简史》，刘献洲等译，中国人民大学出版社 1992 年版。

［苏］涅尔谢相茨：《古希腊政治学说史》，蔡拓译，商务印书馆 1991 年版。

［德］恩格斯：《自然辩证法》，中共中央马克思恩格斯列宁斯大林著作编译局编译，人民出版社 2014 年版。

［意］拉费尔·贝塔佐尼：《神话的真实性》，载阿兰·邓迪斯编、朝戈金等译《西方神话学读本》，广西师范大学出版社 2006 年版。

［意大利］维柯：《新科学》，朱光潜译，人民文学出版社 1986

年版。

［英］凯伦·阿姆斯特朗：《神话简史》，胡亚豳译，重庆出版社 2005 年版。

［英］J. G. 弗雷泽：《金枝》，徐育心、张泽石、汪培基译，新世界出版社 2006 年版。

［英］阿诺德·汤因比：《历史研究》，郭小凌、王皖强等译，上海人民出版社 2010 年版。

［英］爱德华·泰勒：《原始文化：神话、哲学、宗教、语言、艺术和习俗发展之研究》，连树生译，广西师范大学出版社 2005 年版。

［英］爱德华·泰勒：《原始文化》，连树生译，上海文艺出版社 1992 年版。

［英］保罗·卡特里奇主编：《剑桥插图古希腊史》，郭小凌等译，山东画报出版社 2005 年版。

［英］布洛：《作为艺术的一个要素与美学原理的"心理距离"》，《缪灵珠：缪灵珠美学译文集》，缪朗山译，中国人民大学出版社 1998 年版。

［英］达尔文：《人类的由来》，潘光旦、胡寿文译，商务印书馆 2005 年版。

［英］弗雷泽：《金枝》，徐育新译，新世界出版社 2006 年版。

［英］哈夫洛克：《希腊人的正义观》，邹丽、何为等译，华夏出版社 2016 年版。

［英］基托：《希腊人》，徐卫祥、黄韬译，上海人民出版 1998 年版。

［英］简·艾伦·赫丽生：《希腊宗教研究导论》，谢世坚译，广西师范大学出版社 2006 年版。

［英］简·艾伦·赫丽生：《古希腊宗教的社会起源》，谢世坚译，广西师范大学出版社 2004 年版。

［英］凯伦·阿姆斯特朗：《神话简史》，胡亚豳译，重庆出版

社 2005 年版。

［英］肯尼思·约翰·弗里曼：《希腊的学校》，朱镜人译，山东教育出版社 2009 年版。

［英］罗伯特·A. 西格尔：《神话密钥（百科通识文库）》，刘象愚译，外语教学与研究出版社 2015 年版。

［英］罗素：《西方哲学史》，马德元译，商务印书馆 1976 年版。

［英］纳撒尼尔·哈里斯：《古希腊的生活》，李广琴译，希望出版社 2006 年版。

［英］泰勒：《原始文化》，连树声译，上海文艺出版社 1992 年版。

三 学术论文

贡觉：《神性与人性的对话——藏族和古希腊关于人类起源神话之比较》，《西藏研究》2006 年第 3 期。

缑广飞：《尽显英雄本色——中西神话英雄形象比较》，《中州学刊》1999 年第 1 期。

郭霞：《试论雅典人的外邦人》，《世界历史》2006 年第 4 期。

郭琰：《荣誉与德行：希腊英雄社会的伦理意蕴》，《道德与文明》2009 年第 9 期。

何文桢：《中西神话与中西文化传统》，《河北大学学报》（哲学社会科学版）1994 年第 2 期。

李福印：《研究隐喻的主要学科》，《四川外语学院学报》2000 年第 4 期。

廖练迪：《神话的魅力——中国神话与希腊神话之比较》，《嘉应大学学报》（社会科学版）2012 年第 2 期。

林书武：《国外隐喻研究综观》，《外语教学与研究》1997 年第 1 期。

刘长：《从中西神话之异看文学民族特色的历史渊源》，《云南民族学院学报》（哲学社会科学版）2001 年第 11 期。

彭兆荣：《和谐与冲突：中西神话原型中的"二女一男"》，《中国比较文学》1994 年第 2 期。

孙正国：《20 世纪后期中希神话比较研究之批评》，《长江大学学报》（社会科学版）2007 年第 3 期。

乌丙安：《简论神话系统》，《辽宁大学学报》1986 年第 2 期。

杨绍华：《中西神话的历史差异与文学的进步》，《求索》1998 年第 1 期。

叶尔肯·哈孜依：《希腊神话哈萨克神话的比较研究》，《新疆教育学院学报》2007 年第 3 期。

于洪波：《古希腊与古中国道德谱系溯源及比较——"地缘文明"的视角》，《教育研究》2013 年第 2 期。

张淑英：《古希腊神话和中国远古神话之比较》，《齐齐哈尔师范学院学报》1997 年第 4 期。

赵炎秋：《中西神话仙话比较研究》，《中国文学研究》2001 年第 3 期。

周天：《中西神话同异论》，《中国比较文学》1997 年第 2 期。

四　博士论文

陈鹏程：《先秦与古希腊神话价值观比较研究》，天津师范大学 2006 年版。

王怀义：《中国史前神话意象研究》，华东师范大学 2012 年版。

张文安：《中国神话研究与文化要素分析》，陕西师范大学 2004 年版。

魏凤莲：《狄奥尼索斯崇拜研究》复旦大学 2004 年版。

五　英文文献

A. W. H. Adkins, *Merit and Responsibility: A Study in Greek Values*, University of Chicago Press, 1975.

A. W. H. Adkins, *Moral Values and Political Behaviour in Ancient Greece*, Chatto & Windus Ltd., 1972.

Ariel Golan, *Prehistoric Religion Mythology*, Symbolism, Jerusalem Press, 2003.

Bruce Lincoln, *Gendered Discourses: The Early History of 'Mythos' and 'Logos'*, History of Religions, Vol. 36, Number 1, Aug. 1996.

Bryce Huebner, Susan Dwyer and Marc Hauser, *The Role of Emotion in Moral Psychology*, Trends in Cognitive Sciences, 2009, 13.

C. G. Jung & K. Kerényi, *The Science of Mythology: Essays on the Myth of the Divine Child and the Mysteries of Eleusis*, Routledge, 2005.

Cedric. H. Whitman, *Homer and the Heroic Tradition*, New Yorker: W. W. Norton & Company, 1965.

Chadwick, John, *The Mycenaean World*, Cambridge University Press, 1976.

Charle Rowan Beye, *Ancient Greek Literature and Society*, Cornell University Press, 1987.

Claud Calame, *Myth and History in Ancient Greece: the Symbolic Creation of Colony*, translated by Daniel W. Berman, Princeton University Press, 2003.

D. L. Cairns, *The Psychology and Ethics of Honor and Shame in Ancient Greek Literature*, Oxford University Press, 1993.

D. M. Lewis, John Boardman, J. K. Davies and M. Ostwald, *The Cambridge Ancient History*, second edition, Vol. V, Camgridge University Press, 1992.

Eric A. Havelock, *The Greek Concept of Justice: From Its Shadow in Homer to Its Substance in Plato*, Harvard University Press, 1978.

Frances Harding, *The Performance Arts of Africa: A Reader by Frances Harding*, London: Routledge Press, 2003.

Frederick Eby and Charles Flinn Arrowood, *The Development of*

Modern Education in Theory, Organization and Practice, New York, Prentice-Hall, Inc., 1934.

Frierich Solmsen, *Hesiod and Aeschylus*, Cornell University Press, 1949.

Georg Friedrich Creuzer, *Symbolik Und Mythologie Der Alten Völker*, University of Michigan Library, 2009.

Harold Newman & Jon O. Newman, *A Genealogical Chart of Greek Mythology*, University of North Carolina Press, 2003.

I. A. Richards, *The Philosophy of Rhetoric*, New York: Oxford University press, 1936.

James M. Redfield, *Nature and Culture in the Iliad: The Tragedy of Hector*, Duke University Press Books, 1994.

Jennifer Larson, *Ancient Greek Cults*, Routledge, 2007.

John Griffiths Pedley, *Sanctuaries and the Sacred in the Ancient Greek World*, Cambridge University Press, 2005.

Josepha, W. Shermen, *Mythology for Storytellers: Themes and Tales from Around the World*, Routledge, 2015.

Lakoff, G. & M. Johnson, *Metaphors We Live By*, Chicago: University of Chicago Press, 1980.

Lesley Adkins and Roy A. Adkins, *Handbook to Life in Ancient Greece*, Facts on File, 1997.

Lewis Mumford, *The City in History: Its Origins, Its Transformations, and Its Prospects*, Mariner Books, 1968.

Lord Raglan, *The Hero: A study in Tradition, Myth and Drama*, Dover Publications, 2011.

Lorena Stookey, *The Thematic Guide to World Mythology*, Greenwood press, 2004.

Lowell Edmunds, *Approaches To Greek Myth*, Johns Hopkins University Press, 1989.

Luc Brisson, *How Philosophers Saved Myth — Allegorical Interpretation and Classical Mythology*, University of Chicago Press, 2008.

M. P. Nilsson, *The Minoan-Mycenaean Religion and Its Survival in Greek Religion*, Biblo & Tannen Booksellers & Publishers, 1971.

M. L. Finly, *The World of Odysseu*, London Pimlico, 1999.

Mary Lefowitz, *Greek Gods, Human Lives: What Can We Learn from Myth*, Yale University Press, 2003.

Michal Grant, *Myths of the Greeks and Romans*, The New American Library, Inc. , New York, 1962.

Mircea Eliade, *The Sacred and the Profane: The Nature of Religion*, Printed in the United States of Amaerica, 1957.

Peter Connolly and Hazel Dodge, *The Ancient City: Life in Classical Athens and Rome*, Oxford University Press, 1998.

Radcliffe G. Edmonds Ⅲ, *Myths of the Underworld Journey: Plato, Aristophanes, and the 'Orphic' Gold Tablets*, Cambridge University Press, 2004.

Roland Berthes, *The Eiffel Tower and Other Mythologies*, trans. Richard Howard, New York, 1979.

Seth Benardete, *The Argument of the Action: Essays on Greek Poetry and Philosophy*, University of Chicago Press, 2000.

Talcott Parsons, *The Early Essays* (Heritage of Sociology Series), University of Chicago Press, 1991.

Victoria Wohl, *Hegemony and Democracy at the Panathenaia*, edited Selskab for Oldtids-og and Mi, Holger Friis Johansen, Classica Et Mediaevalia, Denmark: Museum Tusculanum Press, 1996.

Wace, Alan J. B. and Frank H. Stubbings, *A Companion to Homer*, Macmillan St Martin's Press, New York, 1962.

后　　记

　　本书是本人主持完成的山东省社会科学规划一般项目"古希腊神话的教育价值观隐喻研究"（课题编号：13CJYJ07）的相关成果。选择这一专题进行探讨研究，一方面基于本人在高等师范院校长期从事外国教育史教学与研究工作的启发，另一方面与本人攻读博士学位的研究方向密切相关。

　　2013年，本人承担了与本书相关的课题研究。研究期间，发表了与本研究相关的若干篇文稿。2019年，本人在台湾中正大学进行学术访问，访学期间，与台湾诸位老师进行了相关探讨，受益匪浅。

　　本书在架构与撰写过程中，受到诸多前辈、老师及同事的引导与帮助。首先，感谢我的导师于洪波。在撰写过程中，于老师给予了悉心的指导，从架构到内容、从观点到语言等细节问题，无一遗漏。感谢李鹰教授、高伟教授、路书红教授、李长伟教授给予的宝贵与中肯的意见。感谢办公室孙秀玲老师与包丹丹老师的指教与帮助，感谢大家包容我在办公室的"絮絮叨叨"。

　　幸运的事情是在本书撰写中，迎来了生命中重要的小夏同学。初为人母，方知为母不易。感谢年近七十的父母为我提供了坚定的支撑；感谢老夏同志对我的理解与帮助。父母、家人的理解与相伴成为我不可或缺的前行力量。

　　本书的顺利出版，得益于中国社会科学出版社的大力支持，更得益于张林编辑的专业指导。在此表示真诚的谢意！

  本书的出版得到山东省一流学科——山东师范大学教育学学科的经费支持，特此致谢！

  本人深知，对古希腊神话的探析是一个看似轻松实则极具考验性的研究领域。因作者学识及能力有限，书中定会存在许多片面、疏漏之处，敬请各位读者批评指正。同时，期待更多相关专家学者参与此类研究，以期为我国德育的研究与发展提供更多的支撑。

  本书写作过程中引用、参考了大量文献资料，谨向原作者表示衷心感谢。引用文献均在正文页下注明，参考文献则在全书后面列出。如引用不当或错误引用，本人负全部责任，并祈请作者原谅。

郭 玲

2020 年 6 月 8 日